선생님이 꼼꼼하게 알려주는
초등 1학년 365일

선생님이 꼼꼼하게 알려주는
초등 1학년 365일

초판 1쇄 발행 2014년 12월 2일   초판 2쇄 발행 2015년 1월 28일

지은이 이현진
펴낸이 연준혁

출판 1분사 최혜진
제작 이재승

펴낸곳 (주)위즈덤하우스 **출판등록** 2000년 5월 23일 제13-1071호
주소 경기도 고양시 일산동구 정발산로 43-20 센트럴프라자 6층
전화 031)936-4000 **팩스** 031)903-3893 **홈페이지** www.wisdomhouse.co.kr
종이 월드페이퍼 **인쇄·제본** (주)현문 **후가공** 이지앤비

값 13,800원   ⓒ이현진, 2014
ISBN 979-11-86117-02-6 13590

* 잘못된 책은 바꿔드립니다.
* 이 책의 전부 또는 일부 내용을 재사용하려면
  사전에 저작권자와 (주)위즈덤하우스의 동의를 받아야 합니다

국립중앙도서관 출판시도서목록(CIP)

(선생님이 꼼꼼하게 알려주는) 초등 1학년 365일 / 지은이:
이현진. -- 고양 : 위즈덤하우스, 2014
   p. ; cm

권말부록: 1-2학년 교과서에 수록된 원문도서 목록
ISBN 979-11-86117-02-6 13590 : ₩13800

초등 교육[初等敎育]
자녀 교육[子女敎育]
학부모[學父母]

375.2-KDC5
372-DDC21   CIP2014033517

선생님이 꼼꼼하게 알려주는

초등 1학년 365일

이현진 지음

프롤로그
내 아이의 첫 입학, 어떻게 준비할까?

　이제 막 초등학교에 입학할 아이를 둔 부모님이라면 학부형이 된다는 설렘에 더해 아이에 대한 기대와 교육에 대한 불안감 등이 교차할 것입니다. 초등학교 1학년은 공교육 12년, 아니 어쩌면 한 사람의 인생을 시작하는 첫걸음일 테니 그런 기대와 불안감은 당연한 것이겠지요. 초등학교 1학년을 잘 보내야만 앞으로의 학교 교육에 아이와 학부모님 모두 자신감이 생길 것입니다.

　초등학교 1학년은 아이가 처음 사회와 대면하고 앞으로 자기 인생을 어떻게 살아나갈지를 연습하는 시간의 의미가 있습니다. 부모님은 아이가 그 길을 잘 찾아갈 수 있도록 옆에서 잘 돌봐주는 것이고요. 아이가 혼자서도 생활과 학습을 잘할 수 있게 하려면 첫 단추가 매우 중요합니다. 잘못 끼운 첫 단추 때문에 옷 모양이 이상해지고, 결국에는 풀어서 다시 끼워야 하는 일이 벌어질지도 모르니까요.

초등학교 1학년 때 공부하는 방법을 제대로 익혀두면 학습에 대한 성취감과 자신감을 가지고 계속 도전할 수 있습니다. 또 왕자님과 공주님처럼 자란 우리 아이가, 다른 또래 친구들과 사귀는 방법을 터득하면서 사람 사이의 관계 맺는 방법을 알아가는 것도 1학년 때 배우고 익혀야 할 중요한 내용입니다.

그럼 아이의 첫 학교생활을 위해 부모가 해줄 수 있는 일은 무엇일까요? 학부모님이 어떤 준비를 하고, 어떤 생각을 가지고, 어떻게 교육하느냐에 따라 아이의 인생은 180도로 달라질 것입니다. 초등학교 1학년은 더불어 살아가는 것을 배우는 매우 중요한 시기입니다. 또래 친구들과 선생님을 어떻게 사귀고, 그 관계를 어떻게 유지하느냐에 따라 사람을 믿는 마음을 가질 수 있고 자신을 조절할 수 있게 됩니다.

초등학교 1학년은 창의적인 사고가 가장 활발한 시기입니다. 뇌가 거의 완전한 형태를 갖추는 때이므로 어떤 것에 관심을 갖느냐, 어느 정도의 집중력을 갖느냐에 따라 초등학교 6년의 성적이 결정됩니다.

그러나 대다수의 부모님들이 1학년 때는 놀아도 된다고 생각하실지 모릅니다. 물론 앞으로 공부할 것이 산처럼 쌓여 있는 아이에게 지금부터 부담을 줄 필요는 없습니다. 하지만 놀더라도 독서와 기본 연산 등 반드시 챙겨야 할 학습 내용이 있습니다. 이런 것들이 뒷받침되어야만 나중에 아이가 공부를 하고 싶어 할 때 충분히 그 능력을 발휘할 수 있게 되지 않을까요?

초등학교 1학년은 학부모님의 손이 많이 필요한 시기입니다. 아이 스스로 모든 문제를 해결해가며 생활하면 좋겠지만 아직은 어려운 일이

어서 부모님과 선생님의 역할이 그 어느 때보다 중요합니다.

1학년생 자녀를 둔 학부모님의 역할은 올바르고 일관된 방향으로 아이를 교육시키는 것입니다. 아이가 올바른 생활습관을 익히도록 도움을 주고, 다른 사람과 더불어 사는 방법을 터득하게 지켜봐주며, 체험학습을 통한 풍부한 경험 제공으로 학습에 대한 흥미를 유발하는 것이 무엇보다 중요합니다. 또 아이에게 공부를 가르쳐주기보다는 집중하는 시간을 늘려줘 초등학교 6년 동안 공부하는 데 어려움이 없도록 도와주는 것이 부모님이 해야 할 주된 역할입니다.

좋은 엄마가 좋은 선생님을 이긴다는 말이 있습니다. 어머니들이 아이를 도와주고 싶은데 정작 그 방법을 몰라 힘들어하는 것이 늘 안타까웠고, 그런 어머니들께 몇 마디 조언을 해드리면서 모은 글이 책이 되었습니다.

이 책은 여러 해 1학년 담임을 하면서 관찰해온 아이들의 반응은 물론 어머니들과 상담한 내용을 기록하며 모은 자료들을 토대로 하였습니다. 2005년에 초판을 발행하여 많은 분들께 사랑을 받았습니다. 그래서 올해에는 수시로 변화하는 교육과정, 교육사조, 교육철학에 맞춰 재구성하였습니다. 이 책이 아이들을 지도하는 교사들과 초등학교 입학을 앞둔 1학년 학부모님들께 작은 도움이 되기를 소망합니다.

추천사
엄마가 준비하는 내 아이의 행복한 1학년

　누구나 처음으로 어딘가를 찾아갈 때 막연한 불안감을 느껴본 적이 있을 것입니다. 그때 의지하는 것은 어떤 이가 그려준 약도나 그 건물이 잘 나타나 있는 지도입니다. 우리는 그것을 손에 꼭 쥐고 보고 또 보고 확인하며 그 주위를 둘러보게 되지요.

　부모들은 첫아이가 초등학교에 입학할 때, 아니 여덟 살도 아닌 일곱 살이 되는 해부터 막연한 불안감을 느낍니다. 우리 아이가 과연 학교에 가서 잘 적응할 수 있을까? 아이들에게 왕따나 당하지 않을까? 자기 물건은 스스로 챙길까? 느림보라고 선생님께 매일 야단맞지는 않을까? 친구한테 맞으면 어쩌나? 한글을 제대로 읽기나 할까? 수학은 또 어떻게 하나? 등등 부모님들마다 느끼는 고민은 하나둘이 아닐 것입니다. 저도 그러했고 또 제 주위에 있는 모든 어머니들도 똑같은 고민을 하셨습니다.

제 딸은 이제 2학년이 됩니다. 초등 1학년이란 풋과일 같은 시기입니다. 그 1년 동안 저는 아이를 보며 기쁨과 행복, 속상함과 짜증스러움, 애타는 마음과 뿌듯한 마음 등 여러 가지 감정이란 감정은 다 느껴보았습니다. 하지만 아이를 낳아서 기르는 행복감을 가슴 저리게 느껴본 그 1년이 지난 지금, 이제야 불안감을 딛고 목적지에 다다른 안도감을 느끼게 됩니다.

이 책을 받는 순간 '선생님, 이런 좋은 책을 이제야 저에게 보여주시다니요! 진작 보여주셨다면 좀 더 편안한 마음으로 1년을 보냈을 텐데요…'라는 생각을 했습니다.

책에는 우리 아이 1학년 학교생활을 어떻게 해야 하나'라는 질문에 대한 정확한 해답이 담겨 있을 뿐 아니라, 1학년 자녀를 둔 부모님이 매달 궁금하게 여기는 것들을 실제 경험을 바탕으로 조목조목 들려줍니다. 자녀의 입학을 앞둔 부모들의 마음에 쏘옥 와닿을 뿐 아니라 어려운 선생님과의 관계를 올바르게 풀어갈 수 있는 해답을 적어놓은 것 같아 정말 좋았습니다.

또한 낯선 길을 갈 때 지도가 필요한 것처럼 내 아이가 처음으로 학교라는 사회 속에 발을 내디딜 때 지도처럼 꺼내어 볼 수 있는 책입니다. 길을 가다 막다른 골목길로 접어들었을 때 다시 꺼내어 바른 길을 찾아갈 수 있도록 친절하게 도와주는 참 고마운 책입니다.

아이와 선생님의 관계를 어려워하는 주위 학부모들을 보면서 다른 선생님들도 이 책을 참고하여 아이들을 대해주셨으면 좋겠다는 생각을 잠시 하기도 했습니다. 이 책을 쓰기 위해 오랜 시간 고생하신 이현진 선생님에게 다시 한 번 감사와 존경의 마음을 보내며, 초등학교에 입학할 자녀를 둔 모든 예비 학부모님들과 선생님 그리고 초등학교 교장선생님들께도 꼭 추천해드리고 싶습니다.

초등학교 1학년 딸아이를 둔
학부모 김언지

 차례

프롤로그 내 아이의 첫 입학, 어떻게 준비할까?   004
추천사 엄마가 준비하는 내 아이의 행복한 1학년   007

제1부

입학 준비부터 겨울방학까지
정말 궁금한 초등 1학년

12월 아이가 아직 어린데 입학을 늦추는 것이 좋을까요?	018
1월 학교생활을 잘하기 위해서는 어떤 생활습관이 필요한가요?	021

학교 시간표에 맞춰 생활하기 • 화장실 규칙적으로 가기 • 다른 사람에 대한 예절 지키기 • 안전하게 생활하기 • 스스로 정리하기 • 어려운 일 스스로 해결하기 • 청결한 생활 • 혼자 옷 입고 벗기

2월 한글은 떼고 입학해야 하나요? 수학은 어느 정도 하면 되나요?	039
3월 아이가 학교에 가기 싫다고 하는데 어떻게 해야 할까요?	044
4월 친구들과 잘 지낼지 걱정이 돼요. 아이가 따돌림을 당하면 어쩌죠?	047
5월 그래도 '스승의 날'인데 뭔가 선물을 해야 하지 않을까요?	052
6월 교과 공부를 위해 문제집과 학습지를 시켜야 하지 않을까요?	055
7월 첫 방학을 어떻게 보내야 하나요?	058
8월 아이가 방학 내내 TV와 게임에만 빠져 있는데 어떻게 할까요?	061
9월 집과 학교에서 다른 태도를 보이는 아이, 어떻게 해야 하나요?	066

10월	건전한 또래 문화 대신 이상한 유행에 빠져 있는데 어쩌죠?	069
11월	아이가 통 책을 읽지 않으려고 하는데 방법이 없을까요?	073
12월	영어는 언제 시작하는 것이 좋을까요?	077
1월	2학년 국어와 수학 공부를 미리 해두어야 할까요?	080
2월	2학년 학급 배치는 어떻게 이루어지나요? 또 담임선생님은요?	084

제2부
우리 아이 1학년 365일 궁금 키워드

입학 준비기 11월~1월
학교에 맞는 올바른 생활습관을 들이는 때입니다   090
공립, 사립, 국립초등학교 중 어디를 보내는 것이 좋을까요? • 입학을 걱정하는 아이에게 학교생활에 대해 어떻게 이야기할까요? • 아이가 조숙한 편인데 조기 입학은 어떨까요? • 신입생 예비소집일인데 어떻게 해야 하나요? • 학교생활을 잘하기 위해서는 어떤 건강관리가 필요할까요?

입학 직전 2월
학부모로서 만반의 준비를 갖출 때입니다   103
입학식 행사는 어떻게 진행되나요? • 학용품이나 일상용품은 어떤 것을 준비하면 좋을까요? • 1학년도 시험을 보나요? • 방과후학교의 부서로는 무엇을 선택하는 것이 좋을까요? 방과후학교는 꼭 해야 하나요? • 맞벌이 부부라서 아이가 학교에서 돌아온 후가 걱정인데 '돌봄교실'이나 '방과후교실'은 어떻게 이용하나요? • 유치원처럼 소풍도 가나요? • 학부모가 학교에 방문해야 할 때는 언제인가요? • 학부모가 참여할 수 있는 단체로는 무엇이 있나요?

입학 직후 3월, 4월
학교와 선생님을 좋아하게 만들어야 할 때입니다   129

아이가 학교생활에 잘 적응하게 하려면 어떻게 해야 하나요? • 알림장 등 준비물 관리를 어떻게 도와주어야 하나요? • 아이가 아픈데 학교에 보내지 않아도 되나요? • 가족여행을 가려고 하는데 결석을 해도 괜찮을까요? • 토요휴업일과 학교자율휴업일은 무엇이지요? • 화장실을 자주 가는 아이인데 학교에서 실수하지는 않을까요? • 우리 아이는 행동이 느린데 어떻게 해야 하나요? • 아이가 부산하고 주의력이 부족한데 어떻게 해야 하나요? • 점심 급식은 어떻게 이루어지나요? 아이가 편식을 하면 어떻게 하죠? • 짝꿍은 어떻게 정하나요? 아이가 짝을 싫어하는데 방법이 없을까요? • 아이가 친구들과 싸우고 왔어요. • 학교에서 친구가 밀어서 다쳤는데 어떻게 대처해야 하나요? • 다른 반 담임선생님과 자꾸 비교가 될 때는 어떻게 해야 할까요? • 선생님과 상담을 하고 싶은데 먼저 요구해도 되나요?

학교생활에 적응했다 싶은 5월, 6월
공부에도 관심을 갖기 시작할 때입니다   165

선생님이 학교에 오라고 은근히 무언의 압력을 넣는데 어떻게 해야 하나요? • 선생님께 매를 맞았을 때는 어떻게 할까요? • 어린이날, 학급 친구들에게 선물을 하는 것이 좋을까요? • 아이들이 받는 상으로는 어떤 것이 있나요? 시상은 공정한가요? • 매일 물건을 잃어버리고 오는데 좋은 방법이 없을까요? • 성교육은 어떻게 시키는 것이 좋을까요? • 아이가 자신 있게 발표하고 바른 수업태도를 갖게 하려면 어떻게 해야 할까요? • 글씨가 엉망인데 예쁘게 쓰는 법을 가르쳐야 하나요? • 받아쓰기도 따로 공부시키는 것이 좋을까요? • 일기는 어떻게 쓰게 하는 것이 좋을까요? • 미술학원에 다니면 효과가 있나요? • 피아노를 배우는 것이 좋을까요? • 한자도 가르쳐야 할까요?

여름방학 7월, 8월
부족한 점들을 보완하면서 2학기를 준비할 때입니다   195

여름이라 더울 텐데 학교에 냉방 시설이나 식수는 준비되어 있나요? • 우리 아이가 학급에서 대충 몇 등 정도나 하나요? • 학교생활통지표는 어떻게 보면 되나요? • 입학 후 첫 방학인데 어떤 계획을 세워야 하나요? • 요즘 방학숙제는 어떤 것이 나오나요? • 방학 숙제 중 체험보고서는 어떻게 쓰는 것이 좋을까요? • 방학 동안 친구 집에 가서 자는 것이 괜찮을까요?

2학기 9월~12월
학습에 대한 집중력을 기를 때입니다   207

집에서는 잘하는데 학교에서 보는 시험은 왜 자꾸 틀려올까요? • 우리 애가 똑똑한 것 같은데, 학습장애가 있다면 어떻게 하지요? • 국어, 수학 말고 통합교과는 성적이 어느 정도인지 어떻게 알 수 있나요? • 글짓기 학원이나 속셈 학원에 보내야 할까요? • 운동회나 학예발표회 연습이 수업에 지장을 주지는 않나요? • 2학기가 되었으니 이제 학교 과제물을 혼자 해결하게 하는 것이 좋을까요? • 아이가 계속 눈을 깜박이고 코를 씰룩이는데 어떻게 고쳐주어야 하나요? • 아이가 몸이 약한데 어떻게 해야 하나요?

겨울방학 1월, 2월
남은 초등학교 5년을 준비하는 중요한 시기입니다   222

겨울방학을 어떻게 보내면 좋을까요? • 겨울방학에는 학습 면에서 어떤 점을 보충해야 할까요? • 생활 면에서 어떤 점을 보충해야 할까요? • 예체능과 체험활동 면에서 어떤 점을 발전시켜야 할까요? • 2학년이 되기 전 겨울방학 중에 가급적 읽어두어야 할 책이 있나요? • 2학년이 되면 1학년과 비교해 무엇이 달라지나요?

제3부 꼭 알고 넘어가야 할 과목별 학습 내용

과목별 학습 내용 1 3월 학교생활 적응기에 무엇을 배우나요? … 236
3월에 무엇을 배우나요? • 3월 학교생활 적응기, 이것만은 꼭! • 3월에 필요한 준비물

과목별 학습 내용 2 국어 시간에 무엇을 배우나요? … 247
국어 시간에는 무엇을 배우나요? • 국어, 여기까지는 꼭! • 미리 보는 국어 준비물

과목별 학습 내용 3 수학 시간에 무엇을 배우나요? … 260
수학 시간에는 무엇을 배우나요? • 수학, 여기까지는 꼭! • 미리 보는 수학 준비물

과목별 학습 내용 4 통합교과 시간에 무엇을 배우나요? … 269
통합교과 시간에는 무엇을 배우나요? • 통합교과, 여기까지는 꼭! • 미리 보는 통합교과 준비물

제4부 학부모를 돋보이게 하는 부모십계명

부모십계명 1 선생님을 믿고 도와주세요 … 282
부모십계명 2 아버지도 교육에 동참하세요 … 286

부모십계명 3	부모의 욕심을 접으세요	292
부모십계명 4	아이가 학교생활에 잘 적응하도록 도와주세요	294
부모십계명 5	칭찬을 많이 해주세요	296
부모십계명 6	사랑을 절제하세요	298
부모십계명 7	아이 싸움은 그냥 아이들 싸움으로 놔두세요	300
부모십계명 8	아이가 답답해도 기다려주세요	302
부모십계명 9	아이와의 갈등은 빨리 해결하세요	305
부모십계명 10	I message로 표현하세요	308

부록 1학년 1학기 교과서에 수록된 원문도서 313
  1학년 2학기 교과서에 수록된 원문도서
  2학년 1학기 교과서에 수록된 원문도서

 아이가 아직 어린데
입학을 늦추는 것이 좋을까요?

몇 년 전 12월의 어느 날이었습니다. 제가 가르치던 여자아이의 어머니께서 걱정스러운 표정으로 학교에 찾아오셨습니다.
"선생님, 상담을 좀 하고 싶은데요."
"수희에게 무슨 일이 있나요?"
수희는 똑똑하고 제 할 일을 참 잘해내는 아이였습니다. 그런데 갑자기 아이 어머니가 찾아오셨으니 무슨 일일까 궁금하기도 하고 걱정도 되었지요. 다행히 수희에게 무슨 일이 있는 것은 아니었습니다. 어머니는 수희가 아니라 다음해에 입학할 수희의 남동생 걱정에 저를 찾아오신 거였어요. 남동생이 12월생인데 내년에 입학시키는 것이 좋은지 아니면 유예를 시켜 다음 해에 입학시키는 것이 좋을지를 고민하던 끝에 조언을 구하러 오셨던 것입니다.
수희 어머니는 남동생이 누나에 비해 이해력도 떨어지고 키도 작아서 고민이 된다고 하셨습니다. 저는 아이가 평소 남의 이야기를 듣고 대답을 잘하는지, 학교에 오가는 것에 문제가 없는지, 키가 어느 정도인지에 대해 여쭈어보았지요. 제가 듣기로는 모두 정상이었습니다. 아마도 누나가 잘하기 때문에 상대적으로 동생이 비교되어 걱정이 심해진 거라고 말씀드리면서 아이의 입학을 권해드렸습니다.

결국 12월에 태어나 다른 친구들보다 늦되다고 생각했던 수희의 남동생은 학교생활에 잘 적응했고, 학년이 올라가서도 반에서 주목을 받을 정도로 아주 잘해내고 있습니다.

아이가 만 7세가 되면 동주민센터에서 각 가정으로 입학통지서를 배부합니다. 2008년부터 초등학교 취학 기준일이 3월 1일에서 1월 1일로 변경되었습니다. 2015년에 입학을 해야 한다면 2008년 1월 1일부터 2008년 12월 31일에 출생한 아이들에게 입학통지서가 발부되는데, 국공립초등학교는 거주지를 기준으로 가까운 학교에 배정됩니다.

입학 연기는 2008년에 출생한 아이가 있는 가정에서 학부모님의 선택에 따라 2014년 10월~12월쯤 동주민센터에 신청하면 됩니다. 예비 신입생들은 12월 말경에 가정에서 취학통지서를 받고, 1월에 실시하는 신입생 예비 소집일에 배정된 학교로 가서 입학식에 필요한 것들과 학교에 대한 정보를 얻습니다. 혹시 이사를 가는 등의 이유로 입학통지서를 받아보지 못했다면 해당 동주민센터에 가서 확인해보시면 됩니다.

요즘은 자녀의 행동발달이 느리거나 몸이 허약할 때, 아이가 11월이나 12월생일 경우 학부모님들이 입학 유예를 고민합니다. 생일이 몇 달 늦어 인지능력이 떨어지면 자신은 계속 못하는 아이로 낙인찍힐 수도 있다고 생각하기 때문입니다. 11, 12월에 태어난 대부분의 아이들이 별 무리 없이 잘 적응하는데도 부모님의 과잉보호와 왕따에 대한 과도한 걱정으로 아이들이 제때 교육 받을 수 있는 기회를 놓치는 경우도 있습니다.

건강과 이해력 등이 정상임에도 불구하고 굳이 입학 유예를 한 아이들의 경우, 저학년 때는 다른 아이들에 비해 이해력이 좋을 수는 있지만, 4학년 정도가 되면 학습과 생활 면에서 다른 아이들과 비슷해집니다. 특별한 장애나 신체적인 질병이 없다면 제때에 아이를 입학시키는 것이 가장 좋은 선택입니다. 지금 당장의 일만 생각하지 말고 여러 가지 면을 고려해 나중에라도 후회하지 않을 선택을 하시면 좋겠습니다.

학교생활을 잘하기 위해서는 어떤 생활습관이 필요한가요?

1월이면 이제 슬슬 입학 카운트다운이 시작됩니다. 이제부터는 학교생활에 잘 적응할 수 있도록 집에서 아이의 생활습관을 바꿔주는 것이 필요합니다. 공부 잘하는 건 둘째 치고 일단 아이가 학교생활에 잘 적응하기 위해서는 집이나 유치원, 어린이집에서 생활했던 것과는 다른 생활습관이 필요하다는 사실을 인정하고 시작하시기 바랍니다. 학교 시간표에 맞춰 생활하고, 배변 습관도 길러야 하며, 예절 바른 아이도 되어야 합니다. 또 스스로 자기 주변과 옷, 신발 등을 정리할 줄 아는 습관도 들여야겠지요.

1. 학교 시간표에 맞춰 생활하기

아이가 학교에 가면 부모님들이 제일 먼저, 또 제일 많이 걱정하고 신경을 쓰는 부분이 바로 지각하지 않고 등교시키는 일입니다. 부모님들은 아침에 여러 가지를 챙기느라 바쁜데 아이는 이불 속에서 나올 생각도 하지 않고, 겨우 일어나서 고양이 세수를 한 아이에게 아침밥을 먹이려니 그것도 전쟁입니다. 엄마는 결국 포기하고 허둥대는 아이에게 우유 몇 모금이라도 마시게 합니다. 옷을 어떻게 입었는지 생각할 겨를도 없이 손에 물을 묻혀 부스스한 아이의 머리카락을 한쪽 방향으로 연신 쓸어 넘겨주고는, 어느새 가방을 메고 현관을 나서는 아이 뒤통수에 대고 이렇게 외칩니다.

"학교 가는 길에 다른 데 한눈팔지 말고 빨리 가. 늦었어."

"선생님 말씀 잘 듣고 공부 열심히 하고 와."

학교에 입학하기 전 두 달 정도는 학교 시간표에 따라 생활하는 것이 좋습니다. 식탁에 가족들이 둘러앉아 어제의 반성과 하루의 계획을 이야기할 수 있을 정도로 아침 시간을 여유 있게 보내는 것도 바람직합니다. 지각하는 아이들을 보면 아이가 게으름을 피우는 경우도 있지만 대부분 부모님들도 늦잠을 자고 허둥지둥 아침 시간을 보내는 경우가 많기 때문입니다.

등교 시간을 9시로 조정하는 방안이 일부 지역을 중심으로 시행되고 있지만, 현재 등교 시간은 아침 8시 40분 정도입니다. 1교시는 학교마다 약간 다른데 보통 9시에서 9시 20분 사이에 시작해 12시 10분에서

12시 30분 사이에 4교시 수업이 끝납니다.

학교마다 차이는 있지만 3월 한 달은 학교생활에 적응하는 시간을 갖습니다. 예전에 배웠던 '우리들은 1학년'이라는 교과 대신 '학교생활 첫걸음'이라는 교과서로 공부하다가 요즘에는 학교와 담임 재량으로 학교생활 적응 연습을 합니다. 3월 한 달 동안, 첫 주에는 늦게 등교하여 2시간만 수업을 한 뒤 점심식사를 하고, 둘째 주에는 3시간, 셋째 주에는 4시간, 넷째 주에는 4시간 수업에 점심식사까지 하면서 차츰 적응 시간을 갖습니다. 일부 사립학교는 조금 다르지만, 무상급식이 실시되면서 1학년 학생도 입학식 바로 다음날부터 급식을 합니다.

김민영 어린이의 그림
아침에 아이를 깨우는 어머니와 일어나기 싫어하는 아이의 표정이 실감나게 표현되었네요. 어머니의 치켜뜬 눈, 꾸중하듯 물결치는 입, 허리에 올린 손. 잠이 깼으면서도 침대에서 일어나기 싫어하는 아이의 모습이 요즘 아침 풍경은 아닐까요?

그러다 4월부터는 4교시까지 정상 수업을 하게 됩니다. 아침 8시 40분쯤 등교해 9시에 수업을 시작하니까 평소 아이가 독서, 피아노 치기, 그림 그리기처럼 집중력이 필요한 활동을 40분 동안 집중해서 할 수 있도록 시간을 관리하는 법도 미리 연습해야 합니다. 그리고 10분간 쉬는 시간을 주고 그 후에 활동이 이어질 수 있게 하면 됩니다.

요즘은 무상급식을 하고 있기 때문에 점심 급식비와 우유 급식비를 국가와 지자체에서 부담하고 있습니다. 우유 급식을 신청한 아이들만 1, 2교시 후에 우유를 마시고 12시 30분을 전후해 점심식사를 합니다. 따라서 입학 전 가정에서도 10시쯤 아이에게 간식을 주고 12시 30분을 전후해 점심식사를 하는 습관을 들이면 좋겠습니다.

낮잠을 자던 버릇이 있는 아이들은 수업시간에 조는 경우가 있으므로 낮잠은 되도록 자지 않는 것이 좋고, 밤에는 9시쯤 잠자리에 들도록 습관을 들여주세요. 잠을 충분히 자야만 학습의 기본인 기억력을 향상시키는 데 도움이 됩니다. 잠을 충분히 자지 않으면 학습능력이 떨어지고, 변덕스러운 성격으로 변하게 된다는 내용의 연구 결과도 보도된 적이 있으니까요.

또 아이의 성장을 돕는 호르몬이 밤 10시에서 새벽 2시 사이에 활발하게 분비되므로 그 시간에 아이가 깊은 잠에 들도록 하는 것이 좋습니다. 다시 말해, 충분한 시간 동안 숙면을 취하는 것이 중요합니다. 아이가 잠잘 시간이 되면 아이 방에 함께 가서 책을 읽어주며 잠이 들도록 유도하고, 편한 잠을 잘 수 있도록 조용한 분위기를 만들어주세요.

아이에게는 일찍 자라고 하면서 부모님은 TV를 크게 틀어놓는다거나 두런두런 이야기 소리가 들린다면 아이뿐만 아니라 어른도 제대로 잠을 잘 수가 없겠지요. 아이가 그 시간만 되면 잠이 드는 습관이 들 때까지 가족 모두가 아이의 생활 패턴에 맞추는 노력이 필요합니다.

2. 화장실 규칙적으로 가기

어느 날 반에서 큰 싸움이 벌어져 학부모님께 상담을 요청했습니다. 평소 아이의 순한 모습만 보아온 터라 싸웠다는 사실이 믿어지지 않았어요. 아이의 어머니는 눈물을 흘리시면서 그 아이가 어렸을 때 경험한 일을 말씀해주셨습니다.

다섯 살 무렵 어머니가 직장에 나가면서 아이를 어린이집에 맡겨놓았다고 합니다. 아이는 화장실에 갈 시간을 놓치는 일이 잦았는데, 하루는 복도에서 대변을 본 적도 있다고 했어요. 그때 어린이집 선생님이 다섯 살이나 되어서 화장실도 못 가느냐며 핀잔을 주었고, 그 바람에 아이는 또래 친구들의 놀림거리가 되었다고 합니다.

그 일이 있고 나서 어린이집을 바꾸기는 했지만 그 후로는 친구들이 조금만 놀려도 아이가 금세 이성을 잃는다고 하셨습니다. 어렸을 때의 배설 장애가 성격상의 문제로까지 이어진 경우지요. 배설 장애는 충분히 대소변을 가릴 나이가 되었음에도 불구하고 옷이나 적절하지 못한 장소에 배설하는 행동을 말합니다.

그 이야기를 들은 후, 1년 동안 아이의 교우관계에 각별히 신경을 써주었습니다. 지금은 그 아이가 어엿한 중학생이 되어서 가끔 찾아오곤 합니다. 요즘은 잘 싸우지 않는다며 모두 마징가 선생님 덕분이라고 하면서요. 친구와 심하게 다투고 있던 그 아이를 번쩍 든 후로는 제 별명이 '마징가 선생님'이 되었거든요.

위의 아이처럼 학교에서 종종 배설 장애로 곤란을 겪는 아이들이 있습니다. 그렇기 때문에 입학 전에 미리 배변 습관을 잘 들여서 학교에 보내는 것이 필요합니다.

먼저 소변은 1시간 정도 참을 수 있도록 집에서부터 연습을 시키면 학교생활에 더 빨리 적응할 수 있습니다. 그리고 대변은 정해진 시간에 화장실에 가는 습관을 기르게 하는 것이 중요합니다. 학교에 와서 잘 풀러지지도 않는 옷을 내려 쉬는 시간 10분 동안 대변을 해결하기란 쉽지 않거든요. 더구나 뒤에서 자꾸 빨리 나오라고 재촉하는 친구들 때문에 학교에 와서도 꾹 참다가 급기야 옷에 실례를 하고 마는 아이들도 있습니다. 한 번의 실수로 6년 내내 별명이 따라다닐 수도 있는 큰 사건이 될 수 있답니다.

3. 다른 사람에 대한 예절 지키기

예전에는 아이들이 초등학교 입학식 날 손수건 위에 이름표를 달았지만 요즘에는 '축 입학'이라고 쓴 리본을 많이 답니다. 선생님이 차례로 가슴에 리본을 달아주기도 하고, 시간이 없으면 학부모님께 직접 부탁을 드리기도 하지요.

저는 되도록이면 직접 달아주려고 하는데 그렇게 마주할 때 아이들의 반응이 제각각입니다. "감사합니다" 하며 고개를 90도로 숙이는 아이가 있는가 하면, 달자마자 손을 뿌리치고 엄마에게 달려가는 아이도 있습니다. 이 한 번의 경험으로 아이들의 성격을 어느 정도 파악할 수 있을 뿐 아니라 인사하는 습관이 몸에 배었는지도 알 수 있습니다. 이런 경우 씩씩하게 인사를 잘하고 들어가는 아이가 기억에 많이 남습니다.

인사는 그 자리에서 시킨다고 되는 일이 아닙니다. 부모님은 어른들께 인사를 잘하라고 가르치지만, 아이들은 두 손을 배꼽 위에 올리고 고개를 15도 정도 숙이는 동작에 익숙하지 않습니다. 고개만 까딱하는 인사도 그나마 다행이지요. 정중하고 기분 좋게 인사하는 습관을 들여준다면 아이들 자신이 그 보답을 충분히 받을 수 있을 것입니다.

처음 1학년 담임을 맡았을 때 아이들에게 유인물을 나눠주는데 모두 한 손으로 빼앗듯이 채가는 바람에 무척 놀랐습니다. 한두 명의 아이들이 그런 행동을 보인다면 주의를 주겠지만 거의 모든 아이들이 그렇게 행동을 했지요. 초보 교사의 입장에서는 참 황당한 경험이었습니다. 그 후로는 아예 처음부터 물건을 두 손으로 주고받고 인사를 해야 한다는 이야기를 미리 하고 시범까지 보입니다. 그러면 아이들이 조심을 하더군요.

부모님들이 교실에 들어와 계실 때 이처럼 아이들을 지도하는 모습을 보이고 집과 학교에서 이와 같은 방식으로 교육하자고 말씀드리면 모든 부모님들이 고개를 끄떡이십니다. 집에서 부모님과 물건을 주고받을 때에도 예전에 하던 식이 아니라 예의 바르게 할 수 있도록 습관을 들여주세요.

예절이라는 것은 다른 사람들에게 피해를 주지 않으면서 스스로 자유를 누리는 가장 좋은 방법입니다. 그러나 집에서 공주님, 왕자님이었던 '왕족'들만 모인 1학년 교실에서는 모두 자기 마음대로만 하려고 듭니다. 형제가 있는 아이들은 그나마 양보라는 것을 알고 있지만 외아들, 외동딸이 대다수인 지금은 거의 막무가내인 아이들이 대부분입니다.

남들이 싫어할 거라는 사실에 앞서 그런 버릇없는 행동이 각각의 아이들에게 미칠 영향을 생각해보세요. 어렸을 때는 아무렇지도 않던 행동들을 자라면서 하지 못하게 강요받는다면 아이들은 큰 혼란을 느끼게 됩니다. 옳고 그름의 판단을 못하게 되는 것이지요. 내가 하고 싶은 일이라면 다른 사람들이 싫어하건 말건 상관없게 되어, 학교에서도 친구들에게 점차 따돌림을 당하게 될지 모릅니다.

모든 아이들이 자기중심적인 것은 당연한 일이지만 다른 사람에게 피해를 주지 않는 한도 내에서 자유를 누리는 방법을 배우는 것이 바로 교육입니다. 예절은 가정에서 배워, 사회생활의 첫 시작인 학교에서 다져지는 것입니다. 다른 사람에 대한 배려에서 출발하는 예절이 몸에 밴 아이는 그만큼 다른 사람들에게 인정을 받고 학교생활에 잘 적응하겠지요.

4. 안전하게 생활하기

아침에 교실에 가보면 장난치는 아이들이 많습니다. 책상 위를 뛰어 다니기도 하고 의자로 요새를 만드는 아이들도 있어, 선생님이 없는 교실에서 아이들이 큰 사고를 당할 때가 종종 있습니다. 이런 사건이 일어날 때마다 미리 방지할 수 있었을 텐데 하는 아쉬움이 남습니다. 제가 알던 선생님 반에서는 남자아이가 아침 일찍 등교해 창문 밖을 내다보고 있다가 뒤에서 친구가 장난을 치는 바람에 창문 아래로 떨어진 경우도 있었습니다.

교실에서 물건이 없어지면 일찍 온 아이들이 의심을 받는 경우도 종종 생기지요. 요즘은 학교의 안전을 책임지는 학교보안관이 교문에서 외부인을 차단하고 순시를 하지만, 교사 없는 학교는 안전한 곳이 아니기 때문에 수업 시작 20분쯤 전에 학교에 도착하는 것이 가장 좋습니다. "부지런한 새가 먹이를 잡는다"는 속담도 있지만, 그 먹이인 벌레는 괜히 일찍 일어났다가 도리어 잡아먹히는 격이니까요. 다른 친구들이 등교할 때 함께 하는 것이 사고를 미연에 방지하는 가장 안전한 방법입니다. 문방구도 등교시간에 맞춰 문을 여니까요.

학교의 계단은 많이 미끄럽습니다. 계단마다 미끄럼 방지 장치를 해두었지만 학교 시설이라는 것이 워낙 여러 사람이 이용하는 것이어서 조금만 잘못해도 크게 다칠 위험이 있습니다. 사고가 나기 전에 미리 조심하는 것이 최선인데, 실내에서는 되도록 뛰지 않는 것이 가장 중요합니다. 뛰다가 속력이 붙으면 다칠 위험이 있으니까요. 학교에 가면 실내에서는 절대 뛰어다니지 말아야 한다고 항상 당부해주세요.

5. 스스로 정리하기

"으악 개미다!"

쉬는 시간에 사물함에서 필요한 책을 꺼내려던 여자아이들이 비명을 지르며 모두 도망친 일이 있었습니다. 때 아닌 소동에 옆 반 선생님들까지 교실로 뛰어 들어오셨지요. 정말 비명을 지를 만하게 개미가 떼로 몰려 있더군요. 우리 반의 한 남자아이가 급식 시간에 받은 도너츠가 먹기 싫다고 사물함에 살짝 넣어두고는 잊은 것이었습니다. 그 큰 도너츠를 개미들이 온통 뒤덮고 있는 모습이란 정말 생각하기도 싫은 광경이었습니다. 겨우 도너츠를 치운 후에 그런 일을 저지른 남자아이를 혼내기 시작했지요. 그런데 자신이 한 행동에 대해 뉘우치는 기미가 전혀 보이지 않았습니다. 더욱 화가 난 저는 이렇게 물었지요.

"집에서도 음식을 먹기 싫으면 아무 데나 넣어두니?"

"집에서는 엄마가 다 치워줘요."

할 말이 없더군요. 사물함에 잠깐 넣어두었는데, 깜박 잊은 것뿐이라는 말이었습니다.

아이들이 사용하는 사물함을 열어보면 대체로 뒤죽박죽입니다. 정리하는 방법을 잘 모르기 때문이지요. 그래서 학기 초에는 사물함을 직접 가져다놓고 그림을 그려가면서 책과 다른 물건들이 놓일 자리를 가르처줍니다. 그러면 절반 정도의 아이들은 대충 정리를 할 수 있게 됩니다. 그리고 자기 물건 빨리 가져오기 게임도 합니다. 정리가 되어 있지 않으면 절대로 빨리 가져올 수 없으니까요.

그러나 1학년이 끝날 때까지 사물함을 거의 쓰레기통 수준으로 사용하는 아이들도 있습니다. 그런 아이들은 대체로 더럽고 지저분하다는 것을 인식하지 못할뿐더러, 더러우면 무엇이 나쁜지에 대해 관심조차 없습니다.

사물함과 책상 정리를 하라는 저의 이야기에, 몇몇 남자아이들은 집에서 엄마가 하는 일을 선생님이 자꾸 시킨다고 불평을 합니다. 그러면 저는 잔소리를 늘어놓곤 했는데, 마침 사물함의 개미 사건은 아이들이 왜 주변을 깨끗하게 정리해야 하는지에 대해 잘 알 수 있는 계기가 되었지요. "이 사물함에서는 벌레 나오겠다!"는 말 한마디면 더러운 사물함이 그날로 말끔하게 정리되었으니까요. 어떻게든 정리의 필요성을 깨달은 아이들이 기특할 따름입니다.

남자아이니까 조금 더럽게 해놓고 살아도 된다는 생각은 빨리 고쳐야 할 부분입니다. 손조작 능력과 공책 정리, 생각을 정리하여 말하는 것 등에서 여자아이들이 남자아이들보다 우수합니다. 또 평소에 정리정돈을 잘하는 아이들이 생활과 학습, 정서 면에서 다른 아이들보다 좋은 성과를 냅니다.

정리하는 활동을 통해 같은 종류끼리 모으는 분류의 개념과 적당한 장소에 재배치라는 통합적인 사고가 발달합니다. 따라서 부모님은 아이가 스스로 자기 주변이 더럽다고 느끼고 주변 정리를 잘할 수 있게끔 인내를 갖고 지켜보는 것이 필요합니다. 더러우니까 부모님이 할 수 없이 치워주는 것이 아니라 더러워서 생기는 불편을 먼저 깨닫고 스스로 정리할 수 있도록 유도하는 것이 진심으로 자녀를 위하는 길이겠지요.

6. 어려운 일 스스로 해결하기

"준비!"
"잠깐만요!"

운동장에서 달리기를 하려고 하면 아이들은 신발부터 벗습니다. 양말이 더러워지든 구멍이 나든 상관없이 신발을 벗어야 잘 뛸 수 있다고 생각하는 모양입니다. 신발을 신으라고 하면 1등 해야 한다며 준비 자세를 풀지 않습니다. 그런데 문제는 이렇게 달리기를 한 후에 자기 신발을 잘 찾지 못한다는 것입니다. 또 오른쪽 신발과 왼쪽 신발을 바꿔 신고는 자기 신발이 아닌 것 같다며 우는 아이들도 있습니다. 운동화 끈이 풀어졌다며 묶어달라는 아이들의 신발 끈을 묶어주다 보면 달리기를 몇 번 하지도 못하고 그냥 시간이 흘러가버리기 일쑤예요.

그런데 같은 1학년인데도 자기 신발을 잘 챙기는 아이들이 있습니다. 이런 아이들은 신발 뒤축이나 안쪽에 매직으로 이름을 써놓아서 자기 신발을 잘 알아보고, 끈으로 묶는 운동화보다는 '찍찍이'로 붙였다가 뗄 수 있는 운동화를 신습니다. 또 운동화에 있는 그림으로 오른쪽과 왼쪽 신발을 잘 구별합니다.

자기 신발을 잘 알아보는 아이들에게 그 방법을 물으니 집에서도 혼자 신발을 신기 때문에 식은 죽 먹기라고 하더군요. 집에서 어떻게 해야 할지 감이 오시죠? 외출할 때 시간이 조금 걸리더라도 아이들이 자기 스스로 신발을 찾아 신도록 해주세요. 과잉 애정과 친절은 아이들의 자립심을 저해할 뿐 아무 도움이 되지 않습니다.

여자아이들의 경우에는 머리카락이 문제가 되는 경우가 종종 있습니다. 수학 공부를 위해 모둠끼리 게임을 하는 도중이었는데, 갑자기 한 여자아이가 산발이 되어 뛰어나왔습니다. 머리끈이 풀어져 머리가 마음에 들지 않는다며 다시 묶어달라고 하더군요. 그래서 머리를 빗어주면서 마음에 드냐는 등의 이야기를 나누고 들여보냈습니다. 그런데 조금 있으려니까 여자아이들이 모두 머리핀과 머리끈을 풀면서 줄줄이 나오는 거예요. 선생님이 친구의 머리를 매만져주는 것에 샘이 났던 것이지요.

하지만 저는 난감했습니다. 아이들을 도로 들여보내면서 스스로 해보라고 했지만 거의 모든 아이들이 머리핀과 끈을 다루지 못했습니다. 그런 아이들은 하나같이 평소 자기 혼자 한 적이 없고 엄마가 아침마다 머리를 빗겨준다고 하더군요.

어떤 어머니들은 직장에 다니거나 밤늦게까지 일하는 탓에 아침에 등교하는 아이들의 얼굴을 보지도 못하는데 머리 손질까지 해주시는 어머니라니, 참 행복한 아이들이라는 생각이 들었습니다. 하지만 그런 생각도 잠깐, 흘러내리는 머리를 연신 쓸어 올리며 공부를 하고 있는 아이들을 보다 못해 결국 공평하게 모두의 머리를 매만져주어야 했습니다.

아이들이 학교생활을 하다보면 운동을 한 후에는 머리가 헝클어지기 마련입니다. 이때 풀어진 머리로 인해 다른 활동에 지장이 없으려면 스스로 머리를 빗을 줄 알아야 합니다. 신체의 성숙 정도에 따라 손조작 능력도 좋아지지만 1학년 아이들의 경우에는 아직 이 손조작 능력이 미흡합니다. 손가락 힘도 없고, 손가락마다 힘을 배분하는 능력도 부족하지요. 그래서 한 손으로 머리카락을 단단히 잡고 다른 손으로 머리끈을 조이는 동작을 참 어렵게 느낍니다.

그럴 때는 손조작 능력이 길러질 때까지 앞머리를 짧게 잘라준다거나 머리띠를 혼자 착용할 수 있도록 연습을 시켜야 합니다. 또 한 번에 묶을 수 있는 머리핀 사용법을 알려주는 것도 좋겠지요. 머리카락 때문에 아이가 활동에 방해를 받지 않도록 말이에요.

약 먹는 것도 마찬가지입니다.

"선생님! 저 약 좀 먹여주세요."

"왜? 뚜껑이 안 열려?"

"..."

울상이 되어버린 아이에게 몇 밀리리터인지 재어서 입에 넣어주려니까 코를 막고 난리를 칩니다.

초등학교 입학 전에 약은 스스로 먹는 것을 습관화해야 합니다. 또 약을 복용해야 한다면 집에서 작은 약병에 1회 복용량을 덜어서 보내주시는 것이 좋습니다. 감기에 걸린 학생이 여러 명 있는 날에는 네댓 명의 학생이 감기약을 복용하는데 모두 제비처럼 입을 벌리고 있지요. 귀엽기도 하지만 눈금도 잘 보이지 않는 작은 약병에 약을 덜고 가루약까지 넣어서 먹이는 것이 생각보다 시간이 많이 걸립니다. 선생님이 약 먹을 시간이라는 것을 알려주면 학생들이 일제히 약병을 들고 쪽쪽 빨아 먹을 수 있게 연습시켜주세요. 선생님을 도와드리고 아이도 어려운 일을 하면서 스스로를 대견하게 생각할 것입니다.

7. 청결한 생활

학교생활을 하는데 옷차림이 너무 공주님 같거나 왕자님 같다면 마음대로 뛰어놀지 못하겠지요. "또 더럽혔어?", "또 찢었어?" 하는 꾸중을 들을까봐 두 손을 모으고 앉아 있어야만 한다면 학교에 오는 재미가 생길 리 없겠지요. 아이들의 옷차림은 활동하기에 편하고 깨끗한 것이 최고입니다. 아이들이 하얀 타이즈를 신고 치마를 입거나 반바지를 입은 모습은 정말로 귀엽습니다. 그러나 어른들 보기에 예쁘고 귀여운 것이지 실제로 아이들은 가려워서 계속 긁고 있거나 자꾸만 아래로 내려가는 타이즈를 잡고 있는 경우가 많습니다.

아이들의 옷은 땀을 잘 흡수하는 면 소재로 넉넉한 크기의 것이 좋습니다. 넉넉한 크기의 것이면 2학년 때까지는 입힐 수 있습니다. 그러나 몇 년 동안 입히겠다고 너무 큰 사이즈의 옷을 구입하는 것은 좋지 않습니다. 다른 사람의 옷을 입은 것처럼 보일 뿐 아니라, 아이들 옷은 금방 닳아서 몸에 옷이 맞을 만하면 헌 옷이 되어버리니까요. 아이들이 활동하기에 편하고 세탁이 쉬운 옷을 입히는 것이 가장 좋습니다.

아이들은 부모님이 사주시는 옷을 생각 없이 입는 것 같지만, 아이들에게도 저마다 좋아하는 스타일과 색깔이 있기 마련입니다. 옷이 깨끗한지 냄새가 나는지에 대해서도 민감하게 반응하고요.

하루는 아이들과 손가락 인형을 만들어 가족에 대해 발표를 하던 중이었는데, 한 여자아이가 자기 차례가 아닌데도 계속 손을 들기에 그 이유를 물었습니다. 그러니까 큰 소리로 "선생님, 팬티가 내려가요" 하는 것이었어요.

처음에는 팬티라는 말만 듣고 이상해서 앞으로 나오게 했습니다. 선생님 귀에 대고 이야기하라면서 안아주었는데 아이의 주머니가 불룩하더군요. 주머니 안에 팬티가 들어 있었어요. 아침에 입고 있던 팬티의 고무줄이 끊어졌는데, 아이 엄마가 바쁜 나머지 갈아입히지도 못하고 그냥 주머니에 넣어주셨다는 거예요. 그런데 이 아이는 자기 혼자 팬티를 갈아입지 못한다고 했습니다. 그래서 직접 갈아입혀주려고 바지를 벗기려니까 그 여자아이가 "친구들이 보면 싫어할 텐데요?" 하는 것이었습니다. 선생님 책상에 가려서 안 보인다고 했지요. 그랬더니 앞에 앉아 있던 남자아이가 이렇게 말하더군요.

"내가 못 보게 지켜줄게."

그 여자아이는 마음 놓고 팬티를 갈아입었고, 그날 정말 열심히 생활할 수 있었지요. 벗어놓은 팬티를 싸주려니까 아이는 그냥 버리라고 하더군요. 그 팬티를 보니 정말 버릴 만도 하다는 생각을 했습니다. 어머니께서 무척 바쁘셨나봅니다.

아이들이라서 잘 모른다고 생각하시겠지만 옷이 더럽다는 것, 냄새가 난다는 것 정도는 아이들도 잘 알고 있습니다. 그래서 잘 씻지 않거나 옷을 자주 갈아입지 않는 아이는 냄새 난다고 아이들이 같이 앉기를 꺼려합니다. 그러면서 친구관계에 문제가 생기는 것이지요.

　유명 브랜드 옷인지, 화려한 것인지는 별로 중요하지 않습니다. 얼마나 깨끗하고 단정한 옷차림으로 다니느냐가 중요합니다. 한 가지 옷만 계속 입으면 더러워진다는 것과 더러운 옷을 입으면 건강에도 좋지 않다는 사실을 아이들이 깨닫게끔 옷 갈아입는 습관을 길러주는 것이 필요합니다.

8. 혼자 옷 입고 벗기

　평소 시간이 걸리더라도 혼자 옷을 갈아입을 수 있도록 지켜보는 참을성을 가져보세요. 학교에서 신체검사를 하고 나면 혼자 옷을 입을 수 있는 아이인지, 아닌지를 알 수 있습니다. 옷을 벗은 후에 혼자서 다시 입지 못해 속옷의 한쪽 자락이 바깥으로 비어져 나와 있는 아이가 있는가 하면, 단추를 서로 어긋나게 끼워놓고는 그것도 모른 채 신나게 뛰어다니는 아이들이 있습니다. 또 바지를 벗다가 양말이 벗겨지면 신는 것이 어려워 차라리 나머지 한쪽도 벗어버리고 맨발로 다니는 아이들도 있답니다. 그러나 자기 것을 잘 챙길 줄 아는 아이들은 조금 다릅니다. 양말을 벗더라도 아무 곳에나 벗어놓지 않고, 친구들의 단추가 어긋난 것을 고쳐주기도 합니다. 짝꿍의 칼라가 잘못되어 있으면 예쁘게 펴주면서 어머니들이 했음직한 말들을 늘어놓지요.

"에이, 이렇게 펴고 다녀야지."

선생님이 아이들 옷을 하나하나 입혀주면 좋겠지만 실제로 한 학급당 아이들 인원수가 20~40명에 달하기 때문에 아이들 모두에게 선생님의 손길이 미치기는 어렵습니다. 이럴 때 손놀림이 능숙한 아이들은 친구들에게 꼬마엄마가 되어줍니다. 이런 경우 도움을 받는 아이들은 그 친구에게 무척 고마워하고 꼬마엄마를 인정해줍니다. 학습능력을 떠나서 친구들에게 인정을 받는 계기가 될 뿐만 아니라 선생님에게도 인정받을 수 있는 기회가 되는 셈이지요.

저는 매일 밤 아이가 내일 입을 옷을 미리 챙겨두고 잠자리에 들었습니다. 그런데 어느 날부터인가 아이가 다른 옷을 찾아 입더군요. 이유를 물어보니 그 옷이 더 편하다는 것이었습니다. 그래서 내일 있을 학교생활 중 체육이 있는지, 만들기 실습이 있는지, 날씨가 어떤지 고려하여 자기 전에 옷을 스스로 준비하라고 했지요.

저는 아이가 너무 이상한 코디를 하지만 않는다면 아이가 직접 고른 옷을 입게 합니다. 집에서 옷을 입고 양말을 신는 것 등을 일일이 다 해주는 것이 아이를 위하는 일은 아니라는 생각이 듭니다. 이제부터는 아이가 서툴더라도 칭찬으로 자신감을 갖게 해 스스로 자기 옷은 자기가 챙길 수 있게 하면 좋겠습니다.

2월 한글은 떼고 입학해야 하나요? 수학은 어느 정도 하면 되나요?

'한글을 뗀다'는 것은 참 정의하기 어려운 일입니다. 어른들도 한글을 정확히 사용하는 것을 어려워하는데 아이들은 훨씬 더하겠지요. 가끔 학부모님들로부터 이런저런 설문이나 글을 받아 보면 거기에도 맞춤법이 틀린 경우가 꽤 많답니다. 그래도 의미 전달은 되니까 다행이지요.

순전히 교사 입장에서 보면, 아이들의 한글 해득 수준이 다들 비슷했으면 좋겠다는 생각을 합니다. 그러나 사정이 어디 그런가요? 초등학교 3학년 교실에 가도 문제 없을 만한 아이들이 있는가 하면, 유치원을 조금 더 다니고 와야 할 아이들도 함께 섞여 있기 마련이지요. 요즘 대부분의 아이들은 어린이집과 유치원에서 미리 많은 것을 배우기 때문에 한글을 대충 어느 정도 익히고 초등학교에 입학합니다.

반드시 정해진 것은 아니지만 대략 학교에서 요구하는 한글 해득 수준은 동화책을 천천히 읽을 줄 알고, 소리 나는 대로 쓰더라도 한글의 자음과 모음을 글자답게 쓸 수 있으며, 자기가 하고 싶은 말을 짧게라도 구성해서 말할 줄 아는 정도면 됩니다. 이 수준이면 학교 공부를 따라가기에 큰 무리가 없습니다. 물론 이것은 평균적인 수준을 말하는 것이고, 실제로는 이보다 능숙하거나 훨씬 못 미치는 아이들이 많습니다. 주변 여건에 따라 학교별 평균 수준도 많은 차이가 있을 것이고요.

학교에서는 아이들을 평균적인 수준으로 가르치면서 게임을 많이 활용하고 있습니다. 한글을 깨치고 들어온 아이들에게 교과서 첫머리에 나오는 'ㄱ', 'ㄴ'을 가르치면 재미없어 합니다. 그래서 낱말을 만드는 놀이나 더 나아가서는 문장을 자연스럽게 만드는 연습을 시키죠. 글자를 읽고 쓰는 것을 어려워하는 아이들은 자음과 모음의 결합 원리부터 가르쳐줍니다. 그러면 약간의 차이는 있더라도 대부분의 아이들은 초등학교 1학년이 달성해야 할 수준에 도달하게 됩니다. 그렇기 때문에 아이가 한글을 잘 읽거나 쓰지 못한다고 지레 걱정할 필요는 없습니다. 1학년이 끝나갈 무렵에는 거의 비슷해지니까요.

그래도 아이의 한글 실력이 마음에 걸리는 부모님을 위해 가정에서 자녀의 국어 실력을 키우는 몇 가지 방법을 소개해드립니다.

첫째, 아이들과 이야기를 많이 나누세요. 예를 들어 아이와 함께 시장에 갈 때, 간판에 적혀 있는 글자를 물어보고 설명해주세요. 아이들이 간판의 글자를 읽을 때 처음에는 글자를 하나의 그림으로 생각합니다. 그래서 처음엔 다른 낱말 속에 있는 같은 글자를 알지 못하다가 조금 더 시간이 지나면 낱말 속에 있는 낱글자를 구별해냅니다. 그렇게 되면 뜻은 모르더라도 글자를 보면 읽을 수 있을 정도가 되는 것이지요.

말할 거리가 부족하다 싶으면 '끝말잇기 놀이'를 해보세요. 아이들의 어휘력은 언어 능력 발달에 가장 큰 바탕이 됩니다.

"기차 – 차표 – 표범 – 범인 – 인도 – 도장…"

가족들과 끝말잇기 놀이를 많이 한 아이들이라면 이 정도 어휘들은 쉽게 말할 줄 압니다. 끝말잇기 놀이가 길게 이어질수록 좋은 어휘력을 갖추었다고 볼 수 있겠지요. 어휘력이 좋아야 글을 잘 읽을 수 있고, 다른 사람의 말을 잘 듣고 이해하며, 자신의 생각을 말과 글로 잘 표현할 수 있습니다.

둘째, 아이가 혼자 책을 읽을 수 있도록 도와주세요. 아이들은 5세 정도부터 책의 의미를 파악하게 됩니다. 부모님이 들려주는 그림책에 아이가 친근감을 느끼고 6, 7세가 되면 큰 글씨로 되어 있는 책을 혼자 읽을 수 있어야 합니다. 아이가 아직 그 단계에 이르지 못했다고 해서 낙심하지 마시고, 책에 흥미를 가질 수 있도록 그림책부터 다시 시작해보세요. 그림을 설명하면서 창의력도 동시에 기를 수 있습니다. 또 말로 설명하던 것을 글자를 짚어가며 읽도록 도와주세요. 처음에는 더듬거리며 읽던 아이가 어느새 의미를 이해하고 빠른 속도로 읽어나가는 것을 볼 수 있을 테니까요.

셋째, 부모는 아이가 글씨를 잘 쓰기를 바라지만 꼬불꼬불 지렁이가 기어가듯이 종이에 그려놓는 아이들이 많습니다. 이것은 아이가 아직 연필을 마음대로 움직일 수 있는 손힘이 없기 때문입니다. 그런데 유치원에 다니면서 이미 너무 많은 글씨를 써본 아이들은 연필을 쥐는 방법도, 글씨를 쓰는 자세도 모두 엉망이 되어 있지요. 아이들이 입학한 후

연필 쥐는 방법과 글씨 쓰는 자세를 가르쳐주는데, 잘못된 습관을 고치기가 쉽지 않습니다. 2학년에 올라가서도 선생님께 지적을 받는 아이들이 많으니까요.

따라서 손힘이 없는 아이에게 너무 많은 글씨를 쓰게 하는 것은 좋지 않습니다. 초등학교에 입학하면 받아쓰기로 맞춤법 공부를 시작할 테고, 바른 글씨를 견본으로 삼아 글씨를 예쁘게 쓰는 연습도 할 것입니다. 따라서 쓰기 공부는 너무 조급하게 시키지 않는 것이 좋습니다.

수학도 미리 많이 준비하고 올 필요는 없습니다. 아이들이 1학년에 들어와서 배우는 수학 내용은 숫자부터 시작됩니다. 한 학기 내내 10이 되는 더하기와 빼기, 여러 가지 모양과 규칙, 50까지의 수와 덧셈, 뺄셈을 배웁니다. 따라서 숫자를 50까지 읽고 쓸 수 있으며, 생활에서 말하는 물건의 단위를 알고 있는 정도면 됩니다.

그런데도 어떤 아이들은 구구단까지 외워 와서 자랑을 하죠. 구구단은 2학년에 올라가 배우는 것이므로 구구단을 외우게 해 학교 공부에 벌써부터 질리게 할 필요는 없습니다. 1학년 때 필요한 수에 대한 공부는 생활에서 숫자를 아는 정도면 충분하니까요.

요즘 아이들은 다섯 살이면 손가락으로 수를 셈합니다. 이해력이 뒷받침되기 때문에 가능한 일이지요. 이처럼 이해력이 풍부한 아이들에게 따로 수학 공부를 시키는 것보다는 차라리 부모님과 대화를 많이 나누도록 권하고 싶습니다. 수학 공부에 웬 대화냐고 하시겠지만 스토리텔링 수학으로 교과서가 바뀌면서 아이들이 글의 내용을 이해하지 못하면 문제를 해결할 수 없기 때문입니다. 실제 1학년 덧셈과 뺄셈 단원에서 '굴파기 선수 미어캣'이 나옵니다. 미어캣이 굴을 파서 보금자리를 만들고 천적이 나타나면 서로 소리로 알리고 재빨리 흩어져 동굴로 숨는다는 이야기가 나오지요. 수학과 별로 연관성이 없어 보이지만 이야기를 듣거나 읽고 나면 수학 문제가 나옵니다.

"독수리를 피해서 왼쪽 굴에 3마리, 오른쪽 굴에 5마리 숨었습니다. 미어캣은 모두 몇 마리입니까?"

글을 읽거나 들은 후에 내용 파악을 잘 하지 못한다면 수학 문제는 해결하기 어렵겠지요?

학교에서 필기시험이 거의 사라졌다고는 하지만 그래도 수행평가로 시험을 보는 경우가 더러 있습니다. 이 시험을 '지필평가'라고 부르는데, 말도 제대로 알아듣지 못하는 아이들이 과연 글을 읽고 이해한 뒤 문제를 해결할 수 있을까요? 국어 실력이 뒷받침되어야 수학 실력도 금세 향상됩니다. 따라서 가급적 책을 많이 읽어주고 글의 내용을 빨리 이해하도록 도와주면서, 아이 스스로 책 읽는 습관을 갖도록 지도하는 것이 바람직합니다.

다시 한 번 강조하지만, 집에서 책을 많이 읽고 부모님과 끊임없이 대화를 나누며 공부한 아이들은 학습능력이 빨리 향상됩니다. 그러나 부모님이 공부하라고 지겹게 강요한 아이들은 다 아는 것이라며 학교에서는 놀고 집에 가서 공부합니다. 이렇게 뒤바뀐 생활을 하게 할 바에야 차라리 아무것도 가르치지 않은 아이들이 학교생활에 훨씬 잘 적응할 뿐만 아니라 학습에서도 탁월한 능력을 발휘합니다. 넘치는 것보다는 조금 부족한 것이 낫습니다.

 아이가 학교에 가기 싫다고 하는데 어떻게 해야 할까요?

"엄마, 학교 가기 싫어. 오늘은 학교 안 가고 엄마랑 있으면 안 돼?"
"얘가 또 이러네. 학교에 안 가면 결석이야. 결석하면 선생님한테 혼나잖니."

3월, 아이가 입학식을 하고 며칠 잘 다니는가 싶더니 학교에 가기 싫어해서 걱정이라는 학부모님의 전화가 걸려 왔습니다. 그 어머니는 결석하면 안 된다며 학교에 오기 싫어하는 아이를 억지로 교실까지 데려다놓고 집에 오는 일에 벌써 지쳤다고 하셨습니다.

아이들이 학교에 가기 싫어하는 이유는 여러 가지가 있습니다. 부모님과 떨어져 있어야 한다는 불안감, 낯설고 엄한 선생님에 대한 거리감, 교실에서 멀리 떨어져 있는 화장실 등등. 이런 경우, 우선 아이가 왜 학교에 가기 싫어하는지 이유를 알아보고 그에 맞는 대안을 찾아 교육하는 것이 좋습니다. 아이가 정확한 이유를 이야기하지 못하면 여러 가지

가능성을 염두에 두고 차근차근 설명해서 이해시키는 것이 중요합니다.

학교생활은 유치원과 달리 엄격한 규율에 따라야 하기 때문에 대부분의 아이들이 입학한 후 처음 한두 주는 엄마와 떨어져 지내야 한다는 사실에 불안감을 느끼지만, 차츰 새로운 환경에 적응하게 됩니다. 이런 '분리 불안증'을 겪지 않게 하려면 아이가 달라진 환경에 빨리 적응할 수 있도록 입학 전, 학교에 아이를 미리 데려가 교실과 운동장을 함께 둘러보는 것도 좋은 방법입니다. 화장실도 수세식인지 알아보고, 집과 변기의 모양이 다른 경우에는 사용 방법도 미리 가르쳐주면 좋고요. 학교에 들어가면 화장실 사용법까지 일일이 다 배우지만 미리 알아두면 두려움이 훨씬 줄어듭니다.

그런데 입학한 후 4주가 지나도록 아이가 배나 머리가 아프다면서 등교를 거부하는 '분리 불안증'을 보인다면 전문의의 상담을 받아보는 것이 필요합니다. 그전에 먼저 담임선생님과 상담을 하면 더 좋을 것이고요. 선생님이 아이의 상태를 가장 잘 아실 테니까요.

제가 담임을 맡았던 학급에 항상 잔뜩 긴장한 얼굴로 하루 종일 앉아 있다가 활동을 끝내지도 못하고 집에 돌아가는 일을 반복하던 여자아이가 있었습니다. 몇 달 후에는 학습한 결과물을 잘 내게 되었지만 여전히 굳은 표정을 풀지는 못했습니다. 저에게 상담을 요청하신 어머니는 아이의 행동이 집과 학교에서 너무 다른 것을 깨닫고는 아동상담치료 전문의를 찾아갔다고 했습니다. 의사 선생님과 상담을 한 후에야 아이가 보이는 '분리 불안증'의 원인이 어머니 자신에게 있었음을 깨달았다고 하시더군요.

굉장히 쾌활하고 사회생활에 적극적이었던 아이의 어머니는 자신이 일을 그만둔 것에 대한 보상으로 아이에게 지나친 기대감을 보이면서 아이가 하는 일을 하나부터 열까지 모두 챙겨주셨다고 합니다. 그래서 아이는 엄마가 보이지 않으면 아무것도 하지 못하고, 엄마와 점점 더 떨어지기 싫어하며 긴장하게 되었던 것입니다. 혼자 있을 때는 불안감에 말도 못하고 얌전히 앉아 있다가 집으로 돌아가는 일을 반복한 것이지요. 지금은 우리 반의 '수다왕'이 되었지만, 빨리 그 원인을 찾고 해결 방법을 모색한 그 어머니가 참 존경스럽습니다.

학교에 대한 불안감과 거리감을 줄이기 위해서는 집에서 먼저 선생님과 학교에 대한 자부심을 갖게 해주는 것이 좋습니다. 이렇게 한번 말해 보세요.

"담임선생님은 재주도 많고 훌륭한 분이시란다. 우리 딸이 담임선생님을 닮았으면 좋겠구나."

"우리 아들, 학교는 뭐가 제일 좋아 보여? 운동장도 넓고, 컴퓨터도 많고, 책도 많구나. 이런 학교에 다니는 학생들은 훌륭한 어른으로 큰다고 하던데! 우리 아들이 이 학교에 다니게 되어서 얼마나 좋은지 모르겠어."

선생님과 학교에 대해 긍정적인 인상을 갖게 되면 아이는 학교에 가는 것을 덜 부담스러워합니다. 그만큼 더 빨리 학교생활에 재미를 붙일 수도 있겠지요. 학교가 교육부로부터 교육과정우수학교상, 환경상, 학교운영 우수상 등 여러 가지 상을 받는 것에 대해 부모님들은 대수롭지 않게 여기시곤 하는데, 이런 것도 아이들에게 학교에 대한 자부심을 심어주는 계기로 삼으면 좋을 듯합니다.

 친구들과 잘 지낼지 걱정이 돼요.
아이가 따돌림을 당하면 어쩌죠?

"너랑 안 놀아!"

"흥! 쟤랑 놀지 말고 우리끼리 놀자!"

아이들이라면 언제든지 말하고 들을 수 있는 이야기이지만 이런 말을 들은 아이들은 엉엉 울며 선생님에게로 달려옵니다.

"선생님, 쟤가 나랑 안 논대요."

4월이 되면 선생님에게 달려와 고자질하는 아이들이 많아집니다.

자신의 서운한 마음을 선생님에게 표현하면서 위로를 받고 싶어 하는데 거기에는 자기편이 되어달라는 의미도 담겨 있지요.

1학년 생활은 초등학교 6년의 생활을 좌우할 만큼 중요합니다. 또래 친구들과 사귀는 방법을 배우고, 선생님의 사랑을 다른 친구들과 공유하는 방법도 배우게 됩니다. 친구와 경쟁을 하기도 하고, 고집을 부려서 자신의 생각을 주장해보기도 하며, 친구들이 나를 싫어할까 걱정되어 친구들의 말을 따르기도 합니다. 이런 과정들을 거치면서 비로소 사람 사귀는 방법을 배우게 되는 것이지요.

형제가 없거나 하나둘인 가정에서 부모님의 사랑을 독차지하며 자기중심적인 생활을 하다가 갑자기 친구들의 입장을 생각하려니까 혼란스러운 것은 당연한 일입니다. 그래서 아이들은 4월에 친구들과 가장 많이 다투고 친구관계에서도 예민하게 반응합니다. 또 아이들이 학교생활을 이야기하면서 친구들 이야기를 하니까 부모님들도 덩달아 친구관계에 예민해지는 때이기도 하지요.

1학년 아이들이 보이는 또래관계의 특징은 놀이 집단의 규모가 확대되면서 혼자만의 놀이에서 벗어나 점차 협동적이고 조직적인 놀이를 즐기게 된다는 것입니다. 이때는 경쟁심이 강해 잘 싸우지만 곧 풀어지는 경향이 있고 남녀 구분 없이 잘 어울립니다. 구체적인 물건을 갖고 놀기를 좋아하며, 행동은 자기중심적이지만 한편 또래들이 무엇을 원하는지 이해하기 시작하는 단계이기도 합니다. 또 다른 사람의 관심을 끌거나 불만을 해소하기 위해 거짓말이나 심한 장난을 하여 친구들과 싸움을 많이 하는 시기입니다.

간혹 조숙한 아이들이 몰려다니는 경향이 있는데, 자기중심적이고 상황 판단력이 부족한 아이들이 무리를 지어 다니는 것은 별로 바람직하지 않습니다. 친구가 다른 아이를 때리라고 시키면 그대로 주먹질을 하는 아이들도 있거든요. 하지만 선생님이라는 중요한 기준점이 있기 때문에 대부분의 아이들은 모든 행동의 판단을 선생님께 부탁하고 잘 따릅니다. 그래서 친구관계를 형성하는 데 미숙한 아이들이 올바른 방향으로 자리를 잡아가는 것이지요.

이렇게 무난하게 사회성을 길러가면 좋은데, 한 반에 꼭 한두 명씩은 자신이 '왕따'라고 생각하는 아이들이 있습니다. TV와 언론 매체, 주위에서 집단 따돌림, 즉 왕따에 대해 이야기를 많이 하니까 작은 일에도 따돌림을 당했다고 생각하는 것입니다. 사실 행동이 느리거나 선생님 이야기를 잘 알아듣지 못해 남들에 비해 활동이 서투르면 아이들은 조별로 행동할 때, 그 아이와 같은 조가 되기를 싫어하는 경향이 있습니다. 또 친구들을 자주 때리는 아이가 있다면 말은 못해도 그 친구를 피해 다니고 싶을 것입니다.

그런데 만일 정말로 내 아이가 왕따를 당하는 거라면 어떻게 해야 할까요?

일단 내 아이가 따돌림을 당한다는 사실을 아셨다는 것만으로도 벌써 왕따 문제의 절반은 해결된 셈입니다. 학교생활에 대해 좀처럼 이야기를 하지 않는 아이들의 부모는 대부분 그 사실을 잘 모르고 지나치거든요.

아이가 학교에 대한 이야기를 좀처럼 하지 않는다면 아이의 반응과 행동을 살피는 것이 좋습니다. 아이가 학교에 가기 싫어하거나 몸에 꼬집힌 자국, 멍 자국이 자주 생긴다면 반드시 그 이유를 물어보아야 합니다. 그래도 아이가 이유를 말하지 않을 때는 주위 친구들을 만나서 학교생활에 대해 물어보고, 선생님과 상담을 하는 것이 좋습니다.

1학년 아이들이라서 어른들이 분위기만 잘 조성해준다면 왕따 문제는 쉽게 해결할 수 있습니다. 따돌리는 아이를 초대해 같이 놀게 하면서 부모님의 사랑을 보여주면 거의 해결이 됩니다. 하지만 따돌리는 아이를 불러서 꾸중을 하면 일을 더 복잡하게 만들 뿐이에요. 혹시 담임선생님이 모르고 있을 수도 있으니 그런 사실을 알려 따돌림 당하는 아이가 잘하는 일들을 칭찬해주는 학급 분위기를 조성하도록 부탁해보세요. "승수가 발표는 잘 못해도 수학 박사야", "소연이가 셈은 느려도 달리기는 정말 잘해" 하는 식으로 아이들이 서로의 장점에 대해 인식하게 되면 왕따 없는 교실을 만들어갈 수 있습니다.

요즘은 학교폭력에 대해 교육이 이루어지고 있어서 그런지 친구가 때리면 바로 선생님께 학교폭력으로 신고합니다. 어떤 아이들은 학교폭력 신고 전화인 117에 바로 전화를 해서 경찰이 출동하기도 하지요. 하지만 저학년일 경우에는 부모님이 왕따 문제에 대해 너무 예민하게 생각하지 말아야 합니다. 혹시 내 아이에게 문제가 있는 것은 아닌지 잘 살펴보고 겸손한 마음으로 고쳐주는 노력을 해야 할 것입니다. 자기중심적인 사고를 벗어나 다른 친구를 생각하고 배려하는 방법을 배워가는 시기라고 생각하면 아이들의 푸념이 덜 심각하게 느껴질 것입니다.

또 우리 아이가 다른 아이들을 따돌리거나 때리지는 않는지에 대해서도 관심을 가져주세요. 친구들을 괴롭히는 아이는 당하는 아이보다 더 심각합니다. 1학년 때는 자기 마음대로 행동해도 친구들이 좋든 싫든 잘 따라주지만, 학년이 올라가면서 아이들이 판단력을 갖추게 되면 친구들을 괴롭히는 아이는 생활하기가 더욱 힘들어지겠지요. 물론 가장 먼저 선생님께 생활 태도를 지적 받으면서 문제아로 전락할 가능성이 높아집니다.

친구 때문에 스트레스를 많이 받는 아이들에게는 1학년 생활이 친구 사귀는 방법을 알아가는 귀중한 시간이라고 말해주세요. 이야기를 주의 깊게 듣고 공감해주기만 해도 아이들은 금세 누그러집니다. 아이는 누군가 자신의 말을 믿어주고 인정해준다는 것에 마음을 열고 그 느낌을 다른 사람에게 전달할 수 있을 테니까요.

# 그래도 '스승의 날'인데 뭔가 선물을 해야 하지 않을까요?

　토요일에 퇴근을 하려는데 우리 반 한 아이의 어머니가 상담을 하고 싶으시다면서 교실로 들어오셨습니다. 원래 약속이 되어 있지 않으면 상담을 하지 않는 편인데 직장에 다니는 어머니께서 굉장히 답답하신 것 같아 상담에 응해드렸습니다. 그런데 아이에 대해 이런 저런 이야기를 하시더니 슬그머니 촌지를 꺼내놓으시는 거였어요. 순간 화가 나더군요. 하지만 겉으로 표현할 수는 없었습니다.

　"제가 봉투나 선물을 받지 않는다는 것을 잘 아시면서 가져오신 걸 보니, 제가 섭섭하게 해드린 것이 있나봅니다. 혹시 아이가 선생님이 싫다는 불평을 하던가요?"

　"아닙니다. 우리 애가 선생님을 얼마나 좋아하는데요. 그저 열심히 가르쳐주시는 것이 감사해서 드리는 것뿐입니다."

　"제가 가르치는 것이 성에 차지 않으셨나봐요. 이 봉투 안 주셔도 제가 열심히 가르칠 테니까 그만 넣으세요."

그 학부모님께서 봉투를 막무가내로 놓고 가신다는 것을 "아이 편에 보낼까요, 우편으로 보낼까요?"라는 말씀으로 간신히 돌려드릴 수 있었습니다.

요즘은 대부분의 교사들이 촌지를 받지 않습니다. 그러면 선물은 받느냐고요? 학년이 바뀌어 담임이 아닌데도 가끔 집에서 구운 빵과 옥수수, 고구마 등을 보내주시는 학부모님들이 계십니다. 그럴 때는 정말 감사한 마음으로 받게 됩니다. 지난 학년의 담임을 챙겨주시는 부모님들은 정말 대단한 분이라는 생각을 하면서 말입니다.

그렇지만 부모님들이 학기중에 어떤 선물을 가져오면 내 아이만 잘 봐달라는 뇌물로 여겨져서 받기 꺼려집니다. 대부분의 선생님들이 저와 같은 마음일 것입니다. 꼭 선생님께 감사의 마음을 표현하고 싶다면 학기중에 드리기보다는 학년이 끝나고 난 뒤에 드리는 것이 좋습니다. 중간에 드리는 선물은 의도가 아무리 좋아도 청탁성으로 오해될 소지가 있으니까요.

선물은 마음의 표현입니다. 다른 목적이나 의도가 내포된 선물은 어느 누구도 반가워하지 않을 것입니다. 선물이나 촌지를 준다고 선생님이 아이를 더 예뻐하지는 않으니까요. 봉투만 바라는 교사가 등장하는 〈선생 김봉두〉라는 영화가 있긴 하지만, 실제로 그런 교사는 아주 극소수에 불과합니다. 그러나 만약 아이를 볼모로 노골적으로 촌지를 요구하는 선생님이 있다면 과감하고 솔직하게 대하시는 것이 좋습니다. 선생님의 의도가 정말 촌지를 원하는 거라면 교장선생님께 선생님의 말씀을 날짜와 시간별로 적고 녹음을 해서라도 알리는 노력이 필요합니다. 그러면 교장선생님께서 적절한 조치를 취하실 것입니다.

설령 아이에게 돌아올 불이익이라고 해도 전학밖에 더 있겠습니까? 그런 선생님 밑에서 아이가 무엇을 배우겠습니까? 차라리 전학을 시키는 것이 낫겠지요. 학부모님들 각자가 이 나라의 교육을 위해 꼭 필요한 일을 스스로 해내는, 교실 교육 모니터 요원들이 되시기 바랍니다.

6월 교과 공부를 위해 문제집과 학습지를 시켜야 하지 않을까요?

한번은 수업시간 중에 수학 문제를 내서 시험을 본 적이 있는데, 출제된 10문제 가운데 이런 문제가 있었습니다.

> 다음 수를 읽어보세요.
> 87 (   )

아이들이 괄호 안에 쓴 답은 정말 상상을 초월했습니다.
'(일겄어요)' '(여든여덟)'

정답은 '여든일곱'이지요. 그런데 위의 두 가지 답이 의외로 많았습니다. 첫 번째의 '일겄어요'는 '읽었어요'라는 말의 맞춤법이 틀린 대답이었죠. 읽어보라니까 읽었다는데 어쩌겠습니까. 웃을 수밖에요. 그런데 평소 똘똘하다고 생각했던 아이가 '여든여덟'이라고 쓴 것은 정말 이해가 가지 않았습니다. 이 문제를 모를 리가 없는 아이인데, 왜 이런 답을 썼을까 의아했지요.

결국 왜 그렇게 썼는지를 알아내고는 또 한참을 웃었습니다. 다음 수를 읽으라니까 '87'의 다음 수를 읽은 것이었어요. 아이들이 문제의 일반적인 문맥을 자기 식으로 이해하면 이렇게 기상천외한 답이 나올 수 있다는 것을 알게 된 소중한 경험이었습니다. 그래서 '여든여덟'이라는 답도 맞게 해주었고, 문제를 주의 깊게 내지 못한 저의 부주의함을 반성하는 계기로 삼았습니다.

이 에피소드에서 보듯 아이들의 생각은 정말 기발합니다. 이런 아이들이 미리 학습지를 많이 접했다면 이처럼 다양한 답이 나올 수 없었을 것입니다. 바로 정답이 나와버렸겠지요. 이런 이유에서 학습지나 문제집을 선택할 때 주의가 필요합니다.

일단 단원을 학습하기 전에는 문제집이나 학습지를 풀어보지 않는 것이 좋습니다. 이런 방법으로 예습을 하면 학습 내용을 금방 이해할 수는 있겠지만 창의적인 해답과 여러 가지 해결 방법을 찾아내지 못한 채 한 가지 방법만을 고집하게 되니까요.

문제집을 굳이 시키시려면 주로 복습 위주로 활용하는 것이 좋습니다. 1학년 수학에서는 덧셈과 뺄셈의 계산 문제가 나오는 단원이 있습니다. 이런 문제는 능숙하고 정확하게 해답을 찾아내는 것이 관건이므로 문제집을 많이 풀어보는 것도 좋은 방법입니다.

그런데 모든 아이가 문제집이나 학습지의 문제를 푼다고 효과가 있는 것은 아닙니다. 아이마다 수학을 이해하는 수준이 다르니까요. 따라서 아이의 수준을 고려해 그에 맞는 문제집과 학습지를 선택해야 합니다. 아이가 문제 해결을 어려워한다면 수학익힘책의 문제로 여러 번 반복하여 풀어보게 하는 것이 좋고, 수학익힘책을 어느 정도 소화하는 아이라면 정해진 시간 안에 문제를 모두 해결할 수 있을 정도의 문제집을 풀어보는 것이 좋습니다. 여기까지 능숙하게 해결하는 아이에게는 수학경시대회 문제집이나 조금 더 어려운 학습지를 풀게 하는 것도 괜찮을 테고요.

학습지가 꼭 필요한 것은 아니지만 학부모라면 아이에게 하나 정도 시키고 싶으실 것입니다. 굳이 시킨다면 아이마다의 특징을 고려한 뒤에 학습지를 선택하는 것이 바람직합니다. 학교에서 수업 내용을 잘 이해하고 따라가는 아이라면 창의력 향상 프로그램 위주의 학습지를, 교과 내용을 이해하지 못하고 자신 없어 하는 아이라면 교과 중심의 학습지를 활용해보세요. 아이의 학년과 나이에 맞는 학습지보다는 수준과 실력에 맞는 학습지를 고르는 것이 나름의 원칙인 셈입니다.

아이가 산만하다면 학습지 교사가 방문하여 개인별로 지도하는 학습 형태가 좋고, 아이가 적극적이라면 네댓 명이 모이는 공부방 형태의 학습지도 괜찮습니다. 무엇보다 아이들이 학습지를 통해 스스로 이해하고 학습하는 습관을 기를 수 있도록 시간을 정해 규칙적으로 공부하는 것이 중요합니다. 규칙적인 습관이 몸에 익을 때까지는 밀린 학습지에 질려서 공부를 포기하는 일이 없도록 적은 양을 풀게 해야 아이가 성취감을 느끼면서 즐겁게 공부할 수 있습니다.

 첫 방학을 어떻게
보내야 하나요?

　아이들에게 방학은 1학기 동안의 긴장에서 벗어나 쉴 수 있는 여유 시간이고, 또 그동안 부족했던 점을 보충할 수 있는 좋은 기회이기도 합니다. 방학을 어떻게 보내느냐에 따라 아이들의 2학기 모습이 많이 달라집니다. 1학기 동안 겨우 다듬어놓았던 태도와 습관들이 도로 나빠져서 오는 경우도 있고, 2학기 때 더욱 두각을 나타내는 아이들도 있습니다.

　일단 방학은 1학기 동안의 잘못된 습관을 고치는 기간이자, 학습 면에서도 부족했던 점을 보충하는 기간이 되어야 합니다. 나아가 2학기 수업에 대한 이해와 준비를 위해 각종 견학과 다양한 경험을 하게 해주는 것도 바람직합니다.

　생활 면에서는 학교에 다니면서 본인이나 다른 사람들을 불편하게 했던 잘못된 습관을 한두 가지 정도 정해 고치는 것이 좋습니다. 아침에 일어나는 것이 힘들었다면 방학이라고 늦잠을 자는 것이 아니라 등교

시간에 맞춰 일어나는 연습을 하면 되겠지요.

　아침을 먹기 싫어했다면 방학 동안 아침에 밥 먹는 습관을 들여야 합니다. 아침마다 화장실에 가지 못하고 수업이 끝난 후 집에 돌아오자마자 화장실로 뛰어 들어가던 아이라면, 제시간에 일어나 화장실에 가는 습관을 들여주세요. 평소 체력이 약한 것 같았는데 학교에 다니느라 운동할 시간이 없었다면 한 가지 운동을 정해 꾸준히 하는 것도 좋습니다.

　아이들의 잘못된 행동을 빠른 시간 안에 올바르게 변화시키려면 보상과 강화의 방법을 이용해야 합니다. 스티커 모으기, 간식 고르기, 책 구입하기 등 아이에게 줄 수 있는 적절한 보상을 잘 활용하면 아이들의 행동을 훨씬 더 쉽게 바꿔나갈 수 있습니다.

　방법은 봉사, 심부름, 착한 일, 동생과 사이좋게 지내기, 숙제 스스로 하기, 식탁에 숟가락 놓기, 쓰레기 분리수거 하기, 정해진 시간만 TV 보기 등 아이들이 할 수 있는 일을 정해놓고, 그것을 잘 지키면 스티커를 붙여주는 것입니다. 한 달 동안 한 판이 모두 모아지면 갖고 싶은 선물을 받는다든지, 용돈을 받는다든지 하는 방법으로 긍정적인 보상을 해주면 아이들의 행동에도 차차 변화가 찾아올 것입니다.

　학습 면에서 부족했던 부분을 챙겨주는 것도 필요합니다. 받아쓰기를 잘 못해서 기죽어 있었다면 방학 동안 동화책을 읽으며 꾸준히 연습하도록 지도해주세요. 수학 문제를 너무 늦게 풀었다면 수학익힘책을 새로 한 권 구입하거나 수준에 맞는 문제집을 한 권 사서, 정해진 시간 안에 일정한 개수의 문제를 풀어보는 연습 등도 해볼 만합니다.

　방학은 말 그대로 쉬는 시간이므로 여유를 갖고 교과서에 나오는 장소를 견학하거나 여행을 해보는 것도 좋습니다. 예를 들어 통합교과에서 봄, 여름, 가을, 겨울이 나오는데 각 계절마다 다른 산의 모습, 동물원의 모습 등을 비교해보면 훨씬 더 효과적인 교육이 될 것입니다.

또 2학기에는 이웃교과서에서 가게의 내용을 다룹니다. 마트만 다녔던 아이는 과일, 고기, 생선, 우유를 파는 가게가 모두 마트라고 합니다. 틀린 말은 아니지만 아이와 함께 재래시장의 청과물가게, 생선가게, 옷가게 등을 둘러보면 수업할 때 많은 도움이 되겠지요.

아이가 방학 내내 TV와 게임에만 빠져 있는데 어떻게 할까요?

먼저 미디어 교육센터의 'TV 중독 증세 판별법'에 대한 자료가 있어 소개합니다. 우리 아이가 어느 정도로 TV에 빠져 있는지 한번 체크해 보시기 바랍니다(62쪽 표 참조). 해당 사항이 어느 정도 되나요?

아직 정보에 대한 선택과 배제 능력이 없는 아이들에게 TV는 장점보다는 단점이 더 많은 매체입니다. 전문가들은 비디오나 TV 시청에 장시간 빠져 있는 아이들일수록 운동 부족, 소아 비만으로 인한 각종 질환과 심한 경우에 자폐증 같은 정신질환을 일으킬 수 있다고 지적합니다.

학기중에도 그렇지만 방학 때면 학부모님들과 아이들 사이에 바로 이 TV를 둘러싸고 전쟁이 벌어집니다. 요즘은 공중파 말고도 하루 종일 방영하는 케이블 TV나 위성방송이 있어서 문제가 더욱 심각합니다. 아침부터 밤늦게까지 만화 채널에서 눈을 떼지 못하는 아이들은 이제 새삼스러운 문제도 아니지요.

	증상	표시
1	외출 후 집에 오면 아무 생각 없이 TV부터 켠다.	
2	보고 싶은 프로그램은 만사를 제쳐놓고 본다.	
3	평소엔 순하지만 TV만 보면 흥분한다.	
4	주말에는 TV 앞을 떠나지 않는다.	
5	채널을 3~5분마다 한 번씩 돌린다.	
6	남들이 재미있다고 하는 프로그램은 무조건 본다.	
7	급한 일도 TV를 켜놓고 처리한다.	
8	하루 일상생활이 TV 중심으로 이루어진다.	
9	TV를 보면 기분이 좋아지지만 보고 나면 만족감이 사라진다.	
10	TV를 끄면 불안해하고 TV를 보면 안정을 되찾는다.	
11	TV를 자기 의지대로 끄지 못하는 것에 화를 낸다.	

판별법

- 1~3개 : 좋지 않은 시청 습관
- 4~6개 : 초기 중독, 부모의 주의가 필요
- 7~9개 : 중독이 진행되는 상태로 체계적인 지도가 필요
- 10개 이상 : 심각한 TV 중독으로 전문가의 상담이 필요

이런 경우 무작정 화부터 내지 마시고 미국 소아과학회에서 발표한 TV 병폐 줄이기 방법들을 참고해보세요.

첫째, 적정 시간만 TV 시청을 하도록 지도합니다. 설령 아이가 유익한 프로그램을 보고 있더라도 1~2시간을 넘기지 않도록 하고 그 대신 책 읽기, 일기 쓰기, 부모님과의 대화 등 좀 더 적극적인 활동을 하도록

지도하는 것이 아이의 언어발달과 행동발달에 도움이 됩니다. 오랜 시간 TV를 시청하면 눈의 피로가 심해지고 판단력도 흐려지니까요. 더불어 방송에서 사용하는 은어와 비속어를 아이가 따라하지 않도록 주의를 주는 것도 필요합니다.

둘째, 아이가 능동적으로 사고할 수 있도록 질문을 자주 합니다. 어린 아이의 경우 현실과 비현실을 구별하지 못하는 경우가 있으므로 만화영화의 폭력적인 내용을 볼 때에도 "왜 때렸을까?"라는 질문을 하면서 능동적으로 생각하도록 유도합니다.

셋째, 프로그램을 정해서 시청합니다. 가족이 시청 시간을 정해두고 부모가 좋은 프로그램을 선택해 아이와 함께 보거나 TV 안 보는 날을 정하는 등 시청 습관 자체를 부모가 주도적으로 이끌어가야 합니다.

넷째, 아이가 자는 방에 TV를 놓지 말아야 합니다. 아이들은 자율적인 통제가 어려우므로 TV는 거실에 두고 시청이 끝나면 스스로 끄는 습관을 기르도록 하는 것이 좋습니다.

또 부모님은 TV 앞을 떠나지 못하면서 아이에게만 시청을 제한한다면 아무 효과도 기대할 수 없습니다. 무엇보다 부모님들부터 TV를 과감히 꺼버리거나 시청 시간을 줄여보세요.

방학 때 TV와 더불어 골치 아픈 것 중 하나가 바로 게임 중독입니다. 만사를 제쳐놓고 하루 종일 게임만 하는 아이들도 꽤 많다고 합니다. 방학 동안 평소에 하지 못했던 것을 찾아 보충하거나 적당한 휴식을 취하며 다음을 준비하려면 이런 헝클어진 일상부터 잘 가다듬어야 합니다.

아이들이 학교에서 돌아오거나 학원에 다녀오면 '힘들었을 텐데…' 하는 마음에 컴퓨터 게임을 하도록 방치한 것이, 어느새 하루의 대부분을 차지하는 일과가 되어버린 경우가 많습니다. 결국 부모님께서 그렇게 하도록 허락한 셈인데, 나중에 때늦은 후회를 하지만 아이는 벌써 게임 중독에 빠져 있게 되지요.

초등학교 1학년 아이들이지만 컴퓨터는 이제 일상생활의 중요한 일부가 되어버렸습니다. 저만 해도 학급 홈페이지를 통해 숙제를 제출하게 하고 아이들과 대화를 나누고 있으니까요. 컴퓨터를 통해 정보를 얻고 게임도 적당히 즐기며 많은 사람들과 대화하는 것은 문명의 이기를 유익하게 누릴 줄 아는 것이라고 생각합니다. 부모님이 컴퓨터를 잘 모

김민영 어린이의 그림

컴퓨터 게임하는 모습을 그려보라고 했더니 노려보는 엄마 얼굴, 얼른 의자에서 일어나 컴퓨터를 끄는 자신의 모습을 그리더군요. 엄마는 못하게 하고 아이는 넋을 잃고 몇 시간씩 컴퓨터 게임에 몰두합니다. 컴퓨터 하는 시간을 정해 아이에게 재미를 느끼게 하면서 시간 관념을 심어주면 좋겠지요.

른다고 무조건 나쁘다고 생각하기보다는 아이들을 이해하는 입장에서 다가가시는 것이 좋습니다. 그렇다고 해도 장시간 컴퓨터 앞에 앉아 있거나 게임에만 몰두하는 것은 좋지 않습니다. 앞에서 본 TV의 경우와 마찬가지로 다른 활동들로 현명하게 유도해내는 것이 중요합니다.

참, 요즘에는 인터넷 사이트 주소를 잘못 입력하면 성인 사이트로 들어가는 경우가 많아 아이들이 혼자 컴퓨터를 할 때 많은 부모님들이 불안해하십니다. 그럴 경우를 대비해 청소년정보이용안전망(http://www.greeninet.or.kr)에서 유해 정보 차단과 인터넷 시간 관리 무료 소프트웨어를 다운 받아 이용할 것을 당부 드립니다.

9월 집과 학교에서 다른 태도를 보이는 아이, 어떻게 해야 하나요?

　수업 시간이면 혼자서 물건을 만지작거리면서 다른 사람의 이야기를 잘 듣지 않는 남자아이가 있었습니다. 그 아이는 집에서 귀여움을 많이 받고 자라서인지 선생님도 어려워하지 않고 친구들에게도 장난을 곧잘 치곤 했습니다. 그런데 그 장난의 정도가 지나쳐 점점 아이들 사이에서 원망의 소리가 들려왔어요. 그래서 부모님께 상담 요청을 했더니 어머니와 할머니께서 같이 학교로 오셨습니다.

　상담을 하면서 아이의 잘못된 점을 이야기하려는데, 할머니의 손자 사랑 때문에 줄곧 아이가 싫어하는 친구들에 대한 이야기만을 들어야 했습니다. 결국 아이의 단점에 대해서는 말도 꺼내지 못했지요. 그렇게 아이의 할머니와 어머니는 집으로 돌아가셨습니다. 그래도 상담을 했으니 아이의 행동이 조금은 나아질 거라고 기대했지만 소용이 없었습니다. 그래서 한 달 동안 그 아이가 친구들과 싸운 일, 반성문, 했던 말 등을 상세히 기록한 후에 어머니만 오시기를 청했습니다.

그런데 또 할머니와 같이 오셨더군요. 난감했지만 아이에 대해 정확히 알려드리는 것이 교사의 도리라는 생각에 말을 꺼냈습니다. 아이에 대한 기록장, 친구들이 적은 피해 사례, 반성문 등을 보신 두 분은 집과 학교에서의 행동이 이렇게 다른 줄은 몰랐다고 하시며 눈물을 뚝뚝 흘리시더군요.

이렇게 부모님이 아이의 상황을 인식하게 되면 아이의 잘못된 점을 쉽게 고칠 수 있습니다. 그래서 두 분께 다시 말씀을 드렸습니다. 너무 넘치는 사랑을 받아서 아이가 자기 마음대로 행동하는데 그것을 고쳐주고 싶다고요. 제가 심하게 꾸중하면 아이가 집에 가서 속상해할 텐데, 그럴 때 선생님께 잘 혼났다는 말씀을 해주실 수 있느냐고 여쭈어보았습니다. 만일 계속 아이 편을 드실 거면 제가 생활 면에서는 손을 놓겠다는 말씀도 드렸고요. 그러자 할머니께서 이렇게 말씀하셨어요.

"조금만 때려주세유."

그 말씀에 모두 웃고 나서 절대로 때리지 않고 말로 타이르겠다는 약속을 드렸습니다. 지금 그 아이는 학교에서도 집에서처럼 의젓하게 행동하고 봉사 활동도 열심히 합니다. 또 아이의 어머니는 다른 어머니들의 상담자가 되어 있고요.

학교생활에 조금 익숙해지면 아이가 학교와 집에서 다른 모습을 보이는 경우가 종종 있습니다. 밖에서는 칭찬을 받을 정도로 올바르게 생활하고, 집에서는 다소 이기적이고 자유분방한 행동을 보이는 것이 우리의 일상적인 모습일 것입니다. 그러나 집 밖에서의 생활은 엉망인데 집에서만 얌전하다면 그것은 부모님의 양육 태도와 사회성에 문제가 있는 것으로 보아야 합니다.

일단 선생님의 객관적인 판단을 신뢰하고 다른 친구들을 통해서도 아이에 대해 알아본 뒤, 아이의 외부 생활에 문제가 있다면 담임선생님과 빨리 상담을 하는 것이 좋습니다. 무엇보다 선생님을 전적으로 믿고 아이가 바른 생활을 할 수 있도록 가정과 학교가 함께 노력하는 것이 아이를 변화시키기 위한 가장 이상적인 방법입니다.

 건전한 또래 문화 대신 이상한 유행에
빠져 있는데 어쩌죠?

"신데렐라는 어려서 부모님을
발로 차 (싸커) 발로 차 (싸커)
위 아더 챔피언."

예전 모 방송의 개그 프로그램에서 기존에 있던 노래를 이렇게 개사하여 부르더군요. 아이들은 노래를 금방 배우기 때문에 방송에 나오자마자 아무 거리낌 없이 이런 노래를 따라 부르고 다닙니다. 그래서 아이들에게 음을 넣지 말고 노래 가사만 말하게 했습니다. 듣고 있던 아이들이 이렇게 말하더군요.
"노래가 이상해요. 부모님을 발로 차고 나서 챔피언이래요."
가사만을 생각한다면 결코 부를 수 없는 노래를, 아이들이 무의식중에 듣고 신나게 따라 부르도록 그냥 내버려두고 있는 셈이지요. 아이들이 이상한 노래나 유행어를 따라할 때는 가사나 그 말을 가만히 생각하게 해보고 좋은 노래나 말인지를 스스로 판단하도록 도와주어야 합니다.

한때 아이들 사이에서 팔찌 커플링이 유행한 적이 있습니다. 커플링처럼 팔찌와 반지를 친구끼리 나눠 끼고 다니는 것인데, 아이들은 팔찌를 많이 끼고 다닐수록 좋다고 생각하더군요. 팔찌와 반지를 나누어 낄 정도로 친구가 많다는 것을 자랑하고 싶어 하는 듯했습니다. 그토록 친구를 갖고 싶어 하는 아이들의 마음이 안되기는 했지만, 싸구려 도금이라 피부에 좋지 않을 것 같아 학교에 가져오지 못하게 했더니 그 유행이 금방 시들해지더군요.

가정에서 아이들이 유행하는 물건을 사달라고 조른다면, 어디에 어떻게 사용하고 싶은 것인지 설명하게 해보세요. 만일 반 아이들이 모두 가지고 다닌다면 담임선생님께 지도를 부탁하는 것이 좋습니다. 만화 주인공 캐릭터나 장식품들이 유행하면서 아이들의 마음과 몸이 상할 수 있기 때문입니다.

한번은 귀고리 때문에 큰 사고가 날 뻔한 일이 있었습니다. 구르기를 하는 '즐거운생활' 시간이었는데, 갑자기 "으악! 귀에서 피가 나요" 하고 소동이 벌어진 거예요. 귀고리를 하고 온 아이가 구르기를 하는데 장난을 치며 끼어든 남자아이와 부딪히면서 링 귀고리가 잡아당겨진 것입니다. 연약한 아이의 피부는 순식간에 찢어졌고, 하얀 매트에 빨간 피가 떨어지니 아이들은 공포에 떨며 소리를 질러댔지요.

멋도 좋지만 활동이 많은 아이들이 귀고리를 하는 것은 사고로 이어질 수 있습니다. 안전사고의 문제뿐만 아니라 아이가 귀고리를 해야만 자신이 예뻐 보인다고 생각할 정도로 액세서리와 자신감을 연관 짓는 것은 정서상으로도 좋지 않다는 생각이 듭니다. 그 여자아이는 원래 귀가 큰 편이었는데, 그 일 이후에 '부처님 귀'라는 별명을 얻었지요. 본인은 굉장히 싫어했지만, 다른 아이들에게는 좋은 본보기가 되었습니다.

간혹 남자아이들 중에 금목걸이를 하고 와서는 가슴을 풀어헤치며 자신의 멋진 남성미를 자랑하는 경우도 있습니다. 텔레비전에서 그런 남자 주인공의 모습을 너무 많이 보아왔기 때문에 선생님도 그런 모습을 좋아할 거라고 생각하는 것입니다. 그러면 저는 별로 관심 없는 척하며 "남자가 목걸이 한 걸 보면 괜히 징그럽더라. 또 달고 다니다가 깡패 만나면 다 빼앗기겠네?" 하면서 목걸이 빼기를 종용합니다.

"선생님, 이거 진짜예요. 선생님도 목걸이 하잖아요."

"선생님은 어른이잖아. 깡패가 나타나면 물리칠 수 있지만, 너는 힘이 약해서 빼앗길 수도 있지. 우리 반 여자아이들에게 물어봐. 목걸이 한 남자아이가 멋있다고 하는지."

그러면 그 남자아이는 여자아이들에게 어떠냐고 묻고 다닙니다. 제 의도를 알아챈 조숙한 여자아이들은 징그럽다고 답을 해주지요. 그러면 그 남자아이는 다음날로 목걸이를 빼고 옵니다. 그럴 때면 저는 어린이다운 모습이라고 또 한 번 칭찬하는 것을 잊지 않습니다.

아이들은 어른의 모습을 보면서 따라 하기를 좋아합니다. 남자아이든 여자아이든 목걸이를 하면 예뻐 보입니다. 하지만 요즘처럼 흉흉한 세상에 아이들이 폭력의 목표물이 되게 할 필요는 없습니다. 아이의 목에 금목걸이가 번쩍이는 모습은 유괴범들에게 좋은 정보를 주는 것이나 마찬가지입니다. 그리고 활동을 하다가 목걸이가 풀어져서 잃어버린다면 또 얼마나 속이 상할까요?

길을 잃었을 때를 대비해 주소와 연락처가 적혀 있는 목걸이를 하고 다니는 것은 좋은 생각이지만 굳이 금으로 해야 할 필요가 있을까요? 또 초등학교 1학년이라면 주소와 전화번호 정도는 외우고 다닐 수 있게 하는 것이 좋습니다.

목걸이뿐만 아니라 아이들 사이에서 반지가 유행하는 시기가 있습니다. 4월 말쯤 되면 조숙한 여자아이들은 어른 흉내를 내며 커플링을 하기도 하고, 이니셜이 새겨진 반지를 끼고 다니기도 합니다.

"선생님, 우석이가 제 마음을 안 받아줘요."

"전, 저 애를 별로 좋아하지 않아요."

어른을 흉내 내는 것 같아서 별로 좋아 보이지는 않지만, 누군가를 좋아하는 아이들의 순수한 마음이 다칠까봐 섣불리 중재를 못할 때가 있습니다. 그럴 때는 딱 맞는 반지를 끼면 손가락이 잘 자라지 않아서 피아노도 잘 못 치고, 손가락 길이가 달라서 친구들이 별로 좋아하지 않을 것 같다는 말을 넌지시 건넵니다. 그러면 몇몇 아이들은 반지를 학교에 가져오지 않지요. 아이들의 성장에 방해가 될 수 있는 이런 액세서리들이 아이들 사이에서 그저 단순한 유행처럼 번지는데, 이에 대해 부모님들이 조금만 더 신경을 써주시면 좋을 것 같습니다.

 아이가 통 책을 읽지 않으려고 하는데 방법이 없을까요?

　초등학교에 입학할 자녀를 둔 부모님이라면 이제 제대로 된 책상과 의자를 갖춘 공부방을 마련해주어야겠다는 생각을 하실 것입니다. 그러면서 아이가 그동안 읽었던 손때 묻은 동화책은 모두 뒷방에 쌓아놓고 새 책만 책꽂이에 가지런히 진열하지요. 아이가 품속에 꼬옥 품고 잘 정도로 좋아하던 책들을 치웠으니 얼마나 섭섭하고, 생소한 새 책을 보면서 또 얼마나 긴장할까요? 학교에 들어가서 1학년이 되니까 좋아하는 책을 읽지 못한다고 생각할지도 모릅니다. 또 새 책에 정이 들려면 헌 책이 있을 때보다 더 많은 시간이 걸리겠지요.
　따라서 책 정리를 할 때는 아이와 의논하여 좋아하는 책은 책꽂이의 아래 칸에 두고, 읽어야 할 새 책은 손이 닿기 좋은 곳에 두어 아이 스스로 책을 선택하도록 하는 것이 좋습니다. 쉽게 꺼낼 수 있는 책에 손이 가기 마련이니까 아이들에게 굳이 강요하지 않아도 책을 읽는 성향이

책 이 름	말괄량이 피보안느		
지 은 이	라 미듬	읽은 날짜	10~11
주인공	피보안느		

☆ 주인공이라고 다 착한 일만 하는 것은 아니지요. 여러분도 마찬가지입니다. 지금 생각나는 나의 잘못을 적어보세요.

지영아~ 학교늦어도 엄마는 몰라 이 말은 피보안느랑 똑같은 말이죠 저는 7살때 꾀 일찍 일어났습니다. 지금은 8살이니 지금은 좀늦게 자죠... 피보안느처럼 입학식때 부끄러웠죠 지금까지 학교생활이 2학기 입니다 참 즐거워요. 피보안느에 마지막은 '눈물십다'라고 끝납니다. 저랑 피보안느랑 똑같죠??

바뀔 것입니다.

아이들 방에 가보면 한 번에 구입한 문고판 책 한 질이 죽 꽂혀 있는 경우가 종종 있습니다. 저도 어렸을 때 80권으로 된 전집을 갖고 있었는데, 정작 중학교에 갈 때까지 읽은 책은 60여 권에 불과했습니다. 그 후 6년 동안 그중 20여 권은 전혀 손도 대지 않았고요.

책은 한 권 한 권 사 모으면서 읽는 재미가 더 크기 마련입니다. 전집으로 한 번에 해결하려 하지 말고, 아이에게 자신이 좋아하는 책을 사기 위해 부모님과 함께 서점에 나들이하는 재미와 책을 한 권씩 사 모으는 기쁨을 느끼도록 해주세요.

아이가 학교에 빨리 적응하게 하려면 학교생활에 대한 내용이 담긴 책이 좋습니다. 그런데 문제는 아이가 책 자체를 읽지 않으려고 하는 경우겠지요? 책은 어렸을 때부터의 습관이 중요한데, 학교에 들어갔다고 읽지 않던 책을 읽으라고 한다면 아이들에게는 엄청난 스트레스가 될 것입니다.

그럴 때는 아이가 잠자리에 들 때 책을 읽어주고, 조금 지나면 서로 한 줄씩 번갈아 읽고, 나중에는 거꾸로 아이에게 책을 읽어달라고 하면서 자연스럽게 책을 접하게 하는 것이 좋습니다. 아이의 정서를 위해서라도 '잠자리에서 책 읽어주기'는 초등학교에 들어가기 전부터 이루어져야 하는 일이고, 아이가 원한다면 입학한 후 1년 정도는 계속 해주는 것이 좋습니다.

또 독서에 흥미를 갖게 하기 위해서는 아이가 재미있어 하는 책을 골라 마음대로 읽게 하는 것이 좋습니다. 입학 전이나 1학년 때는 감성과 상상력을 자극하는 책부터 시작해 차차 독서량을 늘려가면 됩니다. 3학년쯤 되면 현실을 인식하게 되므로 환상과 현실이 접목된 신화와 전설, 역사 속에 실재했던 영웅들의 이야기, 위인전 등을 읽게 하는 것이 좋습니다. 고학년이 되면 과학, 사회, 예술 분야, 탐정소설, 추리소설 등 구체적이고 정확한 지식과 논리적인 생각을 하게 하는 책이 유익합니다.

 영어는 언제 시작하는 것이 좋을까요?

저희 반의 한 아이는 어렸을 때부터 영어학원에 다녔다고 합니다. 그래서인지 수업시간이면 어지간히 잘난 체를 했지요.

"분홍색이 '핑크' 맞죠?"

"선생님, 포도는 '그레이프'라고 읽어요."

외국에서 살다 온 아이들도 조용히 수업에 참여하는데, 그 아이로 인해 도저히 수업을 진행할 수 없을 정도였습니다. 그런데 국어 시간에는 정반대였어요. 나서기 좋아하는 아이가 한글의 자음과 모음의 순서도 잘 모를뿐더러 'th'발음으로 'ㅅ' 발음을 하면서 '영어만 잘하는, 잘난 척하는 아이'로 인식되었습니다. 아이가 한글 발음을 아무리 정확히 해보려고 노력해도 잘 안 되자, 다른 아이가 이렇게 말했습니다.

"너 혀 수술했냐?"

당시는 뉴스에서 어린 자녀를 둔 부모들이 아이의 영어 발음이 좋아지도록 혓바닥 아랫부분을 절개하는 수술을 시킨다는 보도가 나오던 때였습니다.

   1학년은 아직 국어 발음도 어눌한 때입니다. 아이가 한글을 완전히 깨치고 모든 과목에서의 이해도가 뛰어나다면 영어도 욕심 부려볼 만합니다. 그러나 국어와 다른 과목을 잘 못하니까 영어라도 가르치겠다고 접근하는 것은 아이를 더 망치는 일입니다. 한 가지를 이해하는 데 시간이 걸리는 아이에게 되새김질할 시간을 주지 않은 채 계속 공부라

최유진 어린이의 그림
영어 수업을 받고 있는 모습을 그려보라고 했더니 뚱뚱한 외국인 선생님과 발표하는 아이들의 모습을 그렸네요. 열심히 수업에 참여하는 아이들에게 칭찬봉을 나눠주는 선생님의 뒷모습이 참 인상적이지요.

는 음식을 먹이기만 하면, 아이는 금세 체하게 되고 공부가 아무리 맛있는 음식이라고 해도 찾지 않게 되겠지요.

아이가 다른 아이들이 영어로 말하는 것을 부러워한다든지 관심을 가질 때 배우게 해도 늦지 않습니다. 2, 3학년 때 영어를 시작하면 국어 실력 덕분에 영어 실력도 쑥쑥 향상됩니다. 한글을 먼저 제대로 구사할 줄 알면 영어를 배우는 것이 훨씬 수월하고, 우리말의 뿌리를 다치게 하지 않고 외국어를 익힐 수 있습니다. 영어학원에 보내는 비용은 반으로 줄고 효과는 배로 늘리는 셈이지요.

1학년 때에는 영어에 대한 낯선 느낌을 없애주기 위해 가정에서 영어 노래와 동화를 많이 들려주고 보여주면 좋겠습니다.

 2학년 국어와 수학 공부를 미리 해두어야 할까요?

1학년 컴퓨터 시간에 아이들에게 일기를 써보라고 했습니다. 1시간 동안 한 글자도 못 쓴 아이, 여러 줄의 글을 재미있게 쓴 아이 등 그 수준에 차이가 있었습니다. 아래의 글은 한 남자아이가 4월 7일 학급 홈페이지에 올린 일기입니다.

제목 : 안녕하세요

안녕하세요정효찬입니다

이렇게 제목과 한 줄의 글을 올리는 데 1시간이 걸리던 아이가 두 달 남짓 지난 6월 28일에는 이런 일기 글을 올렸습니다.

> **제목 : 세상에서 가장 무거운 것과 가벼운 것**
>
> 어제 수업시간에 세상에서 가장 무거운 것과 가장 가벼운 것을 배웠다.
> 그리고 발표를 하면 모듬점수를 받을 수 있는 기회였다.
> 그래서 내가 발표를 하는데 그것은 태양계하고 미생물도 있었는데 내가 발표를 안 하고 김기화가 발표를 했다.
> 참 재미있는 하루였다.
> 우리 선생님은 게임 만들기의 천재이신 것 같다.
> 또 기다려진다.

　어순이 조금 맞지 않지만 아이들은 이렇게 금방 실력이 늡니다. 미리 준비를 하면 좋은 공부도 있지만, 따로 준비하지 않고 진도를 따라가면서 차근차근 배우는 것이 오히려 유익한 공부도 있습니다.

　2학년 때도 1학년과 마찬가지로 국어, 수학과 통합교과를 배웁니다. 다만 그 내용이 조금씩 더 어려워지므로 1학년 때의 과정을 충실히 공부한 아이가 2학년에 올라가서도 잘할 수 있습니다.

　국어의 경우 대부분의 평가가 내용을 말하고 글을 쓰는 것으로 이루어집니다. 아무리 기발한 생각과 논리적인 사고를 했더라도, 발표에 서툴고 글로 써 내지 못하면 좋은 점수를 받을 수 없습니다. 위에 일기를 쓴 아이는 자신의 생각을 말로 참 잘 표현하는 아이였습니다. 글쓰기를 따로 공부하지 않아서 처음에는 글을 쓰는 데 어려움이 있었지만, 한 학기가 지날 즈음에는 멋진 글을 쓸 수 있게 되었지요.

하지만 생각한 내용을 발표하는 것에 서투르고 머릿속에 정리가 되지 않아 글쓰기에 자신 없어 하는 아이들이 많습니다. 2학년을 준비하는 시기인 1학년 겨울방학에는 우리 아이가 국어 과목 중 말하기, 읽기, 쓰기 중 어느 부분이 부족한지 주의 깊게 관찰한 뒤 부족한 부분을 보충해주면 좋겠습니다.

국어의 듣기, 말하기, 읽기, 쓰기를 보충할 때는 동화책을 활용해보세요. 책의 내용을 큰 소리로 읽고 주인공의 행동과 글의 줄거리를 부모님에게 이야기한 후에 그 내용을 글로 옮겨 적도록 도와주는 것입니다. 큰 소리로 글을 읽을 때는 등장인물이 실제로 말하는 것처럼, 연극을 하듯 읽게 하는 것이 좋습니다.

아이가 글의 내용을 잘 이해했다면 뜻이 통하는 낱말들을 적절하게 붙여서 읽겠지만, 내용을 잘 이해하지 못할 때는 띄엄띄엄 읽으면서 틀리게 읽지 않는 데만 신경을 쓰게 됩니다. 아이에게 큰 소리로 책을 읽히면서 내용을 정확하게 파악하는지 가늠해보시고 그 내용을 누가, 언제, 어디서, 무엇을, 어떻게, 왜 했는지 논리적으로 설명하도록 하는 것이 필요합니다.

그렇게 부모님과 함께 나눈 이야기를 독서록에 적으면서 생각한 것과 말한 것을 정리하면 좋은 독후활동이 될 것입니다. 학교에서 받아쓰기를 하지 않거나 아이가 맞춤법을 너무 모르는 것 같으면 동화책을 읽으면서 아이가 어려워하는 문장에 밑줄을 긋고 나중에 받아쓰기 시험을 해보세요. 2학년 교과서에 나오는 문장으로 받아쓰기 연습을 하는 것도 좋은 방법입니다.

수학도 내용은 1학년 과정과 비슷하지만 조금 더 어려워지고 깊이 들어갑니다. 따라서 2학년 수학을 공부하기보다는 1학년 과정을 충분히 알고 있는지 점검하는 것이 좋습니다. 수학익힘책의 문제를 풀어보거나 문제집을 한 권 풀면서 아는 것을 정리하고, 문제를 정확히 읽고 빨리 해결하는 방법을 터득하면 됩니다. 공깃돌이나 모형 등의 구체적인 물체로 수 개념을 배우고, 그것을 숫자와 기호로 활용하는 실력을 익히면 성공입니다.

이렇게 복습하면서 아이가 1학년 수학 내용을 충분히 아는 것 같으면, 그때 2학년 과정을 대략 살펴보면 됩니다. 그러나 2학년 과정 역시 미리 너무 많이 알아두면 수업시간에 흥미를 잃게 될지 모릅니다.

2학년 수학 중 가장 중요한 단원은 두 가지입니다. 첫째는 두 자릿수끼리의 더하기와 빼기에 대한 이해와 연산이고, 둘째는 구구단입니다. 두 자릿수끼리의 더하기와 빼기는 수에 대한 개념만 있으면 아이들이 금방 배울 수 있습니다. 따라서 시장에 갈 때 아이가 직접 돈 계산을 할 수 있도록 해주면 수학 공부에 많은 도움이 됩니다. 이것은 연산을 가장 빨리 배우는 방법이기도 합니다.

구구단의 경우 학교에서 진도를 나갈 때 거의 하루에 한 단씩을 외워야 하므로 겨울방학 중 여유가 있을 때 미리 외워두는 것도 좋습니다. 수업시간에 원리를 이해할 수는 있지만 외우는 것은 어쨌든 아이의 몫이니까요.

2학년 학급 배치는 어떻게
이루어지나요? 또 담임선생님은요?

시험도 잘 보지 않는 1학년 아이들이 어떤 기준으로 2학년에 분반되는지, 또 학급 배치는 어떻게 하는지 궁금해 하는 분들이 많습니다.

학급을 배치할 때는 우선 1학년 아이들 전체를 몇 가지 기준에 따라 나눕니다. 학습능력, 생활태도, 사회성, 친구 관계 등이 그 기준이 됩니다. 선생님이 아이들의 특징을 잘 파악하고 있기 때문에, 같은 반이 되면 좋은 아이들과 다른 반으로 떨어뜨려놓으면 좋을 아이들을 생각해 배치하는 것이지요. 간혹 학부모님 중에는 아이가 1반이 되었다고 1등이라고 생각하는 분들도 계십니다. 1학년 아이들이라 몇몇 아이를 제외하면 실력에 큰 차이가 없을뿐더러 선생님이 반 편성을 할 때는 최대한 여러 요인을 고려해 많은 학생이 섞이도록 합니다. 남녀 학생을 고르게 배치하고 잘하는 학생이 한 학급에 몰리지 않도록 여러 학급으로 나누어 놓습니다.

학습능력이 우수한 아이와 미흡한 아이가 같은 반이 되도록 고려하고, 말썽을 많이 부릴 것 같은 아이들도 서로 다른 반이 되도록 배치하지요. 그렇게 해서 2학년 학급이 탄생하는 것입니다. 이렇게 만들어진 2학년 학급을 선생님들끼리 서로 꼼꼼하게 살펴보면서 혹시 같은 이름은 없는지, 어느 한 반에 말썽꾸러기들이 몰려 있지는 않은지 확인한 후에 정식으로 2학년 학급 배치를 시작합니다.

1년 동안 생활하면서 계속 못살게 구는 짓궂은 아이가 있었다면, 선생님께 상담을 요청해서 2학년 때는 그 아이와 같은 반이 되지 않도록 미리 부탁 말씀을 해주시는 것이 좋습니다. 그동안 두 아이의 사이가 좋지 않았다는 것을 선생님도 아신다면 굳이 한 반에 배정하지는 않을 것입니다. 그러나 아무 이유 없이 그 애와는 무조건 다른 반으로 해달라고 하거나, 어떤 아이와는 꼭 같은 반으로 해달라고 한다면 선생님의 고유 권한에 도전하는 것처럼 느껴질 수도 있습니다. 그러니 충분히 수긍할 수 있도록 선생님과 대화하고 오해가 생기지 않도록 부탁을 드리는 것이 좋습니다.

2학년 담임도 1학년과 마찬가지로 대부분 경력이 많으신 선생님들이 맡습니다. 때로는 열 반 가운데 한두 명의 젊은 선생님이 계시기도 하지요. 제가 지난 19년간 교육 현장에서 겪어본 바로는 같은 학년을 맡은 선생님들이 젊은 분부터 나이 드신 분까지 모두 있을 때 학년 운영이 원활합니다.

학교마다 다소 차이가 있겠지만 대부분 학년부장 선생님을 중심으로 하여 학년의 일이 추진됩니다. 나이 드신 선생님들은 오랜 경험에서 나온 노하우를 바탕으로 아이들에게 무척 자상하신 편이지요. 워낙 많은 일을 겪어본 분들이어서 웬만한 일에는 별로 놀라지도 않고 유연하게 대처하십니다. 그런 선생님들은 학부모님이 믿고 맡길 수 있는 경력과 연륜을 가지고 계시기에 문제가 생겼을 때 많은 조언을 해주실 수 있습니다.

한편 젊은 선생님은 그 학년의 허드렛일과 무용 등을 담당하는데, 생기발랄하게 아이들을 이모처럼, 누나처럼 대해주면서 창의적인 아이디어로 학급을 재미있게 이끌어나갑니다.

요즘은 명예퇴직을 많이 하셔서 연세가 많으신 선생님이 그리 많지 않습니다. 학부모님들은 나이가 많은 분이 담임선생님이 되었다고 하면 시큰둥한 반응을 보이십니다. 하지만 담임선생님의 연세를 보고 선입견을 갖지 마세요. 1년 동안 우리 아이를 보듬고 사랑해줄 분이라는 생각으로, 담임선생님의 장점을 배우는 1년이 되자는 긍정적인 생각을 심어주시기 바랍니다. 그러면 2학년 때 어떤 선생님이 담임을 맡아도 우리 아이는 참 예의 바른 아이로 사랑받을 것입니다.

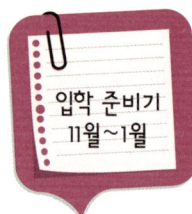 ## 학교에 맞는 올바른 생활습관을 들이는 때입니다

아이가 초등학교에 입학할 때가 되면 엄마는 갑자기 마음이 조급해집니다. 언제 우리 아이가 이렇게 컸나, 대견하다는 생각도 들 것이고 뭐부터 준비해야 하나 걱정도 될 것입니다. 공부를 잘하는 건 둘째 치고 일단 아이가 학교에서 잘 적응하기만 바랄 뿐이죠. 학교생활에 적응하기 위해 무엇을 준비해야 하는지, 무엇이 필요한지 등을 미리 알고 대비한다면 그리 불안해 할 필요는 없을 것입니다.

그동안 선배 학부모님들이 궁금해 했던 내용을 바탕으로, 입학하기 전에 준비해야 하는 일들에 대해 정리해보았습니다. 적어도 입학 전 3개월 동안은 앞으로의 학교생활에 맞춰 이전의 생활습관을 서서히 바꿔나가야 하는 시기입니다.

자, 그럼 어떤 준비가 필요한지 잘 눈여겨보세요.

1. 공립, 사립, 국립초등학교 중 어디를 보내는 것이 좋을까요?

흔히 사립중고등학교와 달리 사립초등학교는 '돈이 많이 든다'는 인식이 지배적입니다. 그러다 보니 급식비만 내면 거의 공짜로 다닐 수 있는 초등학교를 비싼 돈 들여가며 다닌다는 것이 언뜻 이해되지 않을 수도 있습니다. 또 사립초등학교의 학비가 비싸니까 서민들은 가지 못하는 곳으로 생각하고 아예 관심을 갖지 않는 경우도 있을 테고요.

국공립초등학교는 국가나 시, 도에서 학교를 세웠기 때문에 학교의 주인이 국가이며, 교육부 산하 교육지원청의 감독을 받습니다. 그러나 사립초등학교는 개인 또는 재단에서 학교를 설립했기 때문에 학교의 주인은 개인이나 재단이 됩니다. 따라서 학교 운영비를 국가에서 지원해주는 것이 아니라 학생들이 학비를 내고 학교에 다니는 것이지요.

2013년 교육 통계에 따르면 전국의 초등학교 5,913개 가운데 국립초등학교는 17개, 공립초등학교는 5,820개, 사립초등학교는 76개입니다. 서울 지역에는 전체 사립초등학교의 절반 이상인 40개 학교가 있습니다.

앞서 말한 것처럼, 아이가 학교에 입학할 나이가 되면 자동적으로 입학통지서가 나오고 그것을 배정된 공립초등학교에 제출하면 됩니다. 그에 비해 국립·사립초등학교는 매년 11월 초에 원서 접수를 실시하고, 학교별로 추첨을 합니다. 입학원서 1통과 반명함판 사진 2장이 필요하며, 지원한 아이는 부모와 함께 추첨 30분 전까지 지원 학교에 나와 확인을 받아야 합니다. 모든 사립초등학교가 같은 날, 같은 시각에 추첨을 하기 때문에 여러 학교에 동시 지원할 수는 없습니다.

지원 경쟁률이 높은 사립초등학교의 경우에는 추첨에서 탈락되는 아이들이 많습니다. 보통 한 번 선발로 끝이라고 생각하는 경우가 많은데, 학교마다 약간의 결원이 생기고 도중에 외국으로 유학을 가는 아이들도 있으므로 대기자 명단에 이름을 올려놓으면 2, 3학년쯤에는 전학의 기회를 얻을 수도 있습니다.

국립초등학교는 별도의 비용 부담이 없습니다. 이에 비해 사립초등학교는 학교별로 차이가 있기는 하지만 입학금은 100만 원 정도이고, 연간 수업료는 480~600만 원 정도입니다. 급식비는 60~70만 원, 통학버스비가 30~40만 원가량 됩니다. 따라서 연간 1000만 원 안팎의 비용이 든다고 보시면 됩니다.

교육 내용 면에서 본다면 기본 교과과정은 국공립과 사립이 모두 동일합니다. 그러나 사립의 경우 저학년 때부터 예체능과 컴퓨터 교육, 외국어 등 특별활동을 강조하는 학교들이 많습니다. 국공립초등학교에서는 영어를 3학년 때부터 가르치지만 사립초등학교에서는 1학년 때부터 원어민이 직접 수업을 하는 경우도 있지요. 공립초등학교에 다니면 같은 지역에 사는 학교 친구들을 두루 사귈 수 있고 수업이 일찍 끝나서 놀 수 있는 시간이 많겠지요. 또 그 시간을 이용해 아이가 부족한 부분을 보충할 수 있도록 학원에 다니게 할 수도 있습니다. 그러다 보니 사교육비가 많이 드는 단점이 있기도 합니다.

사립초등학교는 교육비가 많이 드는 반면 공립에 비해 학생 개별 지도가 가능하고 외국어 교육이 특화된 곳이 많으며, 다양한 방과후학교 교육을 실시하기 때문에 따로 학원에 다닐 필요가 없습니다. 사립은 국공립보다 교사들의 수준이 비교적 고른 분포를 나타내고 학교의 설립 기준에 맞는 교육을 일관성 있게 받을 수 있다는 특징도 있습니다. 또 국립과 사립초등학교 학생은 대부분 교복을 입기 때문에 아침마다 무슨 옷을 입힐지 고민을 하지 않아도 되고, 공립초등학교보다 좋은 시설의 혜택을 받을 수 있습니다. 사립초등학교를 졸업한 학생들은 끈끈한 동문으로 결집력이 있지요.

그렇다고 국립과 사립초등학교가 좋은 점만 있는 것은 아닙니다. 대부분의 사립초등학교가 강북 지역에 밀집해 있습니다. 따라서 통학 거리가 너무 멀면 아이와 학부모님 모두가 힘이 들기 때문에 통학버스가 다니는 곳까지 이사 갈 생각이 아니라면 지원하지 않는 것이 좋습니다. 또 대체로 학교 버스를 타고 이동하기 때문에 동네 친구들을 사귈 기회가 적어 아이가 외로울 수도 있습니다. 학급 수가 적어서 소외를 당하는 학생은 6년 내내 마음고생을 하기 때문에 중간에 전학을 가는 경우도 있고요.

사립초등학교에 아이를 보내는 학부모님들은 어느 정도 경제적으로 여유가 있는 경우가 많아 그렇지 못한 아이들이 자칫 위화감을 느끼기도 합니다. 그리고 학교마다 종교적인 이념에 따라 세워진 곳이 많기 때문에 그에 따른 갈등도 생길 수 있습니다. 그러니까 무조건 사립초등학교에 보내겠다는 생각보다는 현재의 상황을 꼼꼼하게 따져보고 학교를 직접 방문해 살펴본 뒤 상담을 거쳐 선택하시는 것이 바람직합니다.

2. 입학을 걱정하는 아이에게 학교생활에 대해 어떻게 이야기할까요?

"이제 곧 1학년이 될 텐데, 학교에 가서도 이러면 선생님한테 혼난다!"

초등학교 입학을 앞둔 아이들에게 이런 위협은 제발 하지 마시기를 바랍니다. 그렇지 않아도 아이들은 새로운 환경에 적응해야 한다는 것에 상당한 스트레스를 가지고 있습니다. 그런데 이런 말까지 들으면 학교에는 도깨비보다 더 무서운 선생님이 계신다고 생각해 입학하기도 전에 벌써 학교는 무섭고, 재미없고, 되도록 가고 싶지 않은 곳이라는 생각을 하게 됩니다.

그런 괜한 엄포보다는 학교에는 부모님이 없어도 아이를 잘 돌봐줄 엄마 선생님 또는 아빠 선생님이 계신다는 식으로 아이들을 안심시켜 주세요. 담임선생님이 여자일지, 남자일지, 연세는 어느 정도일지, 어떻게 생기셨을지 함께 생각해보는 과정도 좋을 것입니다. 부모님과 함께 학교생활을 상상해보면서 새로운 선생님과의 만남을 기대할 수 있을 테니까요.

또 학교는 친절한 선생님과 나와 비슷한 또래의 많은 친구들이 함께 공부하고 놀기도 하는 즐거운 곳이라고 말씀해주세요. 그렇게 학교와 선생님에 대해 자신감과 믿음을 가지고 입학한다면 아이가 학교생활에 한결 빨리 적응할 수 있지 않을까요?

3. 아이가 조숙한 편인데 조기 입학은 어떨까요?

"우리 애가 한글도 다 뗐고 수학 셈도 잘하는데 조기 입학이 가능한가요?" 아이들의 체격 성장과 이해력 발달이 빨라지고, 일찍부터 학원 교육을 받다보니 아이들의 나이에 따른 학교 입학이 무의미해졌다는 이야기를 많이 합니다. 몇 년 전만 해도 조기입학에 대한 문의가 많았습니다. 그래서 조기입학 신청 기간을 놓친 학부모님이 항의를 하는 소동까지 있었지요.

조기입학은 2015년 입학을 기준으로 만 6세인 2009년에 출생한 아이가 있는 가정에서 학부모님의 선택에 따라 2014년 10월~12월쯤 동주민센터에 신청서를 제출하면 됩니다. 아이가 입학할 학교의 학급당 인원수가 40명이 되지 않으면 조기 입학이 가능합니다. 다만 사립초등학교에서는 수치화된 자료를 요구하거나 상담을 통해 결정을 하기도 합니다. 부모님들이 더 잘 아시는 것처럼, 이 시기의 아이들에게 1년은 다른 시기의 1년보다 많은 차이를 가져오기 때문입니다.

부모님은 아이가 학습능력 면에서 뛰어나다고 생각해 조기 입학을 생각하지만 학교생활이라는 것은 사회성, 이해력, 언어 능력 등이 고루 갖추어져야 합니다. 이 모든 것에 문제가 없다면 조기입학을 고려해봐도 좋을 것 같습니다. 나중에 대학입학시험에서 1년의 시간을 더 벌 수 있다는 장점도 있지요.

그러나 조기 입학을 시켰다가 학교생활에 적응하지 못해 아이들에게 동생으로 취급받고 패배감만을 가진 채 학교를 그만두게 되는 경우도 있습니다. 그런 경우 아이가 제 나이가 되어서 다시 학교에 입학하면 되지만, 아이에게는 학교가 그리 좋은 기억으로 남아 있지 않을 거라는 문제가 남습니다. 따라서 조기 입학을 생각하는 부모님들은 먼저 아이에게 학습 이해력과 사회성이 있는지 판단하여 잘 결정하는 것이 좋겠습니다. 다른 아이들과 비교하기 어렵다면 유치원이나 어린이집 선생님께 상담을 해보세요. 다른 아이들의 수준을 알고 우리 아이를 잘 아시는 선생님이라면 좋은 방법을 말씀해주실 것입니다.

4. 신입생 예비소집일인데 어떻게 해야 하나요?

늦어도 12월 말경에는 동주민센터에서 신입생 예비소집일과 아이가 배정된 학교 이름이 적힌 입학통지서를 보내올 것입니다. 신입생 예비소집일은 지역교육지원청에서 학교로 날짜를 통보해주면 학교에서는 일제히 예비소집을 실시합니다. 2015년에는 1월 10일경에 실시합니다. 신입생 예비소집일 날 배정된 학교에 갈 때는 아이를 데려가지 않아도 되지만, 입학통지서는 반드시 지참해 학교에 제출하셔야 합니다. 이것으로 학교에 입학을 신청하는 것이니까요.

혹시 사립초등학교에 다니게 되었다면, 사립초등학교 입학증명서를 동자치주민센터에 제출하면 됩니다. 그러면 학부모님들이 서류를 챙길 필요 없이 관공서끼리 필요한 서류들을 주고받을 수 있습니다. 혹시 실수로 아이를 입학시키지 않으면 교육법에 의해 처벌을 받게 되니 유의

하시기 바랍니다.

　신입생 예비소집일 날 학교에 가면 반 배정이 되어 있는 학교도 있고, 입학식 때 반을 알려주는 학교도 있습니다. 따라서 예비소집일 날 나눠주는 유인물을 잘 챙겨서 자세히 읽어보셔야 합니다. 입학식 날짜와 시간, 아이가 입학하기 전에 갖춰야 할 습관 및 학습과 관련해 자세한 안내가 나와 있어 많은 도움이 될 것입니다.

　공립초등학교에서는 대부분 예비소집일에 따로 설명회를 하지 않습니다. 입학통지서를 제출하고 안내문을 받아 오시는 일만 하면 되기 때문에 20분도 채 걸리지 않습니다. 별도의 행사를 하는 것이 아니어서 오후 정해진 시간 내에 학교에 들르기만 하면 됩니다. 그러나 사립초등학교는 신입생 예비소집일에 학부모님과 아이를 동반하게 하여 간단한 적성검사를 실시하고 학교 교육에 대한 전반적인 설명회를 갖습니다. 2시간 정도 소요되므로 시간 여유를 갖고 참석하는 것이 좋습니다.

5. 학교생활을 잘하기 위해서는 어떤 건강관리가 필요할까요?

| 치아 관리 |

　"선생님, 쟤랑 말하기 싫어요. 입에서 똥냄새 나요."

　모둠끼리 모여서 토론을 하는 시간이었습니다. 한 여자아이가 뛰어나오더니 저에게 푸념을 하기 시작했어요. 반 아이들 모두가 지적 받은 아이를 쳐다보았고, 그 아이는 입을 꾹 다물고는 상기된 얼굴로 시치미를 떼고 있었습니다. 호기심이 발동한 장난꾸러기들은 그 아이에게 가서는 "야! 나한테 하~ 해봐"라고 하면서 놀려대는 통에 교실 분위기가 삽시간에 어수선해졌지요. 그래서 아이들의 주의를 다른 활동으로 돌린 후, 쉬는 시간에 그 아이를 불렀습니다. 정말 같이 이야기 못하겠다는 여자 아이를 이해하겠더군요.

"오늘 아침에 늦게 일어났니? 이를 안 닦고 온 것 같은데?"

"네… 선생님, 어떻게 아셨어요?"

저는 처음 학교에 입학한 아이들이 귀엽기도 하고, 잘 적응하도록 도와주기 위해서 자주 안아주고 같은 눈높이에서 대화를 나누려고 노력합니다. 그런데 유독 입 냄새가 심한 아이들이 있습니다. 그러면 안아주다가도 피하게 되지요. 그런 아이들이 발견되면 양치질 교육을 다시 시킵니다. 아이들에게 오늘 양치질을 하고 왔는지를 묻고 양치질이 꼭 필요하다는 이야기와 더불어 칫솔질하는 방법을 이야기해줍니다. 치아 모형과 칫솔까지 준비해 같이 연습을 하기도 하지요.

하지만 아이들이 6, 7년 동안 해왔던 양치질 습관을 순식간에 고치기란 여간 어려운 일이 아닙니다. 일단 부모님께서 아이들과 함께 양치질의 3·3·3 법칙을 지키시면 좋은 습관을 들이게 할 수 있습니다. 충치를 일으키는 무탄스균은 식후 3분 동안 가장 왕성하게 활동한다고 합니다. 따라서 하루 3번 이상, 식후 3분 이내에 이를 닦아야 하는데, 이때 한 번에 최소 3분 이상 정성 들여 이를 닦아야 한다는 것이 3·3·3 법칙입니다. 이 3·3·3 법칙만 제대로 지켜도 입 냄새와 충치, 치주염 등을 한꺼번에 예방할 수 있습니다.

혹시 아이들이 심한 장난을 치다가 이가 빠졌을 경우에 너무 놀라지 마세요. 빠진 치아를 주변 치아에 고정시켜 1시간 이내에 다시 심을 수 있으니, 치아를 수돗물에 닦지 말고 마르지 않게 식염수나 우유에 담가서 바로 치과에 가시면 됩니다.

| 머리카락과 손발톱의 청결한 관리 |

5월 어느 날 한 여자아이의 어머니가 전화를 하셨습니다. 아이의 머리에서 이가 나왔는데, 매일 목욕을 하는 아이라서 주변 친구들에게 옮은 것 같으니까 점검을 해달라는 말씀이셨습니다. 그래서 모든 아이의 머리카락을 조사했지요. 그런데 이게 웬일입니까? 저희 반에 얌전하게 머리를 꽁꽁 따고 다니는 예쁜 여자아이의 머리를 살짝 들추니까 통통한 하루살이 같이 생긴 이가 열심히 기어 다니고 있더군요. 저도 처음 보는 이라 기겁을 하고 얼른 덮었지요. 그리고 그 아이의 어머니께 전화를 드렸습니다.

직장에서 조퇴를 하고 오신 어머니는 제 말을 못 믿으시더니 나중에 직접 보시고는 많이 미안해 하셨지요. 아이를 할머니께서 챙겨주시는데 눈이 어두우셔서 잘 못 보신 것 같다는 말씀이었습니다. 다른 친구들에게 놀림을 당할까봐 조용히 이샴푸와 컷트를 통해 그 아이의 이를 박멸했지요.

이런 경우, 아이들과 같이 목욕을 하면 자연스럽게 청결이 유지됩니다. 평소에는 가벼운 샤워를 하고 일주일에 한 번씩은 아이들과 목욕을 같이 하는 습관을 가져보세요. 아이들과 서로 번갈아가며 등을 밀어주고 머리를 감겨주면서 부자와 모녀의 정을 돈독히 할 수 있을 뿐 아니라 아이들의 신체 성숙 정도와 몸에 다른 이상이 없는지를 살필 수 있는 좋은 기회가 될 것입니다.

아이들의 손발톱 위생도 매우 중요합니다. 때가 낀 손발톱은 보기에도 아주 흉할뿐더러 세균의 온상이어서 질병을 유발할 확률이 높습니다. 때가 낀 손톱으로 음식을 집어먹으면 배탈이 나는 것은 당연한 일이겠지요.

손톱은 되도록 짧게 깎는 습관을 들이는 것이 좋습니다. 친구가 놀린다고 생각 없이 얼굴을 할퀴어 심한 흉터를 남기는 아이들이 있으니까요. 아이들의 피부는 연약해서 상처가 깊게 나고 흉이 질 염려가 있습니다. 내 아이의 얼굴에 흉터가 생긴다면 얼마나 가슴 아픈 일이겠어요? 또 내 아이가 다른 아이의 얼굴에 손톱자국을 남긴다면 얼마나 미안한 일일까요? 내 아이는 그런 일을 하지 않을 거라는 생각보다는 만일에 대비하여 손톱은 되도록 짧게 깎는 습관을 들이는 것이 필요합니다.

| 예방주사 |

학교는 여러 사람이 모여서 생활하는 곳이기 때문에 일단 전염성 질병이 발생하면 곧바로 많은 아이들이 같은 질병에 걸립니다. 2003년에 아폴로 눈병으로 학급의 3분의 1 이상이 장기간 결석한 것을 보면 아이들 하나하나마다 철저한 예방접종과 청결이 중요하다는 생각을 하게 됩니다.

MMR(홍역, 볼거리, 풍진)은 생후 12~15개월에 1차 백신을 접종했더라도

4~6세에 반드시 2차 접종을 해야 합니다. 또 학교에 '2차 홍역 예방접종 증명서'를 제출해야 하는 것도 잊지 마세요. 2000년과 2001년에 전국적으로 홍역 환자가 5만 명 이상 발생한 것도 대부분 이 시기에 추가 접종을 하지 않았기 때문이라고 합니다.

한국인은 여러 사람이 한 그릇에 음식을 먹는 식습관을 가지고 있어서 간염백신도 미리 맞아두는 것이 좋습니다. 또 DPT(디프테리아, 파상풍, 백일해) 백신과 소아마비 백신은 아기 때 접종을 했더라도 4~6세 때는 항체가 없어지기 때문에 추가 접종이 필요합니다. 학교에 입학하기 전 시간 여유가 있을 때 미리미리 챙겨주시는 것이 좋겠습니다.

| 시력 관리 |

입학하기 전에 반드시 점검해야 할 건강사항 중에는 시력 검사도 있습니다. 우리 반의 한 아이는 저와 이야기할 때는 대답을 곧잘 하는데 수업시간만 되면 칠판과 선생님을 쳐다보지 않고 다른 장난을 하는 경우가 있었습니다. 태도에 문제가 있는 아이로 생각되어 유심히 관찰해보았지요. 칠판의 글씨를 볼 때 눈을 찡그리는 것이 이상해서 시력 검사를 해보라는 메모를 아이 어머니께 보냈습니다. 병원에 다녀온 아이는 시력이 나쁘다는 것을 알았다며 즉시 안경을 썼습니다. 그랬더니 선생님이 잘 보여 머리가 아프지 않다면서 열심히 생활하더군요.

학교에 들어가기 전에 시력은 어느 정도이며 색을 구별하는 데 지장은 없는지 미리 안과에 들러 진단해보는 것이 좋습니다. 요즘은 TV, 비디오, 컴퓨터 게임 등에 무차별적으로 노출되어 있어 어린 아이들에게 일시적인 근시 현상이 나타날 수 있다고 합니다. 이것을 '가성근시'라고 하는데, 안과에서 약물 검사로 가성근시 여부를 확인할 수 있습니다. 가성근시라면 점안약을 처방 받아 치료하면 정상으로 돌아오고, 진짜 근시면 안경 처방을 받습니다. 아이들이 이유 없이 머리가 아프다고 하거나 태도가 산만하면 반드시 시력 검사를 받아보세요.

 학부모로서 만반의 준비를
갖출 때입니다

 2월에는 신입생 예비소집이 있고, 입학식 준비도 해야 할 때입니다. 바야흐로 예비 신입생의 문턱에 와 있는 셈이지요. 생활 준비는 12~1월부터 해오던 대로 하면 되고, 지금부터는 그냥 아이의 부모가 아니라 학부모로서 알아야 할 것들을 준비하시면 됩니다. 학교에서 벌어지는 일들, 즉 시험, 수행평가, 방과후학교, 방과 후 활동 등에 대해 사전 정보도 얻어야 하고, 학부모로서 학교 행사에 참여하는 방법도 알아두어야 하겠지요. 참, 각종 일상용품 구입도 이때 해두는 것이 좋습니다. 아마 꽤 뿌듯한 순간이겠지요. 이 장에서는 선배 학부모님들이 궁금해 했던 내용들을 바탕으로 2월경에 준비해야 하는 일들에 대해 정리해보았습니다.

1. 입학식 행사는 어떻게 진행되나요?

입학식에 온 아이들의 모습은 올망졸망 귀여운 천사 그 자체입니다. 학교에 넓은 강당이 있다면 입학식을 실내에서 하기도 하지만, 그렇지 못한 경우에는 운동장에서 입학식을 하게 됩니다. 3월 초에는 겨우내 얼었던 운동장이 녹으면서 땅이 질퍽해져 아이들의 예쁜 옷이 온통 진흙투성이가 되고 맙니다.

오랜만에 넓은 운동장을 보았으니 뛰어놀고 싶은데, 아이는 사진을 찍는 부모님의 눈치를 보면서 자꾸만 목을 조여오는 셔츠와 나비넥타이, 타이즈 때문에 목과 다리만 벅벅 긁어댑니다. 아이들 입장에서 입학식은, 잘 들리지도 않는 마이크의 웅웅거리는 소리를 들으며 움직이지도 못하고 가만히 서 있어야 하는 지겨운 학교생활의 시작일지도 모릅니다. 그러면 입학식을 빨리 끝내고 아이와 자장면이나 먹으러 가면 좋겠다는 생각을 하시겠지요. 입학식 순서를 아시면 하루 일정을 계획하기 쉽습니다.

입학식 날은 시작하는 시간보다 20분 정도 일찍 가는 것이 좋습니다. 2월 말에 반배정 결과를 학교 홈페이지에 올리는 학교도 있고, 입학식 당일에 나눠주는 안내문에 신입생 반 배정 결과와 담임선생님의 성함이 적혀 있는 경우도 있습니다. 입학식 장소가 운동장이나 강당인 경우에는 반 표시가 되어 있는 팻말 앞에 가서 아이를 세워주시고 학부모님들은 뒤나 옆에 조금 떨어져서 기다리시면 됩니다. 교실에서 방송으로 입학식을 하는 경우에는 배정된 학급을 찾아가 담임선생님의 지시를 따르시면 되고요.

입학식이 시작되면 애국가를 부르고 교장선생님이 학교 소개, 신입생 입학 허가 선언, 학급 담임선생님 소개, 선배들과의 인사 등을 할 것입니다. 그리고 당부의 말씀을 한 뒤, 교가 제창을 끝으로 입학식을 마치게 됩니다. 입학식 때 애국가를 외워서 신나게 부르는 아이들도 있습니다. 그런 친구를 물끄러미 바라보는 아이도 있지요. 애국가 1절 정도는 외워서 오면 입학식 때부터 아는 노래가 나오니까 더욱 자신감 있게 학교생활을 시작할 수 있습니다.

입학식을 마치면 팻말 앞에 서 계시는 담임선생님이 안내 말씀과 유인물을 나눠 드릴 것입니다. 담임선생님이 출석을 확인하기 위해 아이의 이름을 부르면 아이는 큰 소리로 "예" 하고 대답하면 됩니다. 미리 대답을 잘하라고 일렀는데도 아이가 대답을 잘 못하면 속상하실 거예요. 이때 우리 아이만 목소리가 작다고 푸념을 하거나 아이가 다른 것에 정신이 팔려 이름을 듣지 못해 대답을 못했다고 너무 걱정하지 마세요. 이런 아이들이 2개월만 지나면 언니, 오빠들보다 훨씬 더 생활을 잘하게 될 테니까요. 또 이때 나눠드리는 유인물은 1년 동안의 학교생활에 필요한 경우가 많으니 잘 보관하시기 바랍니다.

2. 학용품이나 일상용품은 어떤 것을 준비하면 좋을까요?

수업시간에 필요한 학용품은 3월에 선생님이 자세하게 안내해주십니다. 일반적인 준비물은 입학식 때 나눠드린 안내문에 잘 나와 있을 것입니다. 따라서 한꺼번에 준비하지 마시고, 아래에서 언급하는 일상적인 용품 정도만 미리 준비하셔야 낭비가 없습니다. 또 값비싼 외국 제품을 사용하면서 잃어버릴까 노심초사하기보다는 국산품을 사용하도록 해주세요. 3월에 필요한 학습 준비물은 뒤의 교과 안내 부분에서 자세히 다루겠습니다.

| 가방 |

입학한 다음날 작은 체구의 아이들이 큰 가방을 메고 교실로 들어오는 모습을 보면 절로 웃음이 나옵니다. 저의 어렸을 적 모습이 생각나서 유심히 살펴보게 되죠. 그렇게 아이들의 가방을 보고 있으면, 몇몇 아이들은 열고 닫는 방법이 복잡한 가방을 가지고 와서 낑낑대곤 합니다. 모양이 예쁘다고 해서 초등학교 1학년 학생이 들고 다니기에 너무 지퍼가 많거나 장식품이 화려한 가방은 되도록 피하는 것이 좋습니다. 사립초등학교의 경우에는 교복을 입고 책가방도 정해진 것을 구입하여 사용합니다.

입학해서 처음 한 달 동안은 가방에 별로 넣고 다닐 것이 없기 때문에 가볍지만, 교과를 배우기 시작하는 4월에는 공책, 필통, 교과서 등 가방에 넣어야 할 것들이 많아집니다. 그러면 예쁘기만 했던 가방의 약한 지퍼가 고장 나고, 가방이 교실에서 이리저리 나뒹굴면서 장식품들은 모두 떨어져나갑니다.

아이가 교실에서 가방의 지퍼가 빠지거나 망가졌다고 가지고 나오면 선생님은 꼼짝없이 수리공이 되어야 합니다. 하지만 고쳐주는 것에도 한계가 있어요. 따라서 가장 많이 열고 닫는 가방 지퍼는 되도록 튼튼한 것이 좋습니다. 가방에 책을 가득 집어넣고 지퍼 손잡이만으로 그 무게를 지탱할 수 있을 정도의 것을 고르는 것이 최선입니다. 비가 오면 지퍼 사이로 물이 들어갈 수도 있고, 지퍼를 잘 닫지 않으면 가방이 저절로 열리는 경우가 있기 때문에 지퍼 부분을 조금이라도 다시 한 번 덮을 수 있는 형태의 가방이면 더욱 좋겠습니다. 가방의 재질은 방수가 되는 튼튼한 천이나 인조가죽 정도면 무난합니다. 비가 오거나 땅바닥에 굴려도 튼튼하고 쉽게 빨거나 닦을 수 있는 것이면 되지요.

가방의 색깔은 아이들이 좋아하는 컬러로 직접 고르도록 해주세요. 가방 색깔이 너무 밝으면 부모님이 자주 빨아주셔야 하니까, 오래 들고 다녀도 싫증나지 않는 약간 진한 색깔의 것이 좋습니다. 부모님이 좋아하는 색깔의 알록달록한 가방을 남자아이에게 사주면 1년은 들고 다니지만 이내 바꿔달라고 할 것입니다.

어린아이들은 친구들의 눈을 의식하는 경우가 많기 때문에 오래 사용할 물건들은 성별에 맞는 색깔을 선택하는 것이 좋습니다. 가방의 크기는 3학년까지만 들고 다닌다는 생각으로 아이의 체격에 맞는 것을 골라주세요. 고학년이 되면 남의 눈을 의식하고 유행에 민감해지기 때문에 저학년 때 들고 다니던 가방은 가지고 다니지 않으려고 합니다.

또 가방이 너무 튼튼한 것은 무거워서 좋지 않습니다. 지나치게 무거운 가방은 아이들의 등과 허리에 무리가 가서 자세에 나쁜 영향을 미칠 수 있으니 피하는 게 좋겠지요. 보통 책가방의 무게는 체중의 10퍼센트

이하 정도가 좋다고 합니다.

외국의 한 연구 결과에 따르면 가방의 무게가 체중의 15퍼센트 이상이 되면 몸의 중심이 뒤로 이동하면서 허리가 젖혀져 척추와 디스크에 압박을 가한다고 합니다. 가방을 멨을 때는 가방 밑부분이 허리선보다 엉덩이 쪽 아래로 2~3센티미터 정도 내려오게 하는 것이 좋습니다.

가방끈의 경우에는 한 개로 되어 있는 것보다 두 개로 되어 있는 배낭(backpack) 형태가 적당합니다. 저학년 때부터 한쪽 어깨에 메는 가방을 사용하면 어깨가 한 방향으로 기울어질 수도 있으니까요. 혹시 선물로 받은 가방이 있다면 마음에 드는 것으로 다시 바꾸거나, 언제 사용하면 좋을지 생각해두었다가 아이가 잘 다룰 수 있겠다는 생각이 들 때 꺼내주시면 됩니다.

| 신발 |

입학식 다음날 학교에 온 아이들은 입학식 때 신었던 구두를 신고 옵니다. 그 모습을 보고 있으면 저 구두도 얼마 못 신겠구나 하는 생각이 듭니다. 구두는 아이들이 활동하기에 불편할뿐더러 발이 금세 커지니까 얼마 지나지 않아 새 구두라도 버리게 됩니다. 그냥 입학식을 위한 신발이 되기 십상이지요. 학교에 들어가서는 한동안 실내생활에 대해 배웁니다. 따라서 아이들이 구두를 신고 다녀도 별 문제가 없지만, 운동장에서 아이들과 어울려 놀기 시작할 4월쯤이면 구두가 불편해서 운동화로 거의 바꿔 신습니다. 그러므로 신발을 구입할 때는 아이들이 편하게 활동할 수 있고 오래 신을 수 있는 운동화를 골라주세요.

요즘에는 패션과 실용성을 고루 갖춘 스니커즈 형태의 운동화도 많이 나와 있으니까, 복잡하게 끈을 매는 운동화보다는 간편하게 신고 벗을 수 있는 신발을 고르는 것이 좋습니다. 가톨릭의대 강남성모병원발클리닉에서는 아이들의 신발 고르는 요령을 다음과 같이 정리해놓았습니다.

첫째, 부모님이 임의로 사지 말고 아이에게 신겨보고 산다.
둘째, 아이의 엄지 두께 정도로 넉넉한 신발을 고른다.
셋째, 이왕이면 밑창이 있는 신발이 낫다.
넷째, 여러 조각으로 만든 신발은 좋지 않다.
다섯째, 바닥에 굽이 없는 신발이 좋다.

신발을 사려면 오후에 20분 이상 걸어 발이 적당히 부어 있을 때가 좋다고 합니다. 첫째와 둘째 이야기는 모든 부모님께서 잘 아시는 것일 테고, 다섯째 사항에 대해서만 조금 더 보충하겠습니다. 고학년 아이들이 키가 커 보이려고 통굽 운동화를 신는 것을 보고 저도 운동장에서 좀 크게 보이려고 통굽 운동화를 신은 적이 있습니다. 다른 운동화보다는 굽이 있었지만 그리 높은 것은 아니었습니다.

그런데 아이들과 1시간 동안 운동을 하고 난 후에 그 신발을 버렸습니다. 걸을 때 발이 자연스럽게 꺾어져야 하는데 통굽 신발은 발가락을 구부려야 했기 때문에 발과 다리가 모두 부자연스럽고 뛰는 자세도 이상해 보였습니다. 발 앞꿈치만 이용해서 가볍게 뛰려고 하는데도 발 전체가 바닥에 닿더군요. 제가 그 불편함을 겪어보고 난 후에는 아이들에게도 통굽 운동화를 신지 말라고 합니다. 활동하기에 불편한 신발로 인해 아이들의 걸음걸이와 뛰는 모습이 이상해지면 안 되니까요.

| 실내화 |

아이들은 학교에 오자마자 신발을 벗고 실내화로 갈아 신습니다. 학교에 난방 장치가 되어 있고 깨끗하다면 실내화를 신지 않을 수도 있지만 대부분의 학교는 실내화를 신습니다. 신발장이 없는 학교에서는 실내화 주머니를 들고 다녀야 하지만 요즘에는 신발장이 비치되어 있는 학교가 많이 있습니다.

학교마다 조금씩 다르기는 하지만 실내화를 신는 곳과 신지 않는 곳이 있습니다. 또 양말만 신고 다니게 하는 학교에서도 건물 화장실에서는 슬리퍼를 신게 하는 경우가 있고, 실내화를 신는 학교에서도 컴퓨터실 등 특수 교실에서는 양말만 신도록 하는 곳이 있는 등 학교마다 규칙이 조금씩 다릅니다. 따라서 그 학교에 다니는 아이들의 학부모님께 실내화가 꼭 필요한지 먼저 물어보고 구입하세요. 학교 시설이 개선되면서 해마다 실내화를 신는 규정이 달라지므로 입학식 때 선생님께 미리 여쭈어보는 것도 좋습니다.

지금도 초등학교에서는 어머니들이 학창시절에 신었던 그 하얀 실내화를 많이 신습니다. 슬리퍼처럼 질질 끌면서 걷지 않아도 되고 착용감이 좋으며 밑창이 고무로 되어 있어 미끄러운 계단에서도 안전하기 때문이죠. 그렇지만 하얀색이기 때문에 어머니들이 세탁을 하는 데 어려움이 있겠지요. 저는 어렸을 때 제 실내화는 스스로 세탁해서 신도록 교육을 받았습니다. 세탁을 할 때는 귀찮지만(결국 어머니가 다시 한 번 세탁해야 했지만), 햇볕에 뽀송뽀송 마른 하얀 실내화를 신발주머니에서 꺼내 신는 월요일 아침의 기분이 참 좋았던 기억이 납니다. 무조건 다 해주려고 하지 마시고 아이들에게 직접 실내화를 세탁할 기회를 주는 것도 좋을 것 같습니다.

어머니들께서 2학년 때도 신으라고 실내화를 조금 큰 것으로 구입하는 경우가 더러 있는데, 실내화는 발에 꼭 맞는 것이 좋습니다. 실내화를 슬리퍼처럼 질질 끌고 다니다가 미끄러질 위험도 있고, 1년 후에 실내화가 발에 꼭 맞을 만하면 하얀색이 회색이 되어 세탁을 해도 소용이 없으니까요.

겨울에는 발이 시럽다고 털실내화를 신는 아이들이 눈에 띱니다. 그러나 이것은 위생상 별로 좋지 않습니다. 털에 먼지가 쌓이기 때문에 걸을 때마다 먼지가 풀풀 일어나고, 화장실에 가서 볼일을 볼 때 찔끔찔끔 묻힌 오물들 때문에 실내화에서 이상한 냄새가 나기도 하니까요. 아이들은 활동량이 많기 때문에 털실내화를 신을 정도로 발이 시럽지는 않습니다. 발이 시럽다고 하면 차라리 양말을 두 겹으로 신겨주세요.

| 신발주머니 |

신발주머니 역시 실내화가 필요하냐에 따라 다릅니다. 어떤 학교에서는 복도에 신발장을 마련해두어 실내화와 신발을 그곳에서 바꿔 신도록 합니다. 이런 경우에는 실내화를 가지고 다닐 필요가 없어서 신발주머니가 필요하지 않습니다. 또 신발을 신발주머니에 넣어서 복도에 걸

어두도록 하는 학교도 있고요.

일단 신발주머니가 필요하다면 실내화를 넣을 정도의 크기보다는 평소에 신는 운동화나 구두 크기에 맞는 신발주머니를 골라야 합니다. 아이가 농구화를 즐겨 신는다면 신발주머니가 훨씬 커야겠지요. 신발 밑창에 진흙이 잔뜩 묻은 농구화를 신발주머니에 넣지 못해 쩔쩔매는 일이 없어야 하니까요. 신발주머니는 신발의 크기를 고려하여 책가방과 같은 계열의 색으로 된 것을 구입해 아이들에게 패션 감각까지 길러주면 좋을 것 같습니다.

실내화를 신든 신지 않든 학교에서는 실외화를 신발장에 넣어두도록 시킵니다. 대부분 복도에 신발장을 두고 사용하는데, 아직 글자와 숫자를 잘 모르는 1학년 아이들은 신발장에서 자신의 신발을 놓아두는 위치를 몰라 등교할 때와 하교할 때마다 우왕좌왕합니다. 비슷한 신발들 80여 개가 신발장에 뒤죽박죽 진열되어 있다면 어른이라도 자기 신발을 찾기 어렵겠지요.

따라서 아이의 신발 뒤축에 아이의 이름을 써주시고, 신발장의 자기 신발 놓는 자리와 번호를 외우게 하는 것이 좋습니다. 신발 치수, 색깔, 신발에 표시해두었던 자신의 이름을 기억하게 하면 서로 신발이 바뀌어 당황하는 일이 줄어들 것입니다. 당황한 아이들은 자기 신발인데도 자기 것이 아니라며 엉엉 울기도 하니까요. 아이들이 자기 물건을 잃어버렸을 때 찾을 수 있는 융통성과 임기응변을 기를 때까지는 사소한 일로 마음을 다치지 않도록 보살펴줘야겠지요.

| 우산 |

4월쯤 되면 비가 내리는 날이 많아집니다. 비가 오는 날 아이들의 모습은 천차만별입니다. 우산을 쓰고 왔는데도 물을 뒤집어 쓴 것 같은 아이, 가방이 흠뻑 젖은 아이, 양말을 벗고 온 아이, 비옷을 입고 들어온 아이 등등. 우산을 똑바로 들고 학교까지 오기란 참 어려운 일입니다. 우산이 생각보다 무거운데다 비가 오는 반대 방향으로 우산을 약간 기울이는 것이 좋다는 사실을 아이들은 잘 모르기 때문이지요.

우산은 예쁜 것보다는 투명하고 안전하며 가벼운 것이 좋습니다. 우산 꼭지가 둥글고 사방에 둥근 플라스틱 보호대가 끼워져 있는 것을 골라야 합니다. 또 아이들이 한 손으로도 펼 수 있는 자동우산이 좋겠지요. 아이가 스스로 우산을 접어서 우산꽂이에 넣으면 좋은데, 평소에 우산을 접어서 단추까지 채워본 일이 없는 아이들에게는 선생님이 하나하나 가르쳐주고 접어주어야 합니다. 따라서 단추보다는 찍찍이로 된 우산을 준비하는 것이 좋습니다. 집에서 우산을 사용한 후에는 접어서 우산꽂이에 넣고 다시 그늘에서 말리는 것을 아이가 스스로 해볼 수 있도록 기회를 줘보세요.

아이들이 우산을 접을 수 있다면 접이식 우산을 사용한 다음 빗물을 털어낸 후 가방에 넣도록 하세요. 그럼 자기 우산을 찾는 수고를 덜 수 있습니다. 바람이 불면서 비가 너무 많이 올 때는 아이들에게 우비를 입혀주는 것이 좋습니다. 집에서 입고 벗는 것을 미리 연습해서 책가방에 접어 넣을 수 있는 훈련까지 해서 온다면 많은 도움이 되겠지요.

| 덧소매와 앞치마 |

5월쯤 되면 아이들이 여러 형태의 학습을 접하게 됩니다. 통합교과 시간 중 즐거운생활 활동이 끝날 때쯤 되면 손, 얼굴, 옷이 모두 엉망이 되어 울상을 짓는 아이도 있습니다. 거리 조절 능력이 별로 없는 아이들에게 크레파스나 물감을 묻히지 말라고 한들 그게 마음대로 되겠습니까? 그래서 덧소매와 앞치마가 필요합니다.

덧소매나 앞치마는 천으로 된 것보다는 물이 묻어도 괜찮도록 비닐로 된 것이 좋습니다. 그리고 끈으로 복잡하게 되어 있는 것보다는 단순하게 혼자 묶고 풀 수 있는 것이 좋고요. 뒤로 매듭을 지어야 하는 앞치마는 아이들이 손을 돌려서 끈을 묶어야 하기 때문에 짝과 함께 서로 도와주라고 시킵니다. 하지만 리본으로 묶는 것을 어려워하는 아이들이 많습니다. 따라서 앞치마를 고정시킬 때 끈으로 묶게 하기보다는 찍찍이나 가방의 끈을 고정시키는 끈 고정기를 붙여주면 좋을 것 같아요.

3. 1학년도 시험을 보나요?

시험 제도는 학교마다 조금씩 다릅니다. 예전에는 '수학학력 이수평가'를 통해 수학 부진 학생에게 보충의 기회를 주기도 했습니다. 그러나 요즘은 학교에서 정한 방침에 따라 시험의 회수와 과목 등이 달라집니다. 학교와 집에서 공부한 후에 글씨로 나타내는 것을 모두 '시험'이라고 한다면, 받아쓰기와 수학 단원평가지 등을 통해 국어와 수학의 학습 실력을 가늠하는 것 정도가 있습니다. 그리고 거의 모든 학교에서 각 과목의 각 단원마다 담임선생님이 수행평가를 실시합니다.

수행평가는 아이가 배우는 과정을 중시하는 것으로 공부의 과정과 그 결과를 평가하는 제도입니다. 지필평가로 단원평가를 할 수도 있고 관찰평가를 통해 아이의 수준을 3~5단계로 나누어 평가를 할 수 있습니다. 따라서 선생님들은 학습지에 쓴 것과 아이들이 말하는 것을 듣고 수시로 수행평가를 실시합니다. 아이가 각 단원의 목표를 달성했는지 지속적으로 체크하고 기록하게 되어 있는데, 이렇게 수행평가한 결과를 가지고 선생님은 가정에 보낼 생활통지표를 작성하게 됩니다. 생활통지표에 관련된 내용은 다음에 더 자세히 말씀 드리겠습니다.

4. 방과후학교의 부서로는 무엇을 선택하는 것이 좋을까요? 방과후학교는 꼭 해야 하나요?

맞벌이 가정의 부모님들은 아이가 학교에 들어가면 걱정이 되는 부분이 하나 더 있다고 하시더군요. 아이가 어릴 때는 어린이집이나 유치원에 다니게 하면 되었는데, 학교를 마치고 돌아오는 아이를 맞아줄 수도 없고 학원을 전전하게 하자니 사교육비도 만만치 않고요. 아이가 자신이 할 일을 알아서 해줄 때까지는 집에서 아이의 숙제며 간식을 챙겨주었으면 좋겠는데, 그러자니 그동안 해온 일에 대한 보람과 경제 사정이 여의치 않게 되는 문제점이 있지요. 그래서 맞벌이 부모님들은 아이들이 학교에서 하는 방과후학교 활동을 환영하는 편인데, 이것을 효과적으로 활용하는 방법에 대해 말씀드리겠습니다.

학교에서는 아이들의 소질 개발과 사교육비를 줄이자는 취지에서 학부모님들께 설문조사를 하여 다양한 방과후학교를 개설하고 있습니다. 바이올린, 플루트, 우쿨렐레, 가야금, 창의미술, 공작교실, 종이접기, 클레이아트, 서예, 논술교실, 배드민턴, 축구, 농구, 영어회화, 과학탐구, 지능로봇, 바둑, 주산암산, 컴퓨터 등 학교마다 개설되는 과목이 다릅니다. 방과후학교는 학교라는 안전한 공간에서 적은 비용으로 실력 있는 선생님께 배울 수 있어 일석삼조입니다.

아이가 싫어한다고 금방 다른 부서로 바꾸기보다는 학년이 올라가도

김지현 어린이의 그림
특기적성 부서에서 활동하는 모습을 그리라고 했더니 지현이는 바이올린 연주하는 모습을 그렸네요. 발표회에서 바이올린을 연주하던 친구의 모습이 좋아 보였던 모양입니다. 바이올린의 특징을 잘 살렸고 양다리를 약간 벌려 연주에 심취한 아이의 자세를 잘 표현했네요.

같은 부서에서 꾸준히 활동해 상급 수준에 오르게 하는 것이 바람직합니다. 예를 들어 바이올린이나 플루트 등의 악기를 다룰 수 있는 부서를 선택하여, 아이가 평생의 취미로 삼게 하면 좋겠지요.

방과후학교 부서를 정할 때는 아이에게 너무 많은 활동을 시키지 마시고 우선 한두 가지 정도만 신청하는 것이 좋습니다. 아이의 체력과 지구력을 고려해보고, 아이가 원하는 활동인지 의논한 후에 특기 부서를 선택하는 것은 당연한 일이겠지요. 너무 산만하거나 집중력이 약한 아이에게는 스트레스를 풀 수 있는 운동 부서 한 개와 집중력을 기를 수 있는 바둑과 미술 등의 부서 한 개를 선택하는 식이지요.

제 아이의 경우엔 1학년 때 수강하고 싶어 하는 과목이 많아 요일마다 한 개씩 선택하여 수강을 하였습니다. 수학 공부에 도움이 되라고 주산암산부를 했는데 처음에는 재미있어 하다가 점점 어려워하더군요. 아이가 숙제를 하기 싫어하면서 수학을 싫어하게 될까봐 다른 과목으로 바꿔서 수강하였습니다. 결국 배우는 것은 아이 몫입니다. 아이가 좋아하고 꾸준히 할 수 있는 과목을 선택하게 하는 것이 최선입니다.

5. 맞벌이 부부라서 아이가 학교에서 돌아온 후가 걱정인데 '돌봄교실'이나 '방과후교실'은 어떻게 이용하나요?

정부에서는 방과 후에 아이들을 안전하게 돌봐주는 돌봄 서비스를 제공하는데 교육부 산하의 '초등돌봄교실'과 복지부 산하의 '지역아동센터'로 나뉩니다. 학교에서 실시하는 '초등돌봄교실'은 2015년부터 초등 1~4학년 학생 중 희망하는 모든 학생을 대상으로 오후 5시까지 학교에서 오후돌봄을 제공하고, 추가돌봄이 꼭 필요한 맞벌이, 한부모 및 저소득층 가정의 자녀를 대상으로 학교에서 밤 10시까지 저녁돌봄을 제공합니다. 신청자는 월 3만 원 정도의 간식비를 내야 하며, 방학 때는 점심 식사비도 내야 합니다. 한 반 인원은 25명 내외입니다. 저소득층 가정의 경우에는 '지역아동센터', '복지관', '청소년 방과후아카데미' 등에서 운영하는 방과 후 돌봄 서비스가 있으니 각 구청에 문의하시면 됩니다.

저희 학교에서는 '돌봄교실'을 아래의 시간표대로 운영하고 있습니다.

시간＼요일	월	화	수	목	금
~13:00	출석 확인, 소지품 정리				
13:00~14:00	양치질, 알림장 제출, 숙제하기				
14:00~15:00 (특별활동)	독후활동 종이접기	독후활동 창의미술 수업 수학연산	독후활동 칠교만들기	독후활동 한자 창의예술 수업	독후활동 체육 안전교육
15:00~15:30 (간식)	5월 간식단표 참조				
15:30~16:00	휴식 및 자율활동				
16:00~16:30	보충 학습지				
16:30~17:00	정리 및 귀가				
17:00~	개인활동, EBS 시청				

6. 유치원처럼 소풍도 가나요?

1학년이 되면 봄 소풍, 가을 소풍 등을 학년 현장학습이라는 이름으로 가게 됩니다. 근처 뒷산에 가서 수건돌리기를 하며 놀다가 도시락을 먹고 오던 소풍의 틀에서 벗어나 요즘은 수목원이나 체험활동 위주로 현장학습을 가곤 하는데 딸기, 사과, 고구마 등을 수확하는 체험과 공예품 만들기 체험, 동물 접하기 체험 등의 프로그램을 활용하고 있습니다. 이런 체험활동을 하려면 아이들이 어리기 때문에 대중교통을 이용하기보다는 관광버스로 이동하는 경우가 대부분입니다.

아침에 지각하는 한 아이 때문에 전체 차량의 출발이 지연되는 경우가 있으니 현장학습이 있는 날에는 지각하지 않게 각별히 신경을 써주셔야 합니다. 그러려면 전날 미리 가방을 싸두어야겠지요.

간식을 챙겨주실 때도 유의할 점이 있습니다. 아이들의 경우 먹는 양이 한정되어 있고 골고루 먹고 싶어 하기 때문에 과자를 봉지째 넣어주실 경우 이것저것 뜯어서 남는 과자를 모두 버리게 되지요. 따라서 과자 몇 개를 구입하여 밀폐용기에 먹을 만큼만 골고루 담아주세요. 음료수나 물은 미리 중간 뚜껑을 따거나 마개를 따서 적당히 닫아 보내주세요. 아이들이 음료수를 따달라고 모두 가져오면 혼란스럽고 한꺼번에 몰려들면서 위험할 수 있습니다.

물티슈, 휴지, 비닐봉지, 1인 돗자리 등도 챙겨주세요. 멀미를 하는 경우에는 멀미약을 미리 먹이거나 붙여서 보내시고요. 단, 두 가지를 모두 할 경우 약효가 너무 세기 때문에 아이가 어지러워하거나 메스꺼워하는 부작용이 생길 수 있으니 한 가지만 선택해서 해주셔야 합니다.

차에서 물과 간식을 먹으면 조금 가다 말고 화장실이 급하다고 하소연 하는 아이, 음식 냄새 때문에 멀미를 하는 아이가 생깁니다. 그래서 저는 차에서 간식과 물 먹는 것을 금지합니다. 아이들이 어려서 되도록 1~2시간 안에 도착하는 곳으로 체험학습 장소를 잡기 때문에 아이들이 많이 힘들어 하지는 않습니다. 목이 너무 말라 못 참을 경우에만 선생님을 조용히 부르라고 하지요.

버스에서는 안전벨트가 생명벨트이므로 귀찮아도 꼭 매야 합니다. 아이들이 벨트를 채우지 못하므로 한 바퀴를 돌며 모두 채워주면 홀딱 풀고 장난을 하는 아이도 있습니다. 요즘은 안전에 관한 기준이 강화되어 체험학습 장소에 안전요원이 배치되어 있는 경우가 많습니다. 안전에 대해 그리 걱정할 필요는 없지만, 선생님 말씀 잘 들으라는 것보다는 앞서 말씀 드린 내용을 아이들에게 해주시고 맨 끝에 선생님을 꼭 쳐다보고 다니라고 해주세요.

요즘은 학교에서 선생님의 점심 비용이 나옵니다. 따라서 학부모님들이 선생님의 도시락을 싸는 데 신경 쓰실 필요가 없습니다. 그래도 저는 선생님이 힘드실 것을 생각하면 마음이 편치 않아서 아이 선생님께 아이에게 싸준 것과 같은 김밥 두 줄과 물, 커피 한 병을 보냈습니다. 아이의 짐이 많으니까 아침에 선생님을 만나자마자 드리라고 했지요. 현장학습을 떠나기 전에 선생님이 두고 갈지 챙겨 갈지 정하시면 되니까요.

현장학습 장소에서 쓰레기 버리는 것이 여의치 않을 때는 자신의 쓰레기를 가방에 모두 넣어 집으로 가져가라고 합니다. 혹시라도 아이가 현장학습을 끝내고 돌아왔는데 가방에 쓰레기가 잔뜩 들어 있더라도 꾸중하지 마시고 집에서 분리수거를 같이 해주세요. 음식물 쓰레기의 경우에는 아이가 누구와 어떻게 나누어 먹었는지, 음식이 너무 많지는 않았는지 이야기를 나누면서 현장학습의 분위기를 짐작해보시기 바랍니다.

7. 학부모가 학교에 방문해야 할 때는 언제인가요?

부모님이 두 분 다 직장에 다니고 있으면 아이 학교에 가는 것이 쉽지 않은 일이겠지요. 그러다보니 많은 부모님들께서 학교에 몇 번이나 가야 하는지, 꼭 참석해야 할 행사가 무엇인지 궁금해 하십니다.

공개수업, 학교 행사, 어머니 봉사, 상담 등이 있을 때 학교에 오시면 됩니다. 먼저 학교마다 다르지만 1년에 2회 정도 공개수업을 하니 이때는 꼭 참석하여 아이가 다른 친구들과 어떻게 지내는지, 수업에 집중하는지 살펴보시는 것이 좋습니다. 1, 2학기에 방과후학교 공개수업도 있으므로 아이가 방과 후 수업도 잘 참여하는지 살펴보시는 것도 필요하겠지요.

아이들 활동에 대한 결과를 발표하는 행사가 정기적으로 열리는데, 대부분 2학기에 운동회, 학예발표회, 학습 결과물 전시회 등이 있습니다. 다른 행사에는 참석하지 못하더라도 아이와 관련된 이런 행사에는 되도록 참석하시는 것이 좋습니다.

그리고 어머니들이 봉사하는 활동이 있습니다. 여러 학부모 단체가 있는데 그중에 가입한 학부모 단체의 활동일에 참석하시면 됩니다. 학교마다, 시설에 따라 다른데 급식실이 없는 학교에서는 학부모 배식도우미가 필요할 때가 있습니다. 어떤 어머니들은 급식비를 조금 더 내고 학교에 배식도우미를 신청하는 것이 훨씬 편하다고 말씀하십니다. 그렇지만 학교에 직접 가서서 아이들이 생활하는 모습도 살펴보고, 엄마가 이렇게 우리 아들, 딸에게 관심을 가지고 있다는 것을 아이에게 직접 보

김가윤 어린이의 그림
점심시간에 배식해주시는 어머니들의 모습인데 정교하게 참 잘 그렸네요. 주걱에 밥이 자꾸 달라붙어 주걱 두 개를 사용하시는 한 어머니의 모습을 표현한 것과 식판의 모습까지 정성 들여 그린 것을 보면 아이의 관찰력을 가늠할 수 있지요.

여주는 것도 좋지 않을까요?

　아이의 입장에서 보면 학교에서 만나는 엄마가 얼마나 반가운지 모릅니다. 봉사하고 싶은 마음은 굴뚝같지만, 시간적 여유가 없다면 먼저 담임선생님께 양해를 구하세요. 어떤 어머니는 2시간 동안 고용한 아르바이트생을 보내기도 하시더군요. 여러 가지 방법이 있으니까 너무 고민하지 마시고 먼저 담임선생님께 말씀드려보세요. 요즘은 구청에서 노인일자리 창출을 위해 배식도우미를 지원해주기도 합니다.

　어떤 어머니들은 이런 질문을 하십니다. "아이들이 소풍 갈 때 엄마도 따라가야 하나요?" 이건 학교마다 조금씩 다릅니다. 대부분 학부모님의 도움 없이 담임선생님이 아이들을 데리고 야외활동을 하지만, 학부모님의 손을 빌려야 하는 야외활동일 경우에는 담임선생님이 따로 부탁을 하십니다. 선생님의 별도 요청이 없다면 소규모의 자체 행사로 치르는 것이니 부담 갖지 않으셔도 됩니다. 어쨌든 학교는 유치원과 다르니까요.

8. 학부모가 참여할 수 있는 단체로는 무엇이 있나요?

　학년이 올라갈수록 아이들에 대한 학부모님들의 걱정이 점차 줄어들면서 학교에 대한 관심도 조금씩 멀어집니다. 그래서인지 학교에서 활동하는 학부모님들은 소수에 불과하고 그것도 저학년 학부모님들이 도맡아 하는 경우가 많습니다. 반면 고학년 자녀를 둔 학부모님들은 서로 하지 않으려 하시고요.

우리 반의 경우에도 두 명을 선출하는데 학부모님 열 분이 출마하셔서 나중에 가위, 바위, 보로 결정을 해야 할 정도였습니다. 그런데 임원이 정해진 뒤, 어머니들의 반응이 각각 달랐습니다. 어머니회원이 되신 분들은 우리 아이에게 무언가 혜택이 돌아갈 거라는 생각을 하시면서 뿌듯해하셨고, 회원이 되지 못한 분들은 아이가 기를 펼 수 있게 뒷받침해주지 못하는 못난 엄마라고 생각하시는 것 같았습니다. 며칠이 지나자 '어머니회가 잘난 척을 한다', '어머니회원의 아이들이 상을 받는다'는 등의 안 좋은 이야기가 퍼지는 조짐이 보였습니다.

그래서 모든 학부모님이 모이는 시간에 말씀을 드렸지요. "어머니회원이 되려고 하시는 것을 보면, 무언가 아이에게 혜택이 있을 거라는 생각이 지배적인 것 같습니다. 그러나 어머니회원에게는 죄송한 말씀이지만 어머니회원의 자녀라고 해서 혜택이 돌아가지는 않습니다. 아이들의 순수한 마음을 있는 그대로 봐주고, 어머니들이 학교를 위해 봉사하시는 마음도 기꺼이 받는 열린 마음을 가지셨으면 좋겠습니다."

제가 이 말씀을 드리자 모든 학부모님들이 박수를 쳐주셨습니다. 부모님들의 가려운 곳을 긁어주는 말이었나 봅니다. 그 후로는 어머니회가 주관하는 봉사활동이 조용히 이루어졌고, 학급을 위해 봉사를 하더라도 아이의 편리를 좀 더 봐달라는 청탁이 없어졌습니다. 학부모님이 선생님과 다른 학부모님들을 믿어준다면 우리의 교육은 훨씬 순수해질 것입니다.

학교에 대한 봉사라고 하면 일반적으로 해방 후부터 지속되어온 '후원회', '사친회', '육성회' 등을 생각하실 것입니다. 사실 학교 재정을 확보하는 방법으로 학부모들이라면 누구나 의무적으로 회원으로 가입해 후원 회비를 조달했습니다. 말이 후원 회비이지 사실상 교육비를 징수하는 것이나 다름없었죠. 그러나 가정과 학교의 협력 체제라는 명분은 임원들의 '치맛바람'으로 무색해지고, 교사의 가정방문이 금지되는 등 가정과 학교가 더 멀어지는 결과를 초래했습니다.

1994년에는 '육성회'라는 명칭이 폐지되고 육성회비도 없어졌지만 중고등학교에서는 여전히 '육성회비'를 납부하고 있는 실정입니다. 이처럼 학부모님들은 울며 겨자 먹기로 학교의 재정 지원을 해온 셈인데, 초등학교에서는 '육성회'가 사라지면서 학부모님과 아이들이 주인이 되는 학교를 만들어가고 있습니다. 학교가 어떻게 돌아가는지를 알게 되신다면 우리 아이들에게 필요한 부분을 찾아내 능력에 맞는 봉사를 하실 수 있을 것입니다.

학교 교육에 동참한다는 의미로 결성된 학부모님들의 단체 중 하나 정도는 참여하는 것이 좋습니다. 학교에 올 시간이 없을 정도로 바쁘시면 모르지만, 아이가 다니는 학교 운영에 대한 정보를 가까이에서 보고 들으면서 교육의 한 주체로 성큼 다가설 수 있는 좋은 경험이니까요.

| 학교운영위원회 |

학교운영위원회는 1998년도부터 전면적으로 실시되었습니다. 학교별로 자율성이 부족하다는 판단 하에 학부모, 교사, 지역인사 등이 적극

적으로 학교 운영에 참여하는 방식으로 학교별 실정에 맞춰 그 특성을 살리기 위해 조직된 모임입니다. 그 결과 학교 교육의 자율성, 다양성, 학교 운영의 개방성, 민주성 그리고 부족한 학교 재정 개선 등의 여건이 점차 나아지고 있습니다. 또 학부모님들의 의견을 전달할 수 있는 통로가 마련되었다는 점에서 대단히 환영할 만한 일입니다.

학교운영위원은 학교의 규모에 따라 그 인원이 정해집니다. 학교운영위원들이 하는 일은 학부모들의 의견을 취합하여 학교가 발전할 수 있도록 비판하고 협조하는 것입니다. 구체적으로 교사들의 과중한 업무를 덜어주고 학교에 봉사할 방법을 찾는 것은 물론, 학부모 보조교사 역할, 교재 및 교구 만들기 등의 안건을 상정하고 결정하는 기구입니다. 학교 행정에 관여할 수 있는 만큼 막중한 책임이 따르므로, 훌륭한 교육환경 조성이라는 목적을 가지고 학교와 협력하려는 자세가 필요합니다.

| 학부모회 |

어머니회는 어느 정도 시간적 여유가 있고 학교에 관심과 열의를 가진 어머니들이 회원으로 가입합니다. 사실 학교의 모든 어머니가 어머니회 회원인 셈이고, 학급에서 선출하는 것은 학급 대표 어머니회 임원이겠지요. 그러나 편의상 어머니회 임원을 어머니회 회원이라고 말합니다. 학교마다 선출 인원이 조금씩 다른데, 두 명 정도 선출하는 곳부터 원하는 모든 어머니들을 회원으로 하는 학교까지 저마다 자율적으로 운영됩니다.

선출 방법 또한 학교마다 조금씩 다른데, 학급의 어머니회 회원들이 모여 각 학년 어머니회 임원과 학교 어머니회 임원을 선출하는 것이 일반적입니다. 이때 1학년의 경우에는 선출 방법을 모르는 어머니들을 위해 학교의 담당 선생님이 사회를 보는 경우가 있습니다.

어머니회에서는 자녀 교육에 대한 연수에 참석하고 후문 지키미 또는 학습준비물실 관리 등에 관한 봉사활동을 하기도 합니다. 학부모 교육이 거의 전무하다시피 한 우리 교육 현실에서는 정말 필요한 일이지요.

| 녹색어머니회 |

녹색어머니회는 위험한 교통사고에 대비해 학생들의 등하교 지도를 목적으로 하는 단체입니다. 등교 시간대인 8시부터 9시까지 학교 근처 건널목마다 녹색어머니회 학부모님들이 직접 나와 안전지도를 하십니다. 학교에서 행사가 있을 때는 주차를 도와주시기도 하는데, 아이들의 건널목 사고가 빈번한 만큼 매우 중요한 역할입니다. 어머니회가 만들어지기 전에는 주변 어린이와 선생님이 모두 건널목에 나가 일주일씩 아침마다 안전지도를 하곤 했는데, 녹색어머니회에서 등하교 지도를 해주시니까 선생님과 아이들이 많은 도움을 받습니다. 요즘은 각 구청 또는 복지관에서 어르신 인력을 활용하여 건널목 안전지도를 지원해주기도 합니다. 그럴 때는 녹색어머니와 어르신이 같이 건널목 안전지도를 해주시지요.

| 도서실 어머니회 |

학교마다 도서실이 잘 되어가고 있는 추세입니다. 도서실을 아늑하게

리모델링하고 학교운영비의 일부를 정해놓고 의무적으로 새 도서를 구입하게 되어 있지요. 학교에서 사서선생님을 고용하여 도서실이 원활하게 운영되게 하고 있지만 몇 천 권씩 되는 책을 정리, 보수, 라벨링하고 도서 행사까지 운영하기에는 힘이 벅찹니다. 따라서 도서실 어머니회 또는 도서실 명예교사회라는 이름으로 학부모님의 도움을 받습니다. 도서실 어머니회의 경우에는 도서 관련 행사에도 도움을 줍니다.

학교와 선생님을 좋아하게 만들어야 할 때입니다

　초등학교 1학년에 입학한 3월. 아이가 초등학교 1학년이지만 학부모님도 같이 1학년이 된 듯한 느낌일 것입니다. 그동안 화통하고 느긋하던 성격은 어디 갔는지, 학교에서 돌아오는 아이의 표정과 말 한마디에 아이 앞에서 표현은 못해도 조바심이 생기는 것을 어쩌지 못할 테지요.

　갑자기 아이가 학교에서 오줌을 쌌다는 말에 학교생활에 적응하지 못하는 건 아닌지 덜컥 겁이 나시겠지요. 수줍어서 말도 잘 못하는 아이가 선생님 질문에 대답은 잘하는지 걱정이 되어서, 학교 복도 창문에 매달려 교실이라도 한번 들여다보면 마음이 편해질까 싶어 학교로 가다가, 너무 극성맞은 엄마라는 소리를 들을까봐 발길을 돌리기도 할 것입니다. 다른 아이를 때려서 다치게 했다는 선생님의 전화를 받으면 앞이 깜깜해질 것이고, 학교에서 맞고 온 아이를 보면 '차라리 때리고 오지…' 하는 생각도 들지 모릅니다.

그러나 우리 아이들, 나름대로 학교생활에 적응하는 방법을 금방 터득한답니다. 3, 4월을 잘 지내고 나면 학교생활에 재미를 붙이면서 생활을 참 잘하게 되거든요. 그런 씩씩한 우리 아이의 모습을 기대하면서, 학교생활의 적응과 아이의 원만한 친구관계를 위해 필요한 몇 가지 점들을 자세하게 정리해보았습니다.

1. 아이가 학교생활에 잘 적응하게 하려면 어떻게 해야 하나요?

"선생님, 오늘 아침에도 아이와 한바탕했어요. 아침마다 기상 전쟁, 세면 전쟁, 식사 전쟁을 치러요. 그래도 우리 아들이 참 대견한 것은 학교에 가지 않겠다는 말은 안 해요. 학교가 재미있대요. 호호."

학부모님들이 상담하러 오셔서 웃으며 하시는 말씀입니다. 저는 그 학부모님이 참 훌륭하다는 생각을 합니다. 아이에게 거는 기대치가 그렇게 낮지만은 않을 텐데, 아이가 우선 학교생활에 적응을 잘하고 있는지에 더 관심을 갖는다는 것이니까요.

예전과는 달리 많은 부모님들이 아이가 학교 공부를 잘 따라가는지의 여부보다는 학교생활에 적응을 잘하는지에 대해 더 궁금해 하십니다. 아이가 학교생활에 잘 적응하는지 알고 싶기는 한데, 선생님께 아이가 잘하고 있냐며 전화를 걸기도 어렵고, 그렇다고 찾아가기는 더욱 번거롭지요. 그래서 무소식이 희소식이라 생각하지만 3월이 지나갈 즈음에는 여러 가지가 많이 궁금해질 것입니다.

담임선생님께서는 학교 행사가 아니면 학부모님들을 학교에 오라고 하는 일이 거의 없습니다. 따라서 아이 문제로 학교에 오라고 한다면 여러 가지 문제가 있을 수 있습니다. 선생님이 부모님 상담을 요청하지 않는 것만으로도 아이는 학교생활에 적응을 잘하고 있는 것이지요.

아이가 생활을 잘하고 있는지 궁금하시다면 아이에게 학교생활을 모두 이야기해달라고 해보세요. 아이가 학교에서 있었던 일을 자세히 말할수록 아이의 어휘력과 말솜씨도 몰라보게 늘 테니까 일거양득인 셈입니다.

"우리 아이는 학교생활에 대해 전혀 말을 안 해요. 학교생활에 대해 물으면 '몰라!', '그냥!'이라는 대답만 돌아올 뿐이에요."

이렇게 말씀하시는 학부모님도 있습니다. 그럴 때는 집 주변에 사는 같은 반 친구들에게 학교생활에 대한 이야기를 듣고 정보를 얻는 것이 필요합니다. 3월의 학교생활에 대해서는 선생님과의 관계가 원만한지, 선생님 말씀은 잘 이해하는지, 어려운 건 없는지 정도만 요령껏 알아내면 됩니다. 선생님의 어떤 점이 좋은지에 대해 아이에게 물어보면서 아이의 느낌을 알아보는 것도 좋고요. 선생님을 친근하게 느끼고 장점을 이야기한다면 아이의 적응도에 아무 문제가 없다고 보시면 됩니다.

그래도 선생님은 무섭다는 생각을 가지고 있을 텐데, 그런 아이의 심리를 이용해 말을 듣지 않는다고 "너 계속 이러면 선생님께 일러서 때려주라고 할 거야!"라는 등의 위협은 하지 마시기 바랍니다. 아이가 잘 표현하지는 않아도 새로운 환경에 적응하면서 상당한 스트레스를 받게 되거든요. 선생님을 친근하게 느끼고 있는 아이에게 그렇게 말씀하시면 아이에게 혼란만 가져다주는 셈입니다.

그리고 아이 앞에서는 절대로 학교와 선생님에 대한 부정적인 평가나 험담을 하지 말아주세요. 선생님은 아빠, 엄마보다도 더 훌륭하셔서 아이를 잘 가르쳐주실 분이라고 이야기해놓고, 선생님이 잘못했다는 말이나 험담을 하신다면 아이는 많이 혼란스러워할 것입니다. 결국 학교에 와서는 선생님 말을 듣지 않고 제멋대로 행동하는 아이로 변하게 되겠지요.

한 번은 받아쓰기 시험을 보기 위한 자료를 미리 나눠주었더니, 부모님이 알고 있는 받침과 다르게 쓰여 있는 내용물을 보시고는 아이에게 선생님이 틀렸다고 하셨답니다. 요사이 한글 철자법이 많이 바뀌었는데 그것을 모르고 계셨던 모양입니다.

"우리 엄마가 그러는데요, 선생님이 틀렸대요."

이렇게 말하기까지 아이는 누구의 말이 맞는지 얼마나 고민을 했을까요? 그러면서 하기 싫은 것은 선생님이 틀렸다고 하면서 살짝 빠뜨리거나 대충 했겠지요. 같은 선생님 밑에서 똑같은 교육을 받았더라도 그 아이의 적응도나 교육적인 효과는 다른 아이들의 절반에도 미치지 못할 것입니다. 아이 앞에서 학교와 선생님에 대해 하는 말에 조금 더 신경을 쓰면 학교에서의 교육 효과가 더 커진답니다.

2. 알림장 등 준비물 관리를 어떻게 도와주어야 하나요?

3월에는 학교에서 알려드릴 사항을 인쇄하여 각 가정으로 보냅니다. 아이들이 글씨를 잘 쓰지 못하기 때문에 준비물, 숙제, 알림사항 등을 기록하여 가정통신문을 만들어 보내는 것이죠. 그러다가 4월이 되면 아이들에게 알림장을 쓰게 합니다. 요즘은 많은 선생님들이 학급 홈페이지를 개설해 알림장과 대화의 장으로 활용하고 있습니다. 숙제도 홈페이지에 올려 공개적인 평가를 받고 있지요.

그래도 여전히 대다수의 학교에서는 예전의 알림장을 그대로 활용합니다. 선생님이 필요한 사항을 칠판에 적어주면 아이들이 그대로 알림장에 받아 적어서 부모님께 보여드리는 것입니다. 알림장을 쓰는 데 시간이 많이 걸리기는 하지만 한글을 잘 모르는 아이에게는 국어 실력이 향상되는 이점도 있습니다. 그러나 아이들이 잘못 받아 적는 경우에는 선생님과 부모님이 모두 어리둥절해지기도 하지요.

하루는 우유급식비를 걷어야 해서 "우유 급식비 3,000원"이라고 칠판에 적었습니다. 그런데 그 다음날 우유 급식비를 가져오지 않은 아이들과 300원을 가져온 아이들이 제대로 가져온 아이들보다 많았습니다. 대다수 부모님들이 알림장을 확인하지 않으셨고, 아이들이 300원으로 적었다고 그대로 보내신 것이었지요. 저의 실수였습니다. 그래서 그 다음부터는 알림장에 매일 부모님 사인을 받아오게 했고, 금액을 쓸 때는 숫자 대신 '3천 원'이라고 쓰게 되었지요.

한 학기 동안은 아이들이 스스로 준비물을 가져갈 수 있을 때까지 부모님이 알림장을 확인하고 준비물을 함께 챙겨주셔야 합니다. 그러다 아이들이 어느 정도 자기 혼자 준비물을 챙길 수 있게 되면 부모님께서는 필요한 준비물이 무엇인지 아이에게 물어서 그것만 준비해주시면 됩니다.

어쨌든 처음 한 학기 동안은 아이들이 준비물로 무엇을 가져가야 하는지 몰라 부모님 손을 많이 빌리게 됩니다. 준비물을 가져오지 않는 아이는 거의 정해져 있습니다. 학교에서 준비할 수 있는 물건이면 괜찮지만, 개인 물품을 준비해오지 않으면 활동이 불가능하고 매일 빌려 쓰는 아이로 인식되어 자신감이 없어질 수도 있으니 부모님이 세심하게 신경을 써주셔야 합니다. 혹시 가정에 무슨 일이 있어서 아이를 제대로 돌봐줄 수 없을 때는 선생님께 사정 이야기를 하고 도움을 요청하는 것이 좋습니다. 선생님이 어느 정도 준비해줄 수 있고, 아이 마음이 다치지 않도록 도와줄 수 있으니까요.

현장학습비, 방과후 교육비 등 여러 가지 용도로 학교에 대금을 내야 할 때도 있습니다. 요즘은 모든 비용이 CMS로 부모님이 알려주신 계좌를 통해 인출되기 때문에 학생들이 돈을 가지고 다닐 필요가 없습니다.

아이가 1학년이 되어 반을 배정받으면 우선 유치원이나 어린이집을 같이 다닌 안면이 있는 학부모와 연락처를 주고받는 것이 좋습니다. 내 아이가 학교에서 있었던 일을 소상히 말해주거나 알림장을 제대로 적어 온다면 학교생활에 대해 궁금한 점이 별로 없을 테지만, 아이가 못 미덥다면 다른 학부모님께 연락을 해보는 것도 좋은 방법입니다. 아이 친구의 부모님은 내 아이에 대한 자랑을 늘어놓는 대상이기보다는 아이를 교육시키는 데 서로 유익한 정보와 도움을 주고받을 수 있는 조력자라는 점을 잊지 말아주세요.

3. 아이가 아픈데 학교에 보내지 않아도 되나요?

아이가 아파서 결석을 할 때에는 담임선생님께 수업이 시작하는 9시 전에 미리 전화를 드리세요. 아이가 학교에 오지 않고 부모님과도 연락이 되지 않으면 선생님은 하루 종일 걱정을 하게 되니까요. 전화 통화가 어렵다면 같은 반 친구에게 말을 전해달라고 부탁하는 것도 좋습니다.

만약 그렇게라도 선생님께 말하지 못했다면 수업이 모두 끝난 후에 전화를 하시는 것이 좋습니다. 아이들이 있는 동안에는 전화를 받기 어렵고, 쉬는 시간마다 다음 시간에 가르칠 내용을 생각하고 준비해야 하는데, 중간 시간을 빼앗기면 교실에 있는 다른 아이들에게 피해를 주기 때문입니다.

아이들이 수두, 홍역, 볼거리 등의 질병으로 결석했을 경우는 법정 전염병이라서 의사의 진단서나 소견서를 첨부하면 결석으로 처리되지 않습니다. 한때 유행했던 아폴로 눈병으로 결석했던 아이들도 모두 결석 처리되지 않았습니다. 병원에서 필요한 서류를 준비할 때, 굳이 돈이 드는 진단서를 뗄 필요는 없습니다. 상황 확인만 하면 되니까 간단한 소견서도 괜찮습니다.

집안의 경조사에 참석하느라 학교에 나오지 못했을 경우에도 결석으로 인정되지 않습니다. 다음은 경조사에 따라 출석으로 인정되는 일수를 표시한 내용입니다.

구분	대상	일수
결혼	형제, 자매, 삼촌, 외삼촌, 고모, 이모	1
회갑	부모와 부모의 직계 존속, 형제자매와 그의 배우자	1
사망	부모와 부모의 직계 존속 형제자매와 그의 배우자 삼촌, 외삼촌, 고모, 이모와 그의 배우자	5 3 3
탈상	부모와 직계 존속, 형제자매와 그의 배우자	1

4. 가족여행을 가려고 하는데 결석을 해도 괜찮을까요?

아침에 출근을 하려는데 휴대폰이 울렸습니다. 오늘 아이의 아버지께서 출장을 가는데 같이 여행을 가려고 하신다면서 아이를 학교에 보내지 못할 것 같다는 내용이었습니다. 학교에 빠져도 괜찮은지 문의하시는 전화였습니다. 제가 학교에 다닐 때는 아파도 학교 양호실에 누워 있어야 한다고 생각했는데, 요즘에는 개근상이나 정근상이 없어지면서 결석하는 것을 쉽게 생각하는 경향이 있습니다. 전화를 하신 어머니께서는 그나마 학교에 빠지는 것을 안타깝게 생각하시는 저와 같은 세대의 분이었던가 봅니다.

학교마다 조금씩 다르지만 '현장체험학습 신청서'를 일주일 전에 미리 제출하면 결석이 아닌 것으로 인정받을 수 있습니다. 가족 행사나 여행 등도 학습의 연장이라고 생각해, 미리 신청만 하면 1년에 7일간은 결석으로 처리되지 않고 현장체험학습을 다녀올 수 있습니다.

친척분이 갑자기 돌아가셨을 경우 장례식 등에 참석하기 위해 결석을 해야 할 경우에는 현장체험학습 신청서를 미리 제출하기가 어렵겠지요. 그럴 때는 선생님께 말씀 드리고 구두 신청을 하는 것이 좋습니다. 현장체험학습 신청서는 미리 제출해야 하는 것이지만 선생님도 약간의 융통성을 발휘해주실 테니까요. 현장체험학습을 실시하기 일주일 전에 선생님께 계획서를 제출하면 선생님이 학교에 결재를 받게 됩니다. 가정에서는 현장체험학습을 다녀와 간단한 보고서를 제출하면 출석으로 인정받을 수 있습니다. 이때 계획서는 부모님이 써주시고, 보고서는 사진

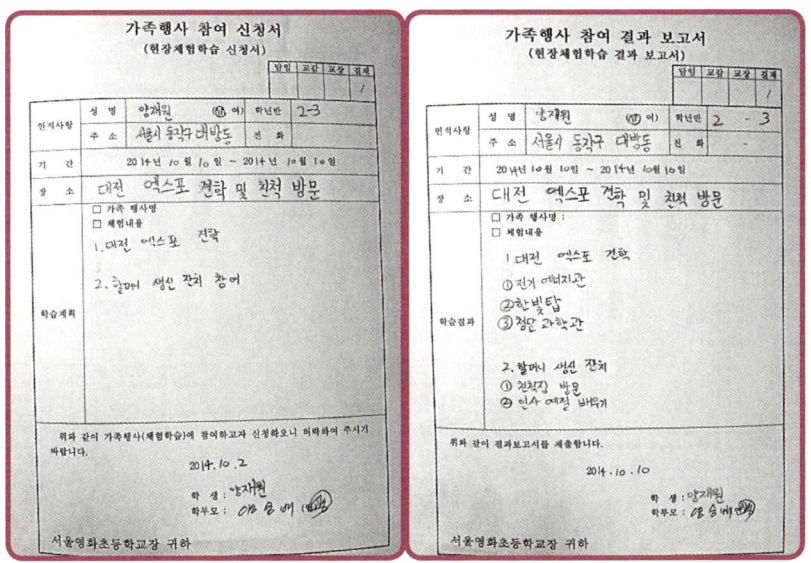

을 첨부하고 아이가 글씨를 쓰도록 하는 것이 좋겠습니다.

해외여행을 갈 때도 역시 현장체험학습을 신청하면 됩니다. 장소를 해외로 적어서 신청서를 작성하고 다녀온 후에 간단한 보고서를 제출하면 되는 것이지요. 해외도 국내와 같이 1년에 7일만 출석으로 인정됩니다. 부득이 더 오랫동안 머무는 경우에는 결석으로 처리되니 주의가 필요합니다.

교환학습도 출석으로 인정되는데, 서울이 아닌 타 지역 모든 학교와도 전입학 절차 없이 교류가 가능합니다. 국내는 3개월 이내, 국외는 1개월 이내로 제한되는데 교환학습 신청서를 선생님께 제출하면 학교에서 현지 학교장과 협의한 후에 허가하여 교환학습 의뢰서를 발송합니다. 교환학습 기간이 끝나면 현지 학교장이 교환학습 상황을 통보해 주고 학생은 다시 다니던 학교로 돌아오게 됩니다. 이때 교환학습 보고서는 기간이 긴 관계로 여러 가지 형식으로 제출할 수 있습니다.

학교에 제출하는 서류만 있는 것이 아니라, 필요한 서류를 학교에서 떼어 가야 하는 경우도 있습니다. 아이들의 학비도 소득공제 대상이 되고, 외국에 나가려면 비자를 받기 위한 서류도 필요하니까요. 그럴 때는 학교 행정실에 용도와 필요 매수를 메모해 아이 편에 보내시면 장당 300원가량의 인지대금을 지불하고 받아보실 수 있습니다. 아침에 신청하면 그날 오후나 그 다음날 나오게 되니까 다급하게 신청하는 일이 없도록 하시기 바랍니다.

5. 토요휴업일과 학교자율휴업일은 무엇이지요?

학교에서 실시하는 주5일 수업제는 세 가지 목적을 가지고 있습니다.

첫째, 아이들에게 시간적 여유를 주어 가족과 지역사회와의 만남의 기회를 제공함으로써 다양한 현장체험학습의 장을 넓혀준다.
둘째, 아이들의 바람직한 인성을 기르는 데 마땅히 있어야 할 가정과 지역사회의 교육적 역량을 회복시킨다.
셋째, 평생학습 사회 속에서 행복하게 살아갈 수 있도록 학생들의 자기주도적 학습능력을 길러준다.

학교에서 공부하는 것만이 공부는 아닙니다. 사고력, 창의력, 문제 해결력을 기르기 위해서는 다양한 체험학습이 필요합니다. 그러한 목적으로 서울시교육지원청에서는 2000년부터 토요종합학습일 → 토요자유등교일 → 토요휴업일로 제도를 단계화시켜 적용해오고 있습니다.
토요휴업일은 공휴일이 아니라 아이들이 가정에서 자율적으로 학습활동을 하거나 지역사회 프로그램에 참여해 사전에 계획한 학습 과제를 스스로의 힘으로 해결하는 날입니다. 예를 들어 도서관 이용, 요리하기, 레포츠 활동, 공원 나들이, 견학답사활동, 가족 여행 등이 있겠지요. 또 고아원이나 양로원, 정신지체 장애자를 도울 수 있는 여러 기관에서 봉사하는 날로 정해 활용하는 것도 교육에 많은 도움이 될 것입니다. 집에서 요리를 함께 만들어보거나 대청소를 하고, 부모님 직장에 직접 가보는 것도 유익한 체험이 될 테고요.

　1학년 3월의 토요휴업일에는 긴장한 아이의 마음을 풀어주기 위해 집에서 쉬거나 서점, 동물원, 수목원 등에 다녀오는 것이 좋습니다. 토요휴업일을 너무 힘들게 보내면 학교에서 졸거나 피곤해서 집중을 잘 못하므로 일요일은 집에서 쉬게끔 하는 것이 바람직합니다.

6. 화장실을 자주 가는 아이인데, 학교에서 실수하지는 않을까요?

　3월에는 아이가 화장실에 가고 싶어 하면 수업 도중이라도 화장실에 가는 것을 허락합니다. 그러다 시간이 지나 아이들이 어느 정도 적응하면 쉬는 시간에만 화장실에 가기로 약속합니다. 물론 참다가 옷에 실례를 하는 아이들을 대비해 여벌의 옷과 수건을 준비해둡니다.

　소변은 그나마 양반입니다. 더 큰 것은 대대적인 작전이 필요합니다. 요즘 1학년들은 영리해서 냄새가 난다고, 똥 싼 아이라고 놀리면서 같이 놀지 않겠다고 해요. 또 실수를 한 아이는 자존심이 상해서 "너도 배 아파봐!" 하고 외치지만 이내 의기소침해집니다.

　그래서 아이들이 실수를 한 것 같으면 저는 다른 아이들에게 몰두할 수 있는 활동거리들을 준 후에 실수한 아이를 데리고 화장실로 갑니다. 누구나 실수를 할 수 있다고 말하면서 다음에는 미리 이야기하도록 약속을 하지요. 아이를 씻기고 젖은 옷을 갈아입히고 나면 아이와 저는 어느새 둘만 아는 비밀이 한 가지 생깁니다. 조그만 실수는 이처럼 전화위

복의 기회로 삼을 수도 있지만, 아이들에게 놀림을 당하게 되면 그것이 잊힐 때까지 마음고생을 심하게 합니다.

  따라서 화장실에 가고 싶지 않아도 쉬는 시간에 미리 화장실을 다녀올 것과 수업시간이라도 급하면 선생님께 살짝 말씀을 드리면 도와준다는 것을 아이에게 미리 말씀해주세요. 아이가 한 번 실수한 것은 괜찮지만 실수가 반복되면 문제가 있는 것으로 보아야 하는데, 우유 먹은 시간과 계절도 고려해야 합니다. 우유를 먹고 난 후에는 더 많은 아이들이 화장실에 가고 싶어 합니다. 또, 날씨가 더워서 아이의 활동량이 많고 땀

김기화 어린이의 그림
교실에서 오줌을 싼 친구의 표정과 한쪽 다리를 들고 있는 자세. 친구 앞에서는 웃지 못하고 뒤돌아서서 키득거리는 여자친구의 표정이 그 난감한 상황을 짐작하게 하네요. 그 다음 어떤 일이 벌어질지 참 궁금해지는, 특징을 잘 살린 그림입니다.

으로 배출되는 수분이 많은 때에는 화장실에 덜 가지만 날씨가 서늘해지면 아이들은 화장실에 더 자주 가고 싶어 합니다.

심리적인 요인으로, 한 가지 활동에 너무 몰입한 나머지 쉬는 시간을 놓친 아이가 선생님께 화장실에 간다는 말을 하지 못하고 그냥 배설하는 경우가 있습니다. 또 너무 흥분하거나 놀라서 배설하는 때도 있고 선생님의 관심을 끌려고 그러는 경우도 있지요. 배변 조절 기능이 떨어져서 대소변이 나오는지를 인식하지 못하고 그냥 싸버리는 경우도 있고요. 그럴 경우 누구나 실수할 수 있다는 안도감을 갖게 해주어야 합니다.

아이에게 스트레스를 주지 말고, 그중 어떤 이유인지를 정확하게 알아보는 것이 중요합니다. 이유를 알면 해결하기는 훨씬 쉬워지겠지요. 만일 실수가 너무 잦아지면 병원에 데려가 진단을 받아보는 것이 좋습니다.

학교에서 아이가 실수를 하면 아마도 선생님이 가정에 전화를 할 것입니다. 그때는 부모님께서 학교에 오시는 것이 좋습니다. 혹시 학교에 오시기 어려울 때는 사정을 이야기하고 다른 학부모님이나 친척 분에게 도움을 요청하세요. 그것도 어렵다면 담임선생님께 사정을 말씀하시고 그냥 데리고 있어 달라고 하셔야겠지요.

제가 한 번은 실수한 아이를 닦여서 옷을 갈아입혀 보냈더니, 그 어머니께서 죄송하고 감사하다는 전화를 주시더군요. 그리고 입혀 보낸 옷을 세탁해 다른 여벌 옷과 함께 보내주셨습니다.

아이의 실수로 인해 학부모님이 참 교양이 있으시다는 인상을 받고 아이를 다시 한 번 보게 되었지요. 선생님께 선물을 보내는 것보다 전화한 통화와 다른 아이들을 위한 배려의 마음을 보내주시는 것이 더욱 감사하게 여겨집니다.

7. 우리 아이는 행동이 느린데 어떻게 해야 하나요?

몇 년 동안 1학년 담임을 맡다보니 이제는 아이를 하루만 데리고 있어보면 아이가 어느 정도의 이해력과 기본 생활태도를 갖추고 있는지를 가늠할 수 있습니다. 아이들 중에는 평소 매우 산만하거나 행동이 굼뜨고 이해력이 떨어지는 아이가 있기 마련이지요.

몇 년 전에는 우리 반에 유난히 행동이 느린 아이가 있어서, 학기 초에 얼른 학습태도와 생활태도를 잡아주고 싶은 마음에 학부모님께 상담을 요청했습니다. 그랬더니 그 학부모님은 의아해 하시면서 아이를 위해 가정과 학교가 같이 노력하자는 저의 의도를 그대로 받아들이지 못하시더군요. 멀쩡한 아이를 산만한 아이, 느림보로 취급한다고 하시면서 교장선생님께 섭섭하다는 표현을 하셨습니다. 저에 대해 잘 아시는 교장선생님이시기에 교육에 대해 한 번 더 생각해보라는 말씀만으로 끝내셨지요. 저와 상담한 내용에 대해 아이를 잘 알지도 못하는 교장선생님께 전화를 한 학부모님을 이해하기 어려웠지만, 제가 학부모님께 너무 성급하게 다가갔다는 생각을 하게 되었습니다.

학부모님과 한마음이 되어야 아이에게 제대로 된 교육을 할 수 있을 텐데, 학부모님께 믿음을 드리지 못했으니 아이 교육은 시간이 걸릴 수

밖에 없겠다는 생각이 들었습니다. 이제는 교사의 조바심이 일을 더 그르친다는 생각에 조금 느긋하게 기다립니다. 학교에서 수업시간에 다른 짓을 하면서 집중하지 않는다는 이야기, 수업 내용을 이해하지 못해 대답을 못했다는 이야기, 행동이 느려서 모둠 친구들이 싫어한다는 이야기를 다른 아이들과 학부모님을 통해 들으시기를 기다리는 것이지요. 그렇게 5, 6월쯤 되면 아이가 행동이 너무 느려 걱정이라면서 학부모님이 먼저 상담을 요청하십니다. 그제야 학부모님은 교사의 도움을 받아들일 준비가 된 것이지요.

아이가 행동이 느려 모든 활동에서 남들보다 뒤처진다면 문제가 있는 것으로 보아야 합니다. 다른 수업을 못하게 된다거나, 아니면 모든 학습 결과물이 미완성인 채로 끝나게 되니까요. 그런 아이들은 대부분 게으름을 피우거나 여러 곳에 관심이 많아 집중하지 못하는 경우가 많습니다. 학교에서 행동이 느리면 친구들에게 놀림을 당하기 쉽습니다. 자기 스스로 끝내지 못하니까 모든 활동이 계속 재미없어지면서 악순환이 반복되기도 합니다. 어렸을 때부터 애지중지 키운 아이일수록 그런 일이 많이 일어납니다. 아이의 행동이 느리면 어른들이 기다리지 못하고 즉시 도와주기 때문에 아이는 시작한 일을 한 번도 혼자 끝내보지 못한 것이지요.

아이의 행동이 느릴 때는 시간이 걸리더라도 혼자 끝낼 수 있게 기다려주어야 하고, 빨리 끝냈을 때는 칭찬해주는 것을 잊지 마세요. 그러면 아이는 다음에도 잘하기 위해 노력하게 되면서 차차 나아질 테니까요. 집에서 심부름을 자주 시키면서 아이가 임무를 완수하기 위해 생각하고 행동하게 만들어주는 것도 좋은 방법입니다. 아이가 크면서 이해력도 좋아지고 손조작 능력도 발달하기 때문에 여러 모로 유익합니다. 지금 아이의 행동이 느리다고 해서 계속 그러는 것은 아니니 마음의 여유를 갖고 아이에게 너무 많은 부담을 주지 마시기를 당부 드립니다.

8. 아이가 부산하고 주의력이 부족한데 어떻게 해야 하나요?

입학식 다음날 아이들 모두 자리에 앉아서 제 이야기에 귀를 기울이고 있었습니다. 아직 학교가 낯설어서인지 아이들이 모두 긴장을 한 상태였지요. 그런데 한 여자아이가 슬며시 일어나더군요. 화장실에 가려니 했는데, 교실 뒤의 자료함을 천천히 구경하는 것이었어요.

제가 아무리 불러도 들리지 않는지 주위에 아무도 없는 것처럼 자료함의 이상한 물건들만 호기심 어린 눈으로 살펴보는 것이었습니다. 다른 친구들이 그 아이를 이상하게 쳐다보았지요. 저도 이상하게 느꼈는데 아이들이라고 그런 느낌이 없었겠어요?

그렇게 시작한 그 아이를 제자리에 앉히기 위해 거의 한 학기 동안 실랑이를 벌여야 했습니다. 1학년 때는 그냥 놓아둔다고 해도 2학년에 올라가면 분명히 문제가 될 테니까요. 한 학기를 지켜보고 난 후에 어머니와 상담을 하게 되었습니다. 교사인 제가 판단하기에는 주의력 결핍 행동장애가 있는 것 같으니까 상담 치료를 한번 받아보라는 말씀을 드렸습니다.

유아교육에 남다른 식견이 있던 어머니셨는데 정신병원에 가보라는 소리냐며 화를 내시더군요. 그래서 저는 "제 자식이면 데려가겠습니다. 밑져야 본전인데 교육지원청 산하 Wee센터에도 연계프로그램이 있으니 원하신다면 연결해드리겠습니다"는 말씀도 드렸습니다.

결국 그 어머니는 찬바람을 일으키며 돌아가셨어요. 그러나 며칠 뒤에 그 아이는 병원에서 재미있는 컴퓨터 게임을 했다면서 알약도 먹는다고 하더군요. 점점 학습에 집중하는 아이의 모습에서 안도감을 느꼈습니다. 요즘 그 아이의 어머니는 멀리서도 저를 보면 인사를 하십니다. 저도 속사정을 모두 듣지는 못했지만 마음고생이 심했을 어머니에게 응원의 미소를 보내지요.

한 남자아이의 경우는, 매일 책상 위를 뛰어다니고 빨리 대답을 하지 않는다며 친구들을 때리곤 했습니다. 발표 시간에도 손을 들었는데 선생님이 발표를 시키지 않으면 책상과 벽에 머리를 부딪치는 과격한 행동을 보였어요. 그 아이의 학부모님은 매일 다른 학부모님께 항의전화를 받는다면서 상담 때 이런 말씀을 하시더군요.

"차라리 맞고 오면 동정이나 받지. 정말 이건 사는 게 아니에요."

상담 시간에 아이를 걱정하던 저에게 눈물을 보이시던 그 어머니의 얼굴이 지금도 잊히지 않습니다. 매일 다른 친구들을 때리는 아이의 부모님은 정말 얼굴을 들고 다니지 못할 정도로 마음고생이 심합니다. 그래도 그 어머니는 저를 믿고 따라주셔서 아이에게 아동상담 심리프로그램에 따라 치료를 받게 하고 계십니다. 부모상담치료까지 병행한다고 하네요. 그 아이가 지금은 제법 의젓해졌는데 크면 더욱 멋있어질 거라

K-ARS

ADHD(주의력결핍 과잉행동장애 설문지)

1. 어린이 성명 _____ 2. 성별 ☐ 남 ☐ 여
3. 학년 반 번호   학년   반   번   4. 나이 _____
5. 검사실시자가 부모가 아닌 경우 검사대상자와의 관계 _____

※ 본 설문지는 학생의 주의력 및 과잉행동과 관련된 문제행동을 알아보는 것을 목적으로 합니다.
※ 학생이 지난 1주일 동안 보인 행동을 가장 잘 기술한 번호에 동그라미 치십시오.
※ K-ARS에서 나온 문항을 부주의와 과잉행동-충동으로 분류하여 알아보기 쉽게 편집하였습니다.

	부주의에 관련된 항목 대상	전혀 그렇지 않다 (매우 드물다)	약간 혹은 가끔 그렇다	상당히 혹은 자주 그렇다	매우 자주 그렇다
1	학교 수업이나 일, 혹은 다른 활동을 할 때, 주의집중을 하지 않고 부주의해서 실수를 많이 한다.	0	1	2	3
2	과제나 놀이를 할 때 지속적으로 주의집중 하는 데 어려움이 있다.	0	1	2	3
3	다른 사람이 직접 이야기하는데도 잘 귀 기울여 듣지 않는 것처럼 보인다.	0	1	2	3
4	지시에 따라서 학업이나 집안일이나 자신이 해야 할 일을 끝마치지 못한다.	0	1	2	3
5	과제나 활동을 체계적으로 하는 데 어려움이 있다.	0	1	2	3
6	공부나 숙제 등, 지속적으로 정신적 노력이 필요한 일이나 활동을 피하거나 싫어하거나 또는 하기를 꺼려 한다.	0	1	2	3
7	과제나 활동을 하는 데 필요한 것들(장난감, 숙제, 연필 등)을 잃어버린다.	0	1	2	3
8	외부 자극에 의해 쉽게 산만해진다.	0	1	2	3
9	일상적인 활동을 잊어버린다(예: 숙제를 잊어버리거나 도시락을 두고 학교에 간다).	0	1	2	3
10	가만히 앉아 있지를 못하고 손발을 계속 움직이거나 몸을 꿈틀거린다.	0	1	2	3
11	수업시간이나 가만히 앉아 있어야 하는 상황에서 자리에서 일어나 돌아다닌다.	0	1	2	3
12	상황에 맞지 않게 과도하게 뛰어다니거나 기어오른다.	0	1	2	3
13	조용히 하는 놀이나 오락활동에 참여하는 데 어려움이 있다.	0	1	2	3
14	항상 '끊임없이 움직이거나' 마치 '모터가 달려서 움직이는 것처럼' 행동한다.	0	1	2	3
15	말을 너무 많이 한다.	0	1	2	3
16	질문을 끝까지 듣지 않고 대답한다.	0	1	2	3
17	자기 순서를 기다리지 못한다.	0	1	2	3
18	다른 사람을 방해하고 간섭한다.	0	1	2	3
	소계				
	합계				

〈설문의 판독 방법〉
1. 1~9번은 '부주의'에 관련된 항목이고 10~18번은 '과잉행동-충동'에 관련된 항목입니다.
2. 세로줄 항목 별로 소계를 내고 소계를 모두 합산한 합계를 냅니다.
3. 판독: 합계가 19점 이상인 경우 ADHD 전문상담 검사를 받아볼 필요가 있습니다.

는 생각이 듭니다.

'주의력 결핍 과잉행동장애'는 주의집중이 어려워 매우 산만하고 부주의한 행동을 나타낼 뿐만 아니라 자신의 행동을 통제하지 못하고 충동적인 과잉행동을 보입니다. 대부분 같은 연령층의 아이들에 비해 지나치게 활동적이며 안절부절못하고 충동적으로 행동하는 경향이 있어서, 가정이나 학교생활에 적응하는 데 지장이 많습니다. 과잉행동 증상은 나이가 들면서 보통은 감소되지만, 주의집중의 어려움이나 학습 및 정서적인 문제는 사춘기까지 계속되는 경향이 있습니다. 전문의들은 이 장애가 주의력을 조절하는 뇌 속 중추신경에 이상이 생겨 발생한다고 보고 약물 치료와 행동 치료를 병행하면 어느 정도 상태가 호전된다고 말합니다.

K-ARS의 ADHD 검사(147쪽 참조)는 1학년이 되면 실시합니다. 체크리스트 항목을 보시면 우리 애가 모든 항목에 해당되는 것처럼 생각되기도 합니다. 그러나 빈도와 정도를 생각해 0~3점에 해당하는 점수를 객관적으로 체크해보시기 바랍니다. 만일 합계가 19점 이상 나오면 전문의의 상담을 받아보시는 것이 좋습니다.

9. 점심 급식은 어떻게 이루어지나요? 아이가 편식을 하면 어떻게 하죠?

요즘은 학교마다 지방단치단체와 국가에서 보조를 해주어 무상급식을 실시하고 있습니다. 1학년 아이들은 4교시까지 수업을 하고 점심식사를 한 후에 또는 일주일에 1~2일 정도는 점심식사 후 1시간 수업을 더 하고 하교합니다. 학교마다 영양사 선생님이 따로 있어서 아이들이 하루에 섭취해야 하는 열량과 5대 영양소를 골고루 섭취할 수 있도록 식단을 계획하고 제공합니다.

점심식사로는 반찬 두세 가지에 국이 나옵니다. 그런데 편식이 심한 아이는 식판에 받은 음식을 반도 못 먹고 버리거나 심하면 토해버리는 경우가 있습니다. 학교 급식 도중에 반찬을 골라 먹는 아이들을 보면 성장 발육에 문제가 많을 거라는 생각을 하게 됩니다. 먹기 싫은 것을 토하는 아이에게 억지로 먹이자니 너무 야박한 것 같고, 그래도 단체생활의 이점을 살려 학교 급식시간에 편식하는 습관을 고쳐주어야겠다는 사명감이 대립하게 되는 때입니다.

그래서 저는 부모님과 상담을 할 때, 아이들의 편식에 대한 정보를 얻고 어느 정도까지 지도를 원하는지, 조금 심하게 해도 감내할 수 있는지를 미리 질문합니다. 그래야 아이를 사이에 두고 서로 섭섭한 마음이 들지 않을 테니까요.

아이들의 편식 습관을 고치려면 정말 힘이 듭니다. 7년 동안 내내 햄, 치즈처럼 좋아하는 인스턴트 음식만 먹은 아이에게 갑자기 김치를 먹으라고 하면 잘 먹을까요? 아이는 물부터 옆에 갖다놓고 눈물을 흘리며 꿀떡 삼킵니다. 점심시간만 되면 배가 아파서 식판에 받은 음식을 모두 버리는 아이들도 생기지요. 이런 아이들의 습관을 고치는 데는 그만큼의 노력과 정성이 필요합니다. 밥과 반찬을 모두 먹었다고 칭찬해주면서 선생님이 항상 옆에서 지켜보아야 하니까요. 음식을 골고루 먹는 습관은 가정에서 이루어져야 하는 교육이라는 생각이 듭니다.

먹는 것을 별로 즐겨하지 않아 얼굴이 하얗고 눈 밑에 그늘이 있는 우리 아이에 대해 저는 담임선생님께 이렇게 말씀드렸습니다.

"매운 것이나 먹기 싫은 음식도 한 개 이상은 꼭 배식 받으라고 해주세요. 그리고 못 먹겠다고 하면 한 번 더 먹으라고 말씀해주세요. 그래도 못 먹겠다고 하면 먹지 말라고 해주시고요. 먹기 싫은 음식을 먹으면 체할 때가 있거든요. 못 먹겠다고 하는 경우가 3번 이상 되면 제게 꼭 이야기해주세요. 집에서 간식 못 먹는 벌을 내려서라도 식습관을 고쳐주고 싶습니다."

집에서 가끔 간식이나 군것질로 아침식사를 대신한 아이들은 2교시만 끝나도 배가 고프다면서 수업시간에 엎드려 있곤 합니다. 정작 점심시간이 되면 배고픔의 정도가 지나쳐 아예 무감각해져서 먹고 싶지 않다거나, 식사 후에 화장실로 뛰어가게 되지요. 비만의 문제로 식사량을 조절하는 것이 아니라면 한창 자라는 아이들의 경우, 아침에 조금 일찍 깨워서 아침식사를 제대로 하게끔 도와주는 노력이 필요합니다.

또 아이가 좋아하는 것, 원하는 것만을 주는 것이 좋은 부모의 역할은 아닐 것입니다. 아이가 언제, 어디에서나 혼자서 행복한 생활을 누릴 수 있도록 적응력을 길러주는 것이 더 중요하지 않을까요? 정말 잘 아는 사항인데도 부모님의 과잉친절과 과잉보호로 이것을 지키지 못한다면 아이들의 학교생활이 힘들어질 수 있습니다.

아이들의 식습관을 어떻게 고칠 수 있을지 고민하던 즈음에 아이의 편식 습관을 고치겠다고 마음먹은 한 어머니와 함께 몇 가지 방법을 시도해본 적이 있습니다. 저는 학교에서 그 아이가 골고루 음식을 먹도록 가르치고, 어머니는 집에서도 학교에서처럼 음식을 골고루 먹이겠다는 것이었죠. 또 식욕을 증진시키는 약도 함께 복용했습니다. 결과는 성공적이었어요. 점심시간이면 식판을 앞에 두고 손도 안 댄 채 하염없이 앉아 있던 아이가 이제는 제법 키가 자라서 즐겁게 인사를 하고 지나갑니다.

학교 급식을 위한 도구로는 보통 숟가락과 젓가락이 나옵니다. 1학년 아이들 중에는 젓가락 사용을 잘하지 못해 집에서 포크를 가져오는 아

김민영 어린이의 그림
밥 먹기 싫어하는 아이가 수저를 내던지며 투정하는 모습입니다. 어쩔 줄 몰라 하는 어머니의 표정을 보니 꼭 도와주어야 할 것 같은 느낌이 드네요.

이들이 더러 있습니다. 아직 아이들이 젓가락을 잘 다루지 못해 음식을 먹는 데 어려움을 느끼니까 어머니가 포크를 준비해준 것이지요. 하지만 계속 포크를 사용하다 보면 젓가락질이 늘지 않습니다.

혹시 젓가락을 잘 다루는 아이들이 손조작 능력에서도 우수하다는 사실을 아시나요? 손과 뇌의 상관관계를 연구하는 학자들은 뇌의 발달을 위해서 손조작 능력의 중요성을 역설합니다. 젓가락질은 오랜 연습이 필요하기 때문에 집에서부터 미리 지도해주시면 손조작 능력도 키우고, 아이들이 급식 시간을 한결 즐거워할 것입니다. 제 아이도 약국에서 마음에 드는 캐릭터가 그려진 에디슨젓가락을 구입하여 사용하면서 젓가락질이 많이 늘었습니다.

10. 짝꿍은 어떻게 정하나요?
아이가 짝을 싫어하는데 방법이 없을까요?

수도권의 경우 한 반의 인원수는 평균 21~36명 정도입니다. 국공립 초등학교의 경우 남자아이가 여자아이보다 조금 더 많아서 남녀가 짝을 할 때는 남자아이끼리 앉는 경우도 있습니다. 3월에 입학하여 처음 자리를 정할 때는 대부분의 선생님들이 키 순서대로 자리를 배치합니다. 작은 아이가 앞에 앉고 큰 아이가 뒤에 앉는 방식이지요. 그러나 앞에 앉기를 원하는 아이들과 학부모님들의 관심으로 인해 여러 가지 방법을 동원하여 자리 바꾸기를 합니다.

선생님이 판단해 도움이 필요한 아이와 도움을 줄 수 있는 아이를 같이 앉히고, 집중을 잘 못하는 아이는 교실 가운데 책상에 앉히기도 합니다. 또 한달 동안 칭찬 스티커를 많이 모은 아이부터 먼저 자리를 선택할 수 있게 하기도 합니다. 키가 크다고 매번 뒤에 앉는 것은 공평하지 않기 때문에 선생님들 모두 나름대로의 자리 배치에 대한 노하우를 갖고 있을 것입니다. 일단은 선생님의 방법에 그대로 따르는 것이 가장 좋습니다. 하지만 혹시 우리 아이가 계속 교실 뒤쪽에만 앉는다면 선생님께 말씀드려서 앞에도 한 번 앉을 수 있도록 기회를 주는 것이 필요합니다. 앞에 앉아서 선생님 심부름도 해보고, 선생님을 가까이 느끼면서 한결 모범적인 행동을 할 수도 있으니까요.

3, 4월에 아이들 자리 문제를 이야기하는 것이 너무 경솔하다고 느껴질 수도 있으니까 5월까지 지켜본 후 담임선생님에게 말씀드리는 것이 좋습니다. 아이가 어디에 앉든 잘해내기만 하면 무엇이 문제겠습니까? 우리 아이가 자리 따위는 걱정할 필요가 없는 아이라면 참 좋겠지요. 그러나 아이가 학교에 들어간 지 몇 달이 지났는데도 계속 산만하게 느껴진다든지, 학습능력이 떨어지는 것 같다면 자리에 대해서도 적극적으로 다시 한 번 생각해보는 것이 필요합니다.

교육학 방법론 중 하나인 협동학습이론에 의하면 짝은 4주에서 6주에 한 번 정도 바꾸면서 서로 활동을 도와주도록 하는 것이 좋다고 합니다. 그래서 제 경우는 매달 말일에 자리를 바꾸는데, 여러 가지 면에서 잘하는 아이와 부족한 아이가 짝이 되도록 합니다. 잘하는 아이가 부족한 아이를 도와주면서 알고 있는 것을 더 정확하게 자기 것으로 만들고,

부족한 아이는 다시 한 번 친구에게 배울 수 있기 때문입니다. 그런데 짝을 바꾸고 나면 마음에 들지 않는다고 하는 아이들이 있기 마련입니다. 그런 아이들이 집에 가서는 이렇게 말하곤 하죠.

"난 짝꿍이 싫어. 바꿨으면 좋겠어. 학교에 가기 싫어."

아마 아이가 이런 말을 하면 부모님 입장에서도 고민이 되겠지요. 짝꿍 문제까지 선생님께 시시콜콜 전화하기도 어렵고, 그렇다고 아이에게 한 달 동안 참으라고 하기에는 너무한 것처럼 느껴질 것입니다.

아이가 부모님께 투정을 부린다고 무조건 담임선생님께 전화를 걸어 해결을 요구하는 모습을 아이에게 보이는 것은 바람직한 교육 방법이 아닙니다. 아이는 학교에서 마음에 들지 않았던 일은 무엇이든 집에 가서 말만 하면 해결된다고 생각한 나머지 스스로 어려운 일을 해결하려는 노력을 하지 않을 것이고, 때를 기다리는 참을성도 기르지 못할 테니까요. 또 부모님은 부모님대로 아이의 말 한마디도 참지 못하고 전화를 하는 예민한 엄마로 선생님께 인식될 것입니다. 그것이 아이와 연결되면 선생님은 그 아이를 일관성 있게 교육시키지 못할 테고, 결국 아이에게 손해가 되는 것이지요.

그럴 때는 먼저 아이에게 싫은 이유를 자세히 물어보고 이야기를 들어본 후에 아이를 이해하는 마음으로 동조해주세요. 그러면 아이의 속상한 마음의 응어리가 많이 풀릴 것입니다. 그런 다음 좋은 방법을 같이 찾아보자고 하면서, 일단 3일만 참고 짝꿍의 좋은 점을 찾아보라고 타일러보세요. 친구의 좋은 점을 찾아내 짝꿍을 도와 사이좋게 지낸다면 더 훌륭한 사람이 될 것이라는 말로 이해시키면 어떨까 싶습니다.

아이가 그래도 짝꿍을 바꾸고 싶어 한다면 선생님께 직접 이야기하라고 하세요. 처음 그 이야기를 들은 선생님은 나름대로 아이에게 참아보라고 이해를 구할 것입니다. 그래도 아이가 계속 짝꿍을 바꾸고 싶어 하면 선생님께 편지를 쓰세요. 아이가 싫어하는 이유를 적고, 학부모님이 그동안 아이에게 했던 말들을 적어 보내시면 아마 선생님도 짝을 바꿔 주실 것입니다. 아이의 말만 듣고 바로 선생님께 전화를 한다거나 찾아가는 것보다 훨씬 사려 깊은 부모님으로 인식될 수 있을 거예요.

11. 아이가 친구들과 싸우고 왔어요

담임을 맡았던 반에 식이와 철이라는 아이가 있었습니다. 식이는 덩치가 컸지만 싸움을 하면 안 된다고 교육을 받은 순진한 아이였습니다. 반면 철이는 덩치는 작았지만 싸우면 누구에게도 지지 않을 오기와 영리함을 가지고 있어 학교에서 일명 '짱'으로 통했습니다.

그런데 어느 날 한바탕 사건이 일어났어요. 교실에서 덩치 큰 식이가 다른 친구를 때리자 맞은 아이의 친구였던 철이가 식이를 때린 것입니다. 덩치 큰 식이가 철이를 밀어내자 철이는 다른 친구들까지 싸움에 끌어들였고, 결국 식이는 얼굴에 멍과 눈물 자국만 남긴 채 싸움에서 졌습니다.

문제는 그 다음이었죠. 식이의 친구들이 식이 부모님께 학교에서 일어난 일을 말했고 이것이 식이 부모님 귀에 들어간 것이었어요. 속이 상한 식이 어머니는 철이 어머니께 전화를 해 다시는 그런 일이 일어나지 않도록 약속을 받으려고 했는데, 철이 어머니는 아이들끼리 그럴 수도 있다는 반응을 보였던 모양입니다. 더욱 화가 난 식이 부모님과 철이 부모님은 새벽녘까지 전화로 말다툼을 벌였고, 그 다음날 식이 부모님은 제게 전화를 해서 학교폭력에 대해 걱정을 하셨습니다.

교사인 저는 관련된 아이들을 모두 불러 다시는 친구들을 때리지 말아야 한다고 주의를 주고, 반성문을 써서 부모님께 보여드리게 했습니다. 그렇게 사건이 일단락된 줄 알았는데, 며칠 뒤 새벽에 식이 아버지께서 철이네 집에 전화를 하셨고, 오기가 생긴 철이 부모님도 사과를 하지

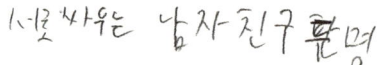

황주혁 어린이의 그림
친구와 싸우는 모습인데 손톱을 날카롭게 표현했네요. 주먹을 꼭 쥐고 있는 모습하며 친구 발에 맞은 아이의 표정과 때리는 아이의 표정이 다른 것도 재미있습니다. 1학년이라서 옆모습 그리는 것을 어려워하지만 앞모습만으로도 친구와 싸우는 모습이 잘 표현되어 있는 그림입니다.

않으셨습니다. 결국 식이 부모님이 학교에 찾아오셔서 상담을 하게 되었지요. 그분들이 속상하신 이야기를 모두 들어드리고는 제가 아이들을 통제하지 못한 것에 대해서도 사과를 드렸습니다.

교사로서 참 속상한 순간이었습니다. 그러나 저의 진심 어린 마음을 아셨는지 식이 부모님께서도 마음을 여시더군요. 서로 여유가 생기니까 분위기가 한결 부드러워졌고, 부모님이 잘못한 점들에 대해서도 말씀드릴 수 있었습니다. 만일 아이가 친구들과 싸우고 돌아왔다면 다음의 내용들을 꼭 염두에 두세요.

첫째, 싸움을 했을 때는 교사에게 알려 공정하게 처리하는 것이 좋습니다. 감정이 상한 상태에서 다른 학부모님께 전화를 한다면 입장을 바꿔놓고 생각했을 때, 어느 누가 기분 좋아하겠습니까?

둘째, 아이의 입장에서 생각해보아야 합니다. 친구들에 대한 피해의식이나 우월의식을 갖지 않도록 참는 노력이 필요하고, 오늘은 맞지 않았냐는 질문이나 누구와 싸웠는지에 대한 물음은 가급적 피하는 것이 좋습니다.

셋째, '차라리 때리고 오지'라는 부모님의 이기심을 버려야 합니다. 맞고 나서 울고 들어오는 아이를 보는 부모님과 때리고 나서 사과하는 부모님의 자세는 분명히 다릅니다. 친구가 때리면 같이 때리라는 말씀을 제발 하지 말아주셨으면 좋겠습니다. 내 아이가 누군가를 때렸다면 언젠가는 더 크게 맞고 들어올 수 있다는 사실도 아셔야 합니다.

이런 말씀을 드렸더니, 식이 부모님은 저에게 사과를 하고 돌아가시더군요. 식이 부모님은 아이 교육을 잘못 시킨 것이 아닌가라는 생각에 밤잠을 못 이루셨다고 했는데, 저는 식이 부모님의 교육 방식이 훌륭하다고 생각합니다. 식이는 누가 때려도 잘 참고, 학교에서 선생님께 꾸중 들은 이야기를 집에 가서 하면 더 혼날까봐 말도 하지 않는다고 합니다. 예전의 서당 교육을 보는 듯하지요. '아이들은 살판, 부모님은 이판사판, 교사들은 죽을 판, 학교는 살얼음판'인 이 교육 현장에 한 줄기 빛을 보는 것 같은 서글픈 기쁨이었습니다.

12. 학교에서 친구가 밀어서 다쳤는데 어떻게 대처해야 하나요?

퇴근을 하려는데 친척 언니가 엉엉 울면서 전화를 했습니다. 1학년인 딸아이가 학교 놀이터에서 걸어가고 있는데 남자아이가 발을 거는 바람에 넘어져 앞니가 부러졌다는 것이었어요. 마침 담임선생님이 출장 중이라 아이 혼자 보건실에 가서 전화를 했고, 친척 언니는 직장에서 조퇴를 하고 학교로 달려갔답니다. 치과에 아이를 데려갔더니 어른이 될 때까지 계속 치료를 받아야 한다는 진단이 나왔다고 했습니다. 그런데 남자아이 부모는 미안하다는 전화 한 통 없고, 믿었던 담임선생님마저 사건을 크게 키우지 않았으면 좋겠다는 말만 하더라면서, 어떻게 하면 좋겠느냐고 묻는 것이었습니다.

저는 우선 언니를 진정시키고 일어난 일에 대해 냉정하게 바라보라고 말했습니다. 부러진 치아를 다시 붙일 수는 없는 일이니까 아이의 고통과 불편은 부모님이 위로해주고 사태를 빨리 수습하는 것이 좋다고요.

아이가 성인이 될 때까지 치료를 받으려면 치료비가 많이 들 것 같아 그 남자아이의 가정형편을 물었더니 치료비를 대줄 만큼 여유롭지 않다고 했습니다. 학교에서 일어난 사고니까 학교에서 치료비를 일부라도 보조해줄 수 있지 않느냐는 말을 하더군요. 물론 요즘 대다수의 학교들은 학교안전공제회에 가입되어 있어 교내 또는 교외라도 수업의 연장선에서 일어난 사고에 대해서는 보상을 받을 수 있습니다. 피해를 입힌 학생이 보상해주지 못할 때는 학교에서 그 책임을 대신해주기 때문에, 사고가 발생했을 때는 비용 문제로 고민하지 마시고 담임선생님과 상담해보는 것이 좋습니다.

김기화 어린이의 그림
이가 두 개나 빠져서 닭똥 같은 눈물을 흘리는 아이의 모습입니다. 이가 빠졌다는 표시보다는 이를 두 개 해넣어야 한다는 화살표 그림이 참 긍정적인 아이의 성격을 말해줍니다.

단, 가해학생이 있는 학교폭력일 경우에는 병원에서 의료보험의 적용을 받지 못합니다. 의료보험 적용에서 제외되면 치료비가 비싸져 보상해주려고 했던 가해자 측 가족들과 갈등을 빚을 수도 있습니다. 큰 분쟁으로 번지지 않게 하려면 가해자 측을 직접 만나기보다는 먼저 담임선생님과 상담하는 것이 좋습니다. 담임선생님께 '학교안전공제회'가 있다는 이야기를 들었다고 하면서 치료비의 일부라도 보상을 받고 싶다는 의견을 정중하게 말씀드리고 치료비 영수증을 모아놓는 것이 현명합니다.

선생님은 학교안전공제회에 아이의 피해 정도와 치료비에 관한 상세한 보고서를 올립니다. 그러면 안전공제회에서 기준에 따라 적정선의 치료비를 책정하여 지급합니다. 이때, 치료비가 너무 적다고 더 요청하는 학부모님도 계십니다. 하지만 학교가 아닌 안전공제회에서 피해 정도에 따라 치료비를 산출한 것이므로 피해 정도가 다시 더 발견된 것이 아니라면 보상비가 바뀌는 일이 거의 없습니다. 그러니 실제 들어간 비용보다 조금 덜 받는다고 생각하시면 될 것 같습니다.

13. 다른 반 담임선생님과 자꾸 비교가 될 때는 어떻게 해야 할까요?

1학년 선생님들은 학습지도와 생활지도에서 서로 의논을 많이 합니다. 어느 정도 경력이 있는 분들이 1학년 담임을 맡기 때문에 질적으로 그리 많은 차이가 있지는 않지만, 모든 아이들에게 똑같은 혜택이 돌아가게 하기 위해서 서로 각자의 교육활동과 경험에 대해 정보를 공유하는 것이지요. 그러나 선생님도 사람이기 때문에 개인차가 있기 마련입니다. 창의성과 전달 능력이 탁월해서 수업을 재미있게 하는 선생님, 꼼꼼한 성격 때문에 아이들을 하나하나 세심하게 살피는 선생님, 음악적 재능이 뛰어난 선생님, 미술적 재능이 뛰어난 선생님 등 선생님마다 제각각 특성이 다릅니다.

내 아이의 담임선생님보다 다른 반 담임선생님이 더 좋다는 생각을 하게 되면 아이도 어느새 그 반에 적응하지 못하게 됩니다. 따라서 지금 담임선생님이 바로 내 아이를 가장 예뻐해줄 분이라는 생각을 가지고 아이에게 항상 선생님 칭찬과 자랑을 해보세요. 그러면 선생님께 단점이 있더라도 아이는 선생님의 장점만을 보면서 좋은 점을 배울 것이고, 훨씬 높은 교육적 효과를 얻을 수 있을 것입니다.

14. 선생님과 상담을 하고 싶은데 먼저 요구해도 되나요?

3월 말이나 4월 초에 공식적으로 학부모 상담을 실시하는 학교가 많습니다. 3~4월에 있는 상담은 내 아이의 정보를 선생님께 알려드리는 상담으로 아이가 학교생활에 빨리 적응하도록 돕는 것이 필요합니다. 7년 넘게 기른 엄마가, 한두 달 동안 아이를 본 선생님보다 아이에 대해 훨씬 많이 알 것이기 때문입니다. 물론 선생님이 짧은 시간 동안 관찰해 온 아이의 모습을 학부모님께 말씀드리기도 할 것입니다. 첫 상담 때는 아이의 장단점을 말씀해주시고 1년 동안 아이의 어떤 면에 신경을 써달라고 부탁의 말씀을 하시면 좋습니다.

6월쯤 되면 교사가 아이를 객관적으로 파악하게 되니까 언제 어디서 상담을 요청해도 일관된 말씀을 드릴 수 있습니다. 만약 아이에 대해 궁금해 상담 기간이 아닌 시기에 선생님과 상담을 원한다면 미리 편지나 전화로 날짜와 시간 약속을 하는 것이 좋습니다. 미리 약속을 하면 교사가 아이에 대해 좀 더 면밀하게 관찰한 뒤 일목요연하게 정리해 학부모님께 정확한 상황을 말씀드릴 수 있을 것입니다. 더 자세한 부분에 대해 알고 싶으면 미리 학습이나 생활 면, 친구관계에 대해 알고 싶다는 편지나 전화를 하시면 되고요.

1학기 말에는 방학 동안 고칠 점과 보충해야 할 점이 무엇인지 선생님께 여쭤보아야 하고, 2학기 초가 되면 1학기 때 상담한 결과가 잘 반영되었는지 알아본 다음, 아이가 2학기 동안 고칠 점과 보충할 점에 대해 가정과 학교가 같은 목표를 가지고 아이를 교육하는 것이 바람직합니다.

학기 중간에 선생님께서 상담을 요청한다면 아마도 아이에게 무슨 문제가 있는 것인데, 그럴 때는 너무 놀라지 마시고 아이를 객관적으로 바라보며 최상의 해결책을 찾기 위해 교사와 함께 노력하셔야 합니다.

담임선생님께 아이에 대한 평가를 듣는다는 생각보다는 우리 아이가 어떻게 하면 더 바른 인성과 스스로에 대해 자부심을 가지고 자랄 수 있을지에 대해 조언을 얻는다는 생각으로 여유 있게 상담에 임하시는 것이 좋습니다. 담임의 입장에서 보면 차라리 선생님을 어려워하는 학부모님께 많은 조언을 해드릴 수 있습니다.

교육학 박사인 학부모님일지라도 정작 자녀에 대해서는 객관성을 잃을 수 있으므로 더욱 선생님을 신뢰해야 한다는 생각을 합니다. 교육에 대한 전문성을 인정해주고 일관성 있게 교육할 수 있도록 도와주시는 학부모님들이 계실 때, 교사들은 아이들에게 모든 열정을 쏟아 부을 수 있는 것이겠지요.

한 번은 어느 학부모님이 옆트임이 있는 가죽 미니스커트를 입고 학교에 오셨습니다. 제가 보아도 상담 오신 학부모님의 복장은 아니었어요. 남자 선생님이셨다면 아마 꽤 무안하셨을 거예요. 학부모님의 옷차림과 말씀하시는 태도, 억양에서 그 아이의 분위기를 읽게 됩니다. 멋을 부린 복장에서 부자연스러움을 느끼게 하기보다는 평상시 외출복의 편안함으로 자연스럽게 상담에 임하는 것이 좋습니다. 교사도 인간임을 잊지 마시고 '어머니가 저런 분이시니까 아이가 그렇게 예쁘게 컸구나'라는 생각이 들 수 있는 정도의 준비면 됩니다.

또, 선생님이 학부모님보다 어리더라도 존댓말을 사용하는 것이 좋습니다. "선생님이 아직 미스라서 모르시나본데…" 이런 학부모님과는 이야기를 빨리 끝내고 싶어지거든요.

저는 제 아이의 담임선생님과 상담을 할 때 이런 준비를 했습니다. 선생님이 차를 주신다고 해서 따로 차를 준비하지는 않았지만 그 말씀이 없었으면 주스나 커피 두 잔을 준비해 갔을 것입니다. 서울시교육지원청에서는 3만 원 이상의 금품이나 선물을 수수한 경우 징계를 받습니다. 괜한 선물로 담임선생님께 징계를 선물하지 마시고 차라리 빈손으로 찾아뵙는 것이 서로에게 부담이 없어 좋습니다. 그리고 상담시간이 30분 안팎인데, 오랫동안 선생님을 붙잡고 있는 것이 죄송스러워서 아이에 대해 질문할 내용을 준비해갔습니다.

첫째, 우리 아이가 적응을 잘 하고 있나요?

둘째, 친구 관계는 어떤가요?

셋째, 학습 이해도는 어떤가요?

넷째, 수업 시간에 선생님 말씀에 집중하나요?

다섯째, 장점이나 단점이 있을까요?

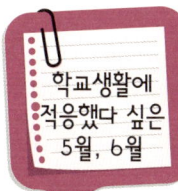

공부에도 관심을 갖기 시작할 때입니다

3, 4월은 학교생활을 잘 모른다면서 학부모님도 적응하는 시기라는 핑계로 그럭저럭 넘어갔지만, 5월이 되면 스승의 날이 마음에 걸리실 거예요. 요즘은 선물을 받지 않는다고 하니까 그냥 넘어가려는데, 매스컴이나 동네 학부모님들을 보면 그런 것 같지도 않습니다. 우리 선생님은 선물이나 촌지를 받지 않는다고 해서 마음 편하게 그냥 지나가려고 하는데 혹시 나만 선물을 안 한 것은 아닌지, 그래서 선생님이 우리 아이만 미워하지는 않을지 한편 걱정이 되실 거예요.

마침 그런 생각을 하고 있는데, 아이가 수업시간에 너무 산만하고 다른 친구들에게 방해가 된다는 선생님의 전화를 받는다면 정말 갈등이 이만저만이 아닐 겁니다. 수업 참관을 했더니 우리 아이만 발표를 시키지 않는 선생님이 원망스러울 수도 있고요. 그래서 집에 돌아온 아이에게 손도 제대로 들지 못하냐고 꾸중을 하시며 결국 아이를 울려놓고 속상한 어머니도 같이 울어버리지요.

  5월이 되면 선생님을 어떻게 대해야 할지, 또 학습능력이 어느 정도 가늠이 되는 6월에는 어떻게 공부를 시켜야 할지에 대해 이야기해보겠습니다.

1. 선생님이 학교에 오라고 은근히 무언의 압력을 넣는데 어떻게 해야 하나요?

  요즘은 촌지 받는 선생님이 없다고 말씀드리면, 혹시 은연중에 촌지를 바라는 선생님의 어투를 느낄 때는 어떻게 해야 하냐면서 끈질기게 질문을 하시는 학부모님들이 있습니다. 아이를 맡긴 부모님 입장에서는 여전히 촌지가 목에 걸린 가시인가 봅니다.

  저희 학교로 전학을 온 한 학부모님이 그전 학교에서 겪었던 일을 하소연하셨습니다. 아이가 잘한다고 계속 칭찬을 하시던 선생님이 어느 날부터인가 아이가 알아듣지도 못하고 말썽만 부린다며 매일 구박을 했답니다. 그러니 아이도 학교에 가기 싫다며 뻗대고, 아침마다 학교에 보내는 것이 전쟁이었다네요. 뭔가 심상치 않다는 생각이 들어서 반 아이들에게 줄 단팥빵과 선생님께 드릴 롤케이크를 사가지고 학교에 가셨답니다.

  "겨우 이거 주시려고 학교에 오셨어요? 이건 저 먹으라고요? 참 감사하네요. 아이에게 조금만 더 신경 쓰면 상도 받을 수 있는데…"

말끝을 흐리는 선생님 앞에서 안절부절못하며 식은땀만 흘리다가 나오셨다고 하더군요. 그 어머니는 말로만 듣던 촌지 요구에 할 말을 잃었고, 더 이상 그 학교에 다니게 하고 싶지 않아서 전학을 시켰다고 하셨습니다.

그와 비슷한 상황이라면 저는 이렇게 대처하라고 말씀드리고 싶습니다. 먼저 내 아이가 그동안 어떻게 잘못된 행동을 해왔는지 정확히 아는 것이 필요합니다. 아이에게 정말 문제가 있는데 부모님만 모르고 계실 수도 있고, 전학이라는 것을 통해 단순히 문제를 회피하는 것은 아이에게 다음에도 전학하면 된다는 것을 가르쳐주는 나쁜 처방이기 때문입니다.

일단 아이에게 차근차근 물어보고 아이의 친구들과도 이야기해본 뒤에 사태를 정확하고 객관적으로 파악해야 합니다. 그리고 선생님과도 인간적으로 친해지는 것이 좋습니다. 서로의 의중을 떠보다가 오해가 생길 수도 있으니까요. 위와 같은 경우에 이렇게 말했다면 어땠을까요? "상을 바라지도 않지만 가정에서 어떻게 해야 우리 아이가 생활을 잘할 수 있을까요?" '무엇을 바라냐'는 물음이 아닌 아이의 교육에 초점을 두어 말한다면 선생님이라도 다른 말을 할 수 없을 것입니다.

선생님이 구체적으로 가정에서 도와주어야 할 점을 이야기하면 그대로 따르면 되고, 그 후에도 지속적으로 전화나 메모를 통해 아이의 행동에 변화가 있는지 선생님과 의사소통을 하셔야 합니다.

일단은 선생님을 믿고 그 말에 따라야 하겠지만 그렇게 할 만큼 전혀 믿음이 가지 않는 선생님이라면, 다음의 세 가지 해결책을 적용해보세요.

첫째, 그래봐야 1년이니까 아이가 그냥 다니게 두는 방법

둘째, 다른 학교로 전학하는 방법

셋째, 다른 학생들도 피해를 당한 적이 있는지 정확한 증거를 가지고 교장선생님과 상담하는 방법

이 세 가지 방법 중 어느 것이든 아이에게 피해가 가는 것은 확실합니다. 그럴 때 가장 적은 피해가 어떤 것인지 부모님의 감정이 아니라 아이의 입장에서 판단하여 결정하는 지혜가 필요합니다. 그리고 아이의 학교생활을 알아본다고 아이에게 이런 질문을 해서는 안 됩니다.

"오늘 선생님이 너만 혼냈니?"

"다른 아이만 칭찬하고 너는 칭찬 안 했니?"

무엇이든지 처음이 가장 중요합니다. 선생님에 대한 믿음이 생겨야 할 시기인 1학년 때 선생님을 믿지 못하는 마음이 들면, 그 아이는 초등학교 6년 동안 선생님을 믿지 못하는 아이가 될 것입니다. 믿음이 없는 아이의 교육 효과가 높을 수는 없겠지요? 아이를 위해 현명한 선택을 하시기 바랍니다.

2. 선생님께 매를 맞았을 때는 어떻게 할까요?

"오늘 선생님한테 맞았어."

"뭐? 너희 선생님 간이 부은 모양이구나. 엄마가 전화해줄게."

요즘 학교에서 선생님들은 아이들을 잘 때리지 않습니다. 혹시 어느

선생님이 아이들을 때렸다고 하면, 동료 선생님들끼리도 자조적인 농담을 합니다.

"돈(법정 소송 비용) 많아?"

"힘이 남아도는군. 조심해."

요즘은 체벌이 금지되어 있지만, 2005년도에는 교육부에서 '체벌 규정'에 대한 공식적인 발표가 있었습니다. 우선 교육 목적에 한해 허용되

이예준 어린이의 그림
규칙을 세 번 어기면 맴매를 맞기로 했지요. 아프든 안 아프든 맴매는 맞는 친구들도 떨게 하고 보는 친구들도 눈을 가릴 만큼 좋은 경험은 아닌 듯하네요. 예준이가 그린 그림을 보고 선생님이 반성을 많이 했지요.

는 체벌 도구는 지름 1~1.5센티미터, 길이 50~60센티미터의 직선형 나무여야 하고, 제3자가 입회한 가운데 엉덩이나 허벅지를 5~10회 이내로 때려야 한다는 내용이었습니다. 이 얼마나 웃기는 일입니까? 교사가 아이들을 체벌하는데 매의 길이와 지름까지 재가면서 해야 하는 현실이 교사들을 부끄럽게 만듭니다.

우리 사회를 이만큼 버티게 해준 것은 교육인데, 지금의 교육에 대한 시각은 교사들로 하여금 복지부동(伏地不動)하게 만들고 있습니다. 어떤 교육적인 행동을 취하기보다는 땅에 가만히 엎드려서 회오리가 지나가기만을 기다리고 있는 셈이지요. 학교가 점차 학원화되어간다면 우리의 아이들은 어디에서 인성교육을 받아야 할까요?

현행 초중등교육법에는 '학교의 장은 교육상 필요한 때에 법령 및 학칙에 정하는 바에 의해 학생을 징계하거나 기타의 방법으로 지도할 수 있다'고 나와 있습니다. 하지만 선생님들은 아이들이 너무 말을 듣지 않을 때도 이제는 체벌을 하지 않습니다. 상벌점이나 칭찬스티커를 떼거나 붙이는 식으로 조절하지요. 그래서 학급을 경영하는 것이 더욱 힘듭니다.

부모님께서 말썽꾸러기 우리 아이를 때려서라도 인간답게 만들어달라고 하시는 가정의 아이는 생활지도 하기가 오히려 쉽습니다. 부모님이 선생님께 모든 권위를 부여해주시니 아이는 선생님이 부모님보다 위에 있다는 생각에 더욱 조심하고 존경하게 되는 것이겠지요. 아이가 잘 자라게만 도와달라고 믿고 맡길 때 학교가 바로 서고 우리 아이가 바로 설 것입니다.

3. 어린이날, 학급 친구들에게 선물을 하는 것이 좋을까요?

어린이날은 아이들 모두가 손꼽아 기다리는 행복한 날이지만, 어린이날이 오는 것이 싫을 정도로 가정형편이 어려운 아이들도 꽤 많습니다. 어린이날이 되면 학교에서 아이들에게 자, 공책, 파일 등을 나눠 주기도 합니다. 어린이날을 기념하여 학급에 어떤 도움을 주고 싶다고 하시면서 학부모님 마음대로 햄버거와 콜라를 배달시키는 분도 있습니다. 그러나 이런 경우엔 사전에 담임선생님과 충분히 의논해보는 것이 좋습니다. 학교마다 분위기가 조금씩 다르지만 원래 학교에는 식중독 예방을 위해 식품 반입이 금지되어 있거든요. 그래서 아마 식품 반입과 학생 선물을 거절하는 선생님이 많을 것입니다. 그러면 깔끔하게 선생님의 뜻을 알겠다고 하시면서 아이들 간식을 안 보내시면 됩니다. 선생님은 학부모님의 교육에 동참하려는 마음만은 소중하게 받으실 것입니다.

4. 아이들이 받는 상으로는 어떤 것이 있나요? 시상은 공정한가요?

학교마다 대회의 종류와 범위가 다르지만, 4월에는 '과학상상 그리기 대회', 5월에는 '환경그림 그리기 대회', '학교폭력예방 그리기 대회', 6월에는 '통일안보 그리기 대회', 9월에는 '독서퀴즈 대회', 10월에는 '독후감상화 그리기 대회' 등이 있습니다. 사립초등학교라면 동요 부르기 대회, 악기 연주 발표회, 경험화 그리기 등 더 많은 대회를 열기도 합니다. 또 1학년은 아직 어리기 때문에 대회에 참가시키지 않는 학교도 있습니다.

대회는 아이들 모두가 주제에 맞는 그림을 그리고, 그중에서 잘된 작품을 선발해 시상하고 전시하는 순서로 진행됩니다. 그러면 아이들보다 학부모님들이 누가 상을 타느냐에 굉장한 관심을 보이게 되지요. 상을 탄 아이의 엄마는 뿌듯해하고, 상을 타지 못한 아이의 엄마는 그 즈음부터 아이의 여러 가지 면을 걱정하기 시작합니다. 내 아이의 작품과 상을 탄 아이의 작품을 비교해보면 어머니 눈에는 별 차이가 없어 보입니다. 그래서 누가 심사를 했는지 그 공정성까지 의심하게 되는 옳지 않은 모성을 발휘하게 되지요.

하지만 심사는 선생님들이 공정을 기하기 위해 누구의 작품인지 모르게 심사하는 경우가 많고, 때로는 실력 있는 외부심사위원을 위촉하기도 합니다. 따라서 심사 결과에 항의하는 실수는 저지르지 않으시기 바랍니다. 내 아이가 실력이 없다는 것을 학교 전체에 퍼뜨리는 우스운 모습이 될 수도 있으니까요. 그렇다고 상을 받기 위해 따로 과외를 시키지는 마세요. 음악대회의 경우 아이가 예능 방면으로 소질이 있어 그쪽으

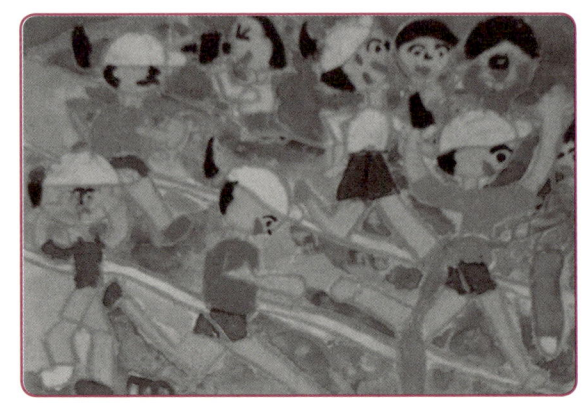

로 진로를 택했다면, 상을 목표로 과외를 받는 것이 아니라 실력 향상을 위해 과외를 받을 수 있도록 해야 합니다. 또 진로를 정한 경우가 아니라면 상을 타기 위해 과외나 학원에 다니는 일은 없어야겠습니다.

모든 아이가 상을 타는 것이 아니기 때문에 당연히 위화감이 조성될 수도 있습니다. 같은 대회에서 모두가 상을 탄다면 상의 의미가 없어지는 것이니까요. 1학년 때 상을 타본 경험이 있는 아이들은 넘치는 자신감을 가지고 학년이 올라갈수록 적극적인 활동을 합니다. 상을 탔던 그 기분을 잊지 못해 다음에 기회가 생기면 다른 대회에도 도전하게 되지요. 이때 부모님은 아이가 대회에 최선을 다할 수 있게 도와주고, 결과에 너무 집착하지 말아야 합니다.

만약 부모님께서 매일 아이가 학교에서 돌아오면 "그 상 언제 준대? 누가 탔어?"라고 물으신다면 아이가 굉장한 스트레스를 받을 것이 분명합니다. 아이가 최선을 다했으니까 상을 주면 좋고, 만일 상을 받지 못했다면 상을 받은 친구의 작품을 보면서 그 이유를 나름대로 분석해보는 것이 좋겠지요. '주제가 잘 드러나도록 인물을 크게 그려서 그리기 상을 받았구나', '글짓기를 할 때 한 가지 주제를 가지고 자세히 관찰한 것을 쓰니까 상을 받는구나'라는 식으로 아이와 함께 전시된 작품을 감상해보는 것이 좋겠습니다.

아이가 모든 것을 잘할 수는 없습니다. 초등학교 교육을 받는 동안에는 아이의 기본적인 인성을 길러주고, 아이의 소질과 적성을 찾아주는 것이 바로 부모님의 역할이 아닐까 생각됩니다.

5. 매일 물건을 잃어버리고 오는데 좋은 방법이 없을까요?

제가 학교에 다닐 때 어른들이 그러셨습니다. "요즘 아이들은 아까운 줄을 몰라." 그런데 선생님들과 이야기를 하다보면 저도 그런 말을 하게 됩니다. 아마도 점점 물질적으로 풍요로워지면서 그렇게 되는 거라고 생각하지만, 별다른 자원이 없는 우리나라에서는 아껴서 사용하는 것만이 잘살 수 있는 길이라는 생각이 듭니다. 자주 물건을 잃어버리는 것은 나쁜 습관이므로 아이들에게 작은 물건이라도 이름을 쓰게 하고, 물건을 잃어버리고 왔을 때는 반드시 찾도록 가르쳐야 합니다.

학교 분실물 코너에 가보면 시계, 크레파스, 털장갑, 실내화, 체육복 등 아직 꽤 쓸 만한 것들이 즐비합니다. 이름만 있으면 주인에게 돌아갈 것들이 그냥 쓰레기장으로 가는 경우가 허다하죠. 요즘은 쓰레기도 분리수거를 해야 하기 때문에 학교에서도 그런 물건들을 처리하기가 여간 골치 아픈 일이 아닙니다. 집에서 물건을 사줄 때는 의미를 부여해 물건의 경제적인 가치 외에 정신적인 가치를 높여주는 것이 좋습니다. 지갑을 잃어버렸을 때, 돈은 둘째 치고 선물 받은 지갑과 그 속의 사진이 아까운 것처럼 말입니다.

요즘 아이들은 자신이 좋아하는 옷만 입으려고 합니다. 그러나 아이들은 금세 자라기 때문에 예쁜 옷들을 한 번 입고는 못 입게 되는 경우가 많습니다. 형제라도 있으면 물려 입을 수 있지만 외아들, 외동딸이 많은 요즘은 그것도 쉬운 일이 아닙니다. 동생이 있다고 해도 형의 옷을 물려 입는 동생은 항상 뾰로통해집니다.

경제적 여유가 있다고 매번 새옷을 사주기보다는 아이들의 친구 어머니나 동네 아주머니들과 상의해서 옷을 바꿔 입히시면 좋을 것 같습니다. 재활용센터에 가서 아이들이 입지 못하는 옷을 다른 옷으로 교환할 수도 있겠지요. 아이들에게 직접 자신이 입던 옷을 재활용 옷수거함에 넣도록 하거나 자켓의 소매를 뜯어 조끼를 만들어 입는 모습을 보여주면 좋은 교육이 될 것입니다. 그것을 본보기 삼아 아이들 스스로가 절약하고 실천할 수 있게 될 테니까요.

1학년 과정에 쓰레기를 분리하는 활동이 나오니까 아이가 미리 쓰레기를 분리하면서 옷을 재활용해보는 경험을 하도록 유도하는 것도 바람직합니다. 처음에는 이렇게 쉬운 내용까지 교과서에 있다며 투덜거렸는데 쓰레기 분리수거를 모르는 아이들이 더러 있더군요. 집에서 쓰레기 분리수거를 하는지조차 모르는 아이들과 물건이 어떤 물질로 이루어졌는지 몰라서 분류를 하지 못하는 아이들도 있었습니다. 그래서 통합교과 시간에 일반 쓰레기류, 재활용 종이류, 유리와 캔류로 나누어 쓰레기를 직접 바구니에 넣게 하였습니다.

대부분의 아이들이 잘 못하더군요. 반면 쓰레기 분리를 잘하는 아이들은 집에서 자기가 쓰레기 버리는 담당이라고 했습니다. 심부름과 약속의 위력이지요. 아이들에게 분리수거와 같이 가정에서 혼자서 할 수 있는 일들은 가능한 한 자주 시키는 것이 좋습니다. 심부름을 시킬 때는 어떻게 하라고 명령하기보다는 "엄마 좀 도와줄래? 이 쓰레기를 분리수거해야 하는데 어느 통에 넣는 것이 좋을까?"라는 식으로 생각하게 하여 심부름을 시키는 것이 좋겠습니다.

　그리고 아이가 심부름을 잘하면 칭찬을 많이 해주세요. 아이들이 처음에는 한 가지 심부름도 제대로 못하지만 일곱 살이 될 때쯤에는 두세 가지 심부름을 해낼 수 있을 정도가 됩니다. 심부름의 순서를 기억해 정확히 처리하는 것은 정말 대단한 일입니다. 성실하고 똑 부러지게 심부름 잘하는 아이를 많이 칭찬해주세요. 아이가 더욱 똑똑해질 것입니다.

6. 성교육은 어떻게 시키는 것이 좋을까요?

　얼마 전 미성년자 성폭행과 성추행범의 명단이 공개된 적이 있습니다. 인권침해 논란이 일기도 했지만 성폭력의 피해자인 아이의 인생을 생각하면 가해자에게 그보다 더한 형벌을 내려야 한다는 생각도 듭니다. 아동기에 당했던 성적인 폭력은 그 아이가 상황을 인지하지 못할 만큼 어리더라도 아이의 인생에 치명적인 영향을 미치게 되니까요. 늘 함께 다니며 아이를 지켜줄 수 없다면, 아이 스스로 자기 몸을 방어하고 모르는 사람을 경계하는 습관을 길러주어야 합니다.

　이미 성 개방이 많이 진행된 지금 굳이 혼전순결을 강조한다면 구세대라고 할지도 모르겠습니다. 그러나 굳이 에이즈 같은 질병을 거론하지 않아도, 자신의 의지에 따라 성관계를 가질 수 있는 나이가 될 때까지는 혼전순결에 대한 가치관을 심어주는 것이 필요합니다. 성교육 전문가들 역시 초등학생에게 적합한 성 가치관 교육을 시켜야 한다고 말합니다. 저는 아이들에게 이렇게 이야기합니다.

"남자에게는 고추가 있듯이 여자에게도 다른 모양의 고추가 있어요. 그런 것을 유식한 말로 '생식기'라고 부르죠. 생식기는 자신의 몸에서 가장 중요한 '보물'입니다. 그래서 보물을 만지거나 보여달라고 하는 도둑들이 많은 거예요. 그런 도둑이 나타나면 크게 소리를 지르면서 주위 사람들에게 도움을 청해야 합니다. 내 생식기는 보물이지만 나만의 보물은 아니랍니다. 결혼할 아내 혹은 남편이 그 주인이에요. 나는 아내(남편)를 위해 결혼할 때까지 임시 보관만 하고 있을 뿐이랍니다. 이렇게 잘 지킨 남자의 보물에서는 한 번에 2억, 3억 개('억'이 어마어마한 양이라는 것을 체험하게 하면서) 정도의 '정자'가 나오고, 여자의 보물에서는 한 개의 '난

황주혁 어린이의 그림
남자와 여자의 다른 모습을 사실적으로 그렸네요. 너무 사실적이어서 선생님이 그림을 보고 얼굴이 빨개졌답니다. 이렇게 사실적으로 그린 친구들이 참 많았다는 사실이 선생님을 더 놀라게 했지요. 그만큼 아이들은 나름대로 성에 대한 지식을 가지고 있으며 관찰력이 뛰어나다는 것을 알 수 있었습니다.

자'가 나옵니다. 정자 중에서 제일 힘이 세고, 빠르고, 건강하고, 영리한 정자 한 마리만이 난자를 만날 수 있답니다. 그래서 태어난 아기가 바로 여러분들이에요."

이런 성교육 후에 아이들은 자신의 존재에 대해 자부심을 느끼고 남자끼리 결혼하면 왜 아기가 생기지 않는지, 아기가 어디에서 자라나 태어나는지에 대해 좀 더 진지하고 쉽게 접근하게 됩니다. 부모님들도 나중에 크면 알 수 있다는 식으로 회피하지 마시고 정확한 용어를 사용하여 남자와 여자의 다름에 대해 아이를 이해시키고, 자신의 몸을 소중히 여길 줄 아는 가치관을 심어주면 좋겠습니다.

7. 아이가 자신 있게 발표하고 바른 수업태도를 갖게 하려면 어떻게 해야 할까요?

"우리 애가 원래 저렇게 발표를 안 하나요? 아는 건데도 손을 안 드네요. 집에서는 얼마나 말을 잘 하는데…"
"매일 수업시간마다 저렇게 돌아다니나요? 수업에 방해가 되지는 않나요?"

학교마다 차이는 있지만 1년에 2~3회 정도씩 학부모님이 아이의 수업하는 모습을 볼 수 있도록 공개수업을 하는 날이 있습니다. 그동안 아이가 수업하는 모습을 상상만 하다가 1시간 동안 수업에 참관해본 후에는 학부모님들의 걱정하는 목소리가 많이 들립니다. 그러면서 발표를 잘하지 않는 아이를 발표 잘하게 하는 방법과 산만한 아이를 차분하게 생활하도록 돕는 방법이 무엇인지, 가정에서 해야 할 일은 무엇인지 질문을 많이 하십니다.

아이가 발표할 내용을 알고 있는데도 발표를 하지 않는 이유는 자신감이 없기 때문입니다. 따라서 가정에서 있을 수 있는 원인을 먼저 생각

김기화 어린이의 그림
공개수업 날의 모습입니다. 다른 친구들보다 키가 큰 기화와 선생님의 모습이 보이지요. 부모님을 크게 그린 것을 보니 아이 마음에 부모님이 학교에 오셨다는 것과 수업하는 내 모습을 지켜본다는 것이 큰 부담이었던 모양입니다. 얼른 발표하라는 어머니의 날카로운 시선, 머리를 긁적이는 아이의 표정, 발표하라고 지목하는 선생님까지, 그 분위기가 상상이 되시죠?

해보고, 가정과 학교생활을 관찰한 후에 그 원인을 찾아 해결해주는 노력이 필요합니다.

첫째, 동생이 있으니까 항상 참고 조용히 있으라고 하면서 심한 꾸중이나 무안을 주어 아이가 위축된 경우

둘째, 가정에서 왕자님과 공주님처럼 떠받들면서 무엇이든 마음대로 하도록 내버려두다가 학교에서는 자기 마음대로 하지 못하니까 주눅이 든 경우

셋째, 자신의 생각을 이야기할 필요 없이 부모님이나 조부모님이 다 해주었던 경우

넷째, 외국이나 다른 지방에서 많이 생활한 탓에 우리말 발음이 이상하다고 하여 부끄러움을 느끼고 있는 경우 등

아이와 아침마다 이런 약속을 해보세요. 오늘은 꼭 한 번 발표를 하고 집에 와서 자랑하기, 오늘은 자리에서 일어나 돌아다니지 않기, 친구에게 친절하게 말하고 난 뒤 집에 와서 자랑하기 또는 일기에 쓰기 같은 것 말입니다.

매년 1학년 담임을 할 때마다 느끼는 것은 산만한 아이가 점점 늘어나고 있다는 것입니다. 산만한 아이는 자신만 공부를 못하는 것이 아니라 다른 친구들도 공부를 못하게 하고 선생님의 수업 진행을 방해합니다. 자기 혼자 집중하지 못하고 다른 일에 몰두한다면 다른 아이들에게 피해를 주지 않으니까 그 아이만 지도하면 되는데, 다른 친구들과 싸우는 아이는 정말 골치가 아플 지경입니다.

아무리 기본 학습능력이 있는 아이라도 산만한 아이는 학습능력이 다른 아이들에 비해 뒤떨어질 수밖에 없습니다. 지식과 정보를 얻을 때는 가만히 앉아서 듣고 생각해야 하는데 그 활동을 못하는 것이니까요. 산만한 아이는 다음 두 가지 원인으로 나누어볼 수 있습니다.

첫째, 신체적인 요인으로 잘 들리지 않거나 잘 보이지 않고 몸이 허약할 때 산만해지기 쉽습니다. 따라서 건강진단을 받아보는 것이 필요합니다.

둘째, 심리적인 요인으로 학교생활이 불안하고 호기심이 강하며 침착하지 못한 아이들이 있습니다. 그 아이의 부모님을 만나보면 성격이 급하신 경우가 많고, 집안 분위기도 차분하기보다 항상 들떠 있는 편이지요. 아이들이 산만한 것은 부모님의 영향이 가장 큽니다. 어떤 일이든지 아이가 참고 기다릴 수 있게 해주시고 부모님 또한 그런 자세가 필요합니다. 그리고 차분하게 행동했을 때에는 아낌없이 칭찬해주어서 아이가 성취감을 맛보게 하는 것이 좋습니다.

공부하는 태도를 바꾸기 위해서는 아이가 읽고 싶은 책을 고르게 하여 독서를 하게 하되, 분량을 정해서 시간 안에 끝낼 수 있도록 도와주면 집중력의 강도가 높아집니다. 그러면서 집중하는 시간을 차차 늘려주면 좋겠지요. 꼭 산만한 아이가 아니더라도 1학년 공부는 집중력을 높이고 집중 시간을 늘리는 것에 중점을 두세요. 이것이 학습능력을 높일 수 있는 중요한 밑거름이 되니까요.

8. 글씨가 엉망인데 예쁘게 쓰는 법을 가르쳐야 하나요?

글씨는 1, 2학년 때 의식적으로 잘 쓰는 연습을 하는 것이 좋습니다. 이렇게 연습하다 보면 손의 근육이 더 발달하게 되면서 글씨를 계속 잘 쓸 수 있게 됩니다. 1학년은 손의 근력이 길러지는 시기여서 손에 적당한 힘을 주어 글씨를 쓰게 되면 그 습관이 오래갑니다. 따라서 평소 올바른 자세로 앉아 연필을 바로 쥐고 글씨 쓰는 연습이 필요합니다.

학교마다 조금씩 다르지만 경필대회를 하는 학교도 있습니다. 쓰기 연습을 따로 시키는 선생님도 있고요. 쓰기 교과서에 나오는 글자를 예쁘게 쓰려고 노력하다 보면 글씨체가 더욱 예뻐지고 산만한 아이들도 한결 차분해지는 효과가 있습니다.

쓰기 시간에는 글씨를 예쁘게 쓰고 띄어쓰기를 배우기 위해 두 종류의 공책을 사용합니다. '국어 10칸 공책'인 일명 깍두기 공책과 '쓰기 10칸 공책'인 바둑판 공책이 그것입니다. '국어 10칸 공책'에 십자모양의 점선이 있는 것이 '쓰기 10칸 공책'입니다. '국어 10칸 공책'은 띄어쓰기와 예쁜 글씨 쓰기를 할 때 사용하고, '쓰기 10칸 공책'은 글자 하나하나의 형태와 자음과 모음의 위치를 생각하며 쓰는 데 활용됩니다. '쓰기 10칸 공책'을 활용할 때는 아래처럼 하면 좋습니다.

"방이 개인 우주선을 타고 우주로 나갔어요. 글씨는 꼭 가운데에 들어가야지 우주선 천장에 닿거나 땅바닥에 떨어지거나 오른쪽 왼쪽에 붙으면 우주선에서 나가야 해요. 그러니까 우주선 중앙에 한 글자씩 써봅시다."

예쁘게 쓰기 연습 공책

제 15 호　　　　월　　일　　　　　　부모님 확인:(　　)

우	리	들	은		자	라	서
무	엇	이		될	까	?	

우리들은　자라서
무엇이　될까?

우리들은　자라서
무엇이　될까?

우리들은　자라서
무엇이　될까?

우리들은　자라서
무엇이　될까?

우리들은　자라서
무엇이　될까?

우리들은　자라서
무엇이　될까?

그러면 아이들은 한 글자 한 글자를 정말 정성 들여 씁니다. 가끔 영화 〈매트릭스〉를 본 아이들이 총알을 피해가듯 그렇게 가운데 써야 한다고 말하더군요. 혹시 컴퓨터가 상용화된 시대에 굳이 글씨를 잘 써야 할 필요가 있느냐고 묻는 분이 계실지 모르겠습니다. 그러나 모든 평가는 자신의 생각을 글로 써서 표현하는 것으로 이루어집니다. 채점자 입장에서 보면 글씨를 잘 쓴 시험지가 더 읽어보고 싶고 마음이 들지 않을까요?

9. 받아쓰기도 따로 공부시키는 것이 좋을까요?

국어 시간에 이루어지는 받아쓰기에 대한 생각은 선생님마다 조금씩 다릅니다. 받아쓰기가 구시대적 발상이라고 해서 받아쓰기 시험을 보지 않는 선생님도 있고, 아이들의 어휘력과 맞춤법에 효과가 있다고 생각하는 선생님도 있습니다. 저는 후자 쪽인데, 이것은 오랫동안 아이들에게 다양한 방법으로 적용해본 결과 좋다는 결론을 얻었기 때문입니다.

받아쓰기 시험을 매주 한 번씩 본 아이들과 보지 않은 아이들은 분명 차이가 있습니다. 저는 '읽기' 책을 공부하면서 받아쓰기 할 낱말에 밑줄을 긋습니다. 또는 한 학기 동안 받아쓰기 할 낱말이나 문장을 아이들에게 미리 나눠주기도 합니다. 이렇게 정해진 낱말이나 문장을 쓰기 10칸 공책에 써본 후, 다음 시간에 받아쓰기 시험을 보는 것이지요.

실제로 아이들에게는 문장을 불러주면서 그 속에 들어 있는 낱말이나 짧은 문장을 쓰라고 하는 것이 더 효과적이었습니다. 각각의 낱말이 문장에서 어떻게 쓰이는지를 아이들이 스스로 확인하며 어휘력을 늘려갈 수 있으니까요. 100점을 받은 친구에게는 뽀뽀 열 번을 해주시라는 알림사항을 각 가정에 보냅니다. 그러면 아이들이 그 재미에 더 열심히 받아쓰기 공부를 하게 되고 더불어 어휘력과 맞춤법 실력도 향상됩니다. 받아쓰기를 하는 공책은, 받아쓰기 공책이나 깍두기 공책을 사용하니 선생님이 말씀해주시는 것을 구입하여 사용하면 됩니다.

학교에서 받아쓰기를 하지 않거나 아이가 맞춤법을 너무 모른다고 생각될 때는 아이와 함께 동화책을 읽으면서 어려웠던 문장에 밑줄을 그은 뒤 나중에 받아쓰기 시험을 보면 효과적입니다. 받아쓰기 시험을 잘 통과했다면 상을 주는 것도 잊지 마세요. 뽀뽀 열 번 해주기, 맛있는 간식 만들어주기 등의 보상으로 부모님의 사랑을 한 번 더 표현하면 그만큼 성적도 쑥쑥 올라갑니다.

10. 일기는 어떻게 쓰게 하는 것이 좋을까요?

일기 쓰기를 어떻게 도와주느냐에 따라 아이의 사고력과 표현력 향상에 큰 차이가 납니다. 하루의 생활을 나열하기보다는 한 가지 주제를 자세히, 구체적으로 쓰는 것이 중요합니다. 그러기 위해서는 글의 소재를 잘 찾아내야 하는데, 아이가 '쓸 것이 없다'고 하면 학교나 주변에서 일어났던 일에 대한 기억을 더듬어보면서 기다려주는 것이 필요합니다.

많은 아이들이 일기를 쓸 때 항상 '오늘 나는'이라는 말로 시작합니다. 그러나 일기란 하루 동안 있었던 일을 글로 쓰는 것이기 때문에 '오늘 나는'이라는 말은 굳이 쓸 필요가 없습니다. 또 끝낼 때는 '참 좋았다', '좋은 하루였다', '참 맛있었다'라는 식의 정형화된 끝맺음을 하지 않도록 대화중에 나온 이야기를 쓰도록 하는 것이 좋습니다.

아이가 일기를 쓰는데 옆에 있다가 틀린 글자를 고쳐준다고 지워주거나 빨간펜으로 수정을 하면 자신의 이야기가 자유롭게 나오지 않으므로 맞춤법 지도는 되도록 하지 않는 것이 좋습니다. 정말 쓸 것이 없다면 쓸 것이 없다고 쓰면 되고, 그림을 그려도 되니까 아이가 일기 쓰는 것에 부담을 갖지 않도록 하면서 꾸준히 쓰는 습관이 정착될 때까지 도와주는 것이 무엇보다 중요합니다.

학교와 담임선생님마다 일기 쓰기 지도 방법이 다를 수 있습니다. 1학년이라 글씨 쓰는 데 서툴기 때문에 일기를 한 학기 동안 쓰게 하지 않는 분, 그림일기를 쓰게 하는 분, 그냥 글로 일기를 쓰게 하는 분 등 다양합니다. 선생님들만의 노하우와 지도법이 있으니 담임선생님의 방침에 따르면 됩니다.

우리반의 경우에는 학급 홈페이지에 잘된 일기를 올려서 읽는 사람들로 하여금 별표를 주게 했더니, 아이들이 일기 검사 날만 손꼽아 기다리더군요. 선생님에게 보여주기 위한 일기가 아니라 자신의 생각과 느낌을 담아내는 일기가 되는 것이 참 좋았습니다. 몇몇 부모님들 가운데는 아이들의 일기에 부모님의 생각과 느낌을 적어주는 분도 계셨습니다. 아이들에 대한 부모님들의 사랑을 다시 한 번 느끼면서 예쁜 아이들을 잘 가르쳐야겠다는 생각이 들었습니다.

다음은 일기 쓰는 방법과 1학년 아이가 직접 쓴 일기의 내용입니다. 가정에서 지도하실 때 참고하시면 좋겠습니다.

일기 쓰는 방법	
임제훈의 일기 중에서	⇨ 방법에 대한 설명
2001년 10월 13일 토요일 (햇님이 방긋 웃는 날) 제목 : 운동을 했어요	➔ 날짜 ➔ 날씨 : 창의적으로 표현하게 ➔ 그날 있었던 일 중에서 가장 좋았던 일, 이상했던 일, 잘못했던 일, 칭찬받았던 일, 속상했던 일, 슬펐던 일, 읽었던 책 등으로 제목을 정합니다.
운동을 했다. 남자가 2:0으로 이겼다. 선생님은 여자가 약하다고 여자 편을 들었다. 그래도 남자가 이겼다. 선생님은 바줏다고 하면서 다음은 '두거보자'라고 했다. 그래도 남자가 다음에도 이길거다.	➔ '오늘', '나는'이라는 말로 시작하지 않습니다. 자신의 일기이므로 굳이 쓰지 않아도 됩니다. ⇨ 제목에 관계된 일 중에서 가서 보고 듣고 경험한 것을 적습니다. ⇨ 글 내용이 중요하므로 틀린 맞춤법도 그냥 둡니다. ➔ 느낌과 각오를 적습니다.
♥ 우리 제훈이가 오늘 운동을 해서 이겼구나. 선생님이 여자 편을 들어서 섭섭했나보구나. 그래도 남자들이 이겨서 축하해. 하지만 져서 속상한 여자친구들을 위로해 주는 멋진 제훈이가 되길 바래. 사랑한다. 우리 아들! ♥	➔ 아이의 일기 아랫부분이나 다음 면에 부모님의 감상을 적는다면 아이는 일기를 더욱 열심히 쓸 것입니다. 아직 1학년이라서 일기에 자신의 비밀을 적기보다는 일기 쓰는 습관을 길러주는 것이 더 중요합니다. 부모님의 느낌과 바람, 사랑을 표시해주는 것이 좋겠습니다.

처음 부분을 시작해주고 이야기를 계속 이어가게 도와주는 방법

2014년 5월 9일 금요일 (햇님이 활짝)

제목: _____

수학 시간에 손가락 숫자 게임을 했습니다. 내가 숫자를 부르는데 친구들이 그 숫자대로 손가락을 펴면 이기는 게임입니다. 나는 숫자 게임에서 _____ 점을 얻었습니다. 수학 시간에 게임을 하니까 _____.

이주연의 일기 중에서

2014년 5월 9일 금요일 (햇님이 활짝)

제목: _____수학시간_____

수학 시간에 손가락 숫자 게임을 했습니다. 내가 숫자를 부르는데 친구들이 그 숫자대로 손가락을 펴면 이기는 게임입니다. 나는 숫자 게임에서 __0__ 점을 얻었습니다. 수학 시간에 게임을 하니까 __재미있고 기분이 좋았지만 빵점은 정말 싫었습니다.__

양재원 어린이의 일기

TV에서 동물 다큐멘터리를 보고 쓴 일기입니다. TV 프로그램, 책, 영화 등을 본 후에 자신이 본 것을 정리하여 쓰는 것은 참 어려운 일입니다. 담임선생님이나 부모님이 매일 일기 쓰기 숙제에 도장을 찍어주면서 칭찬 스티커나 칭찬봉으로 격려해준다면 아이는 더욱 열심히 일기를 쓰겠지요. 담임선생님이나 부모님의 코멘트가 있다면 아이는 일기 쓰는 것을 더 즐거워할 것입니다.

11. 미술학원에 다니면 효과가 있나요?

제가 미술교육을 전공한 것을 아시는 어떤 선생님께서 어느 날 아이들의 그림을 가지고 오셨습니다. 대회에 출품하려고 하는데 어떤 작품을 보내야 할지 잘 모르겠다는 것이었어요. 저학년 그림은 창의성과 주제의 부각이 중점 사항이므로 그 기준에 맞춰 뽑아보라고 말씀드렸습니다. 그러자 그 선생님께서는 색을 섞어 칠하고, 좌우가 대칭이며, 크레파스로 깔끔하게 마무리된 그림을 고르시더군요. 하지만 저는 그 그림이 재미가 없다고 말씀드렸습니다. 어렸을 때부터 미술학원에 다닌 아이라는데, 너무도 판에 박힌 구도에다 기교만 넘치는 그림이었기 때문입니다. 한마디로 창의성이 결여된 그림이었지요.

아이를 미술학원에 보내 색깔을 꼼꼼하고 예쁘게 칠하는 것을 배우게 하기보다는 차라리 자신의 생각을 도화지나 종합장에 낙서 식으로 표현하도록 하는 것이 더 바람직합니다. 저학년에서는 창의성을 중심으로 그림 지도를 하고, 고학년이 되면 자신이 본 것을 그대로 그릴 수 있는 시지각능력을 길러주어야 합니다. 기교는 고학년 때 배워도 늦지 않지만, 어렸을 때 키워진 창의력은 그림의 소재를 선택하는 것부터 시작해 구도를 잡는 것까지 다른 친구들과는 다른 그림을 그릴 수 있게 하거든요. 차라리 이 아이가 미술학원에 다니지 않았다면 더 좋았을 거라는 생각도 하게 되었습니다.

아이가 유치원에 오래 다녀서 일곱 살에는 미술학원에 보낸다는 어머니들이 계십니다. 미술학원을 보낼 경우에는 잘 그리지 못한 그림이 전시된 미술학원을 선택하는 것이 좋습니다. 미술선생님이라면 아이들의 그림을 수정해주기 마련인데 아이의 생각과 창의성을 존중해주는 선생님은 못 그린 그림도 전시를 할 것이기 때문입니다. 입시 미술을 가르치는 학원에 아이들을 보내려면 고학년 때가 좋습니다. 다음은 1학년 미술대회에서 외부심사위원이 준 대상을 받은 학생의 작품입니다.

작품평

1학년 학생의 그림임에도 불구하고 중심생각이 명확하게 표현되었고 상을 받을 때의 기쁨과 축하하는 상황이 잘 나타나 있다. 그림 속에 1학년다운 즐거움이 잘 나타나 있음은 물론 중심인물을 부각시키고 나머지 인물은 축소시킨 매우 세련된 표현이다. 상을 받는 아이의 표정이 재미있고 뒤에서 축하하는 친구들의 표정과 생김새가 잘 드러나 있다. 특히 많은 인물들 중에 한 사람도 같은 모습을 한 얼굴이 없이 다양하고 변화가 있어 아이의 미술적 표현능력을 직감할 수 있게 한다. 상을 주는 사람과 받는 사람 그리고 축하하는 사람을 상하로 배치하는 화면 구성은 1학년 그림에서는 잘 나타나지 않는 표현으로 매우 개성 있는 구도법이다.

12. 피아노를 배우는 것이 좋을까요?

어렸을 때 악기를 다루어야 좋다는 인식이 확산되면서 요즘 아이들은 자의 반 타의 반으로 피아노를 배웁니다. 그러나 음악을 전공할 아이가 아니라면 아이가 나중에 취미생활을 할 수 있는 정도의 수준으로 악기를 다루게 하면 좋을 것입니다.

하지만 좋든 싫든 너도나도 바이엘과의 전쟁을 치르고 있는 것을 보면 좀 한심하다는 생각도 듭니다. 저도 어렸을 때 피아노 배우기를 무척 싫어했는데, 어머니는 억지로 하도록 강요하지 않으셨어요. 결국 스스로의 필요에 의해 시작하니까 거의 일주일 만에 바이엘 상하를 모두 마스터하게 되더군요.

피아니스트가 될 것도 아닌데, 왜 모두가 피아노에 매달려야 하지요? 6~7세 아이들은 피아노 건반을 누르는 힘이 약해서 금방 싫증을 내곤 합니다. 악기 다루는 것을 가르칠 여건이 된다면 차라리 박자감을 기를 수 있는 타악기를 가르치는 것이 좋습니다.

만약 집안 사정으로 악기까지 가르치기 벅찰 때에는 생활 속에서 자주 음악을 들려주세요. 음악성은 피아노를 배워야만 길러지는 것이 아니라 소리에 민감한 영유아기 때부터 들은 음악의 음감과 리듬, 박자감으로도 충분히 길러질 수 있습니다.

제가 있던 학교의 한 남자 선생님은 음치입니다. 그러나 TV 동요 프로그램의 심사위원을 맡을 정도로 유명한 동요 작곡가이십니다. 그분은 대학교 때 오르간을 처음 만지면서 음악이 좋아졌다고 하더군요. 지금도 음감이 없어서 생각나는 멜로디를 기억했다가 건반을 눌러 계이름을 옮겨 적는다고 하십니다.

"어렸을 때 부모님이 음악을 많이 들려주었다면, 꼭 피아노 옆에서 작곡을 하지 않아도 될 텐데…"라며 많이 아쉬워하십니다. 자신에게 음악적 재능이 있다는 사실을 나중에라도 알게 된 것에 감사하는 그분의 모습이 참 보기 좋았습니다. 여건이 허락된다면 악기를 가르치겠지만 사정이 여의치 않으면 우리 아이들에게 평소 음악을 많이 들려주었으면 합니다.

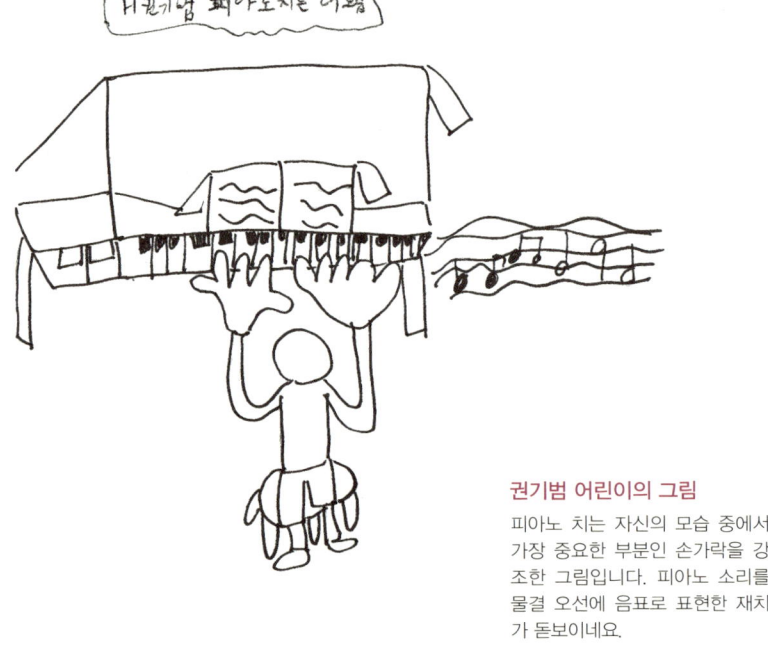

권기범 어린이의 그림
피아노 치는 자신의 모습 중에서 가장 중요한 부분인 손가락을 강조한 그림입니다. 피아노 소리를 물결 오선에 음표로 표현한 재치가 돋보이네요.

13. 한자도 가르쳐야 할까요?

인간의 뇌를 좌뇌와 우뇌로 구분하여 이야기하는 것을 많이 들으셨을 것입니다. 글자를 인식할 때 우뇌에서는 전체적인 이미지가 정리되고, 좌뇌는 복잡한 지식을 논리적으로 분해하여 파악합니다. 표음문자인 한글은 소리 위주로 만들어졌기 때문에 주로 좌뇌를 사용합니다.

반면 한자와 같은 표의문자, 즉 뜻 위주로 만들어진 글자는 좌뇌와 우뇌가 함께 반응합니다. 다시 말해 '火'라는 한자를 볼 때 불의 이미지를 떠올리는 것은 우뇌에서 반응하는 것이고, 그것을 '불'이라는 뜻을 가진 '화'로 읽어 이해하는 것은 좌뇌의 작용입니다. 따라서 우뇌가 왕성하게 활동하는 저학년 때 한자를 가르치면 한자를 그림으로 인식하고 암기하기 때문에 어른보다 쉽게 배울 수 있습니다.

우리말의 70퍼센트가 한자어이기 때문에 아이가 한자를 배우면 우리말을 더 잘 이해할 수 있습니다. 아이들은 사물을 이미지나 그림 등 한 가지 문양으로 받아들이기 때문에, 이 시기에 이미지 학습을 통해 한자를 가르치면 잠재의식 속에서 훨씬 쉽게 인지한다고 합니다.

수업시간에 아이들이 알고 있는 한자를 이용해 설명을 하면 아이들이 훨씬 더 잘 알아듣습니다. 어려운 말은 대부분 한자어로 되어 있기 때문에 그 뜻을 풀이해 설명하면 나중에 그 말을 기억하지 못하더라도 그 뜻을 기억해 다시 되묻기도 합니다. 예를 들어 상의 이름 중에 '다독상'이라는 것이 있는데, 아이들은 발음도 어려워할 뿐 아니라 이름도 자주 잊어버립니다. 그래서 뜻풀이를 해주었지요. "多讀賞은 많을 '다', 읽을

'독', 상 '상'이란다." 책을 많이 읽은 사람에게 주는 상이라고 했더니 아이들 모두가 그 상의 이름을 쉽게 기억하더군요. 거리의 간판, 신문, TV 등 생활에서 자신이 알고 있는 한자를 읽어보도록 도와준다면 아이들은 지금보다 더 많은 것을 배우게 될 거예요.

한자를 가르치는 것은 학교마다 조금씩 다릅니다. 정규교육 과목이 아니기 때문에 재량 시간에 한자를 가르치는 곳도 있고, 전혀 다루지 않는 학교도 있습니다. 한자를 학교에서 가르치면 좋지만 그렇지 못할 때는 좋은 교재나 어린이 신문 등을 이용해 집에서 가르쳐보는 것도 좋습니다.

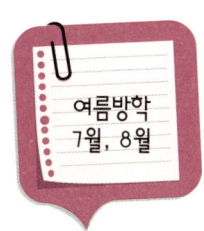

부족한 점들을 보완하면서 2학기를 준비할 때입니다

걱정과 기대로 아이를 초등학교에 입학시킨 지 어느새 5개월이 지났습니다. 아이가 학교생활에 잘 적응했으니 슬슬 공부에 욕심을 내도 좋을 것 같고, 산만하다던 선생님 말씀이 못내 마음에 걸리지만 그래도 방학이니 조금은 편안한 마음으로 한달을 보낼 수 있겠지요.

이제 초등학교 1학년이니까 마음껏 뛰어놀게 하려고 놀이터에 보냈는데 아이는 놀이터에 동생들밖에 없다면서 그냥 집으로 돌아옵니다. 옆집 아이도 학원에 갔다가 저녁에나 온다고 하니 방학을 이렇게 보내도 될지 갑자기 걱정이 앞서게 됩니다.

이런 문제로 고민하시는 부모님들을 위해 여름방학을 어떻게 보내야 할지 그 방향을 제시해드립니다.

1. 여름이라 더울 텐데 학교에 냉방 시설이나 식수는 준비되어 있나요?

옛날에 비하면 학교 시설이 많이 좋아졌다고는 하지만 사회가 발달하는 것에 비해 교육에 투자하는 비용은 상대적으로 적기 때문에 집이나 일반 회사의 훌륭한 시설을 기대하기는 어려운 실정입니다.

한여름엔 교실에 에어컨이 있어도 28도가 넘어야 틀어주기 때문에 선풍기로 만족해야 합니다. 냉방시설이 잘되어 있는 학교도 있지만 그렇지 않은 경우도 많습니다. 실제로 더위는 6월부터 시작됩니다. 선풍기로 더위를 일부 날려 보낼 수는 있겠지만, 열악한 교실 환경에 대한 아이들과 학부모님들의 생각까지 날려 보내지는 못하겠지요. 교육 재정이 지금보다 더 많이 확보되거나 학교발전기금 등이 생긴다면 교실의 냉난방 시설부터 제대로 갖추고 전기를 마음대로 사용하도록 해야 할 것입니다.

여름에 운동장에서 신나게 공놀이를 한 후에 아이가 수도꼭지에 입을 대고 꿀꺽꿀꺽 물을 마시던 광고가 생각납니다. 제가 어렸을 때도 흔히 볼 수 있던 모습이었는데, 수돗물을 불신하는 요즘에는 물을 정수시켜 먹거나 생수를 사 먹고 있지요.

여름철에는 학교에서 물 조심을 시킵니다. 물가에서 노는 것도 주의를 주지만 식수를 가려서 먹도록 가르치는 것입니다. 학교 수돗물을 직접 먹는 것은 좋지 않습니다. 학교에 정수기가 비치되어 있으면 사용해도 좋지만 누구 한 명이라도 입을 대고 먹는 순간 위생상 문제가 생길 수 있고 노로바이러스로 배탈이 날 수도 있지요. 그래서 개인적으로 얼음물을 가지고 다니는 것이 더 좋을 수도 있습니다.

폭염주의보가 내려지는 한여름에는 아이에게 운동장 활동을 하지 않게 하시고 물을 충분히 마시게 하는 것이 필요합니다. 학교에서도 여름철 안전교육을 실시하니 잘 따르시면 됩니다.

2. 우리 아이가 학급에서 대충 몇 등 정도나 하나요?

학부모님들이 무척 궁금해 하면서도 고리타분하다는 주위의 시선이 두려워서 선뜻 질문하지 못하는 문제가 있습니다. 그나마 용기 있는 학부모님은 이렇게 물으십니다.

"우리 아이가 학급에서 몇 등이나 하나요?"

학부모님 세대는 전교 석차에 반 석차가 나오는 때였지만, 이제는 아이들의 개성과 적성을 우선으로 생각합니다. 그래서 저 역시 몇 등이라는 대답을 하지 않습니다. 아이들은 저마다 잘하는 분야가 따로 있기 때문이죠. 등수보다는 오히려 학습과 생활 면을 구분해서 말씀드립니다.

학습 면에서는 "발표는 잘하지만 수학에서 덧셈과 뺄셈의 계산력이 부족하니까 보충이 필요합니다", "재활용품을 활용해 만들기를 할 때 아이디어는 훌륭한데 끝마무리가 부족합니다"라는 식으로 대답을 합니다.

생활 면에서는 "선생님의 이야기를 잘 듣지 못할 정도로 산만하니까 집중력을 길러야겠습니다", "친구들에게 친절하게 대해줘서 인기가 좋은 편인데 편식을 해서 걱정입니다"는 식의 말씀을 드리고요.

선생님은 아이들을 전체로 보기 때문에 아이 하나하나에 대한 비교가 가능합니다. 그래서 다른 아이들에 비해 떨어지는 면과 월등한 면에 대해 기억을 하게 되지요. 평균보다 수준이 높으면 칭찬을 많이 하게 되지만 수준이 현저하게 떨어지면 학부모님께 말씀을 드립니다.

이때 선생님에게서 아이가 잘하게 도와주는 방법에 대한 조언을 들으면 좋을 텐데 계속 변명을 하시는 학부모님이 있습니다. 아이는 부모의 분신이라고 생각하면서 결국 자신에 대한 변명을 하고 계신 셈이죠. 그렇다면 아이의 발전도 기대할 수 없습니다.

1학년 선생님들은 어느 정도 경력이 있는 분들이어서 아이들에 대한 파악이 정확한 편입니다. 학부모님들이 놀라실 정도로 예리한 판단을 내리기도 하는데 담임을 믿지 못하는 학부모님을 만나면 아이에게 적합한 교육을 시키기 어렵습니다. 담임선생님이 내 아이의 부족한 면을 지적하는데 속상하지 않을 학부모님이 어디 있겠습니까? 그러나 그렇게 어려운 말씀을 드리는 선생님 마음은 오죽할까요? 아이가 집에서는 잘한다고 우기기보다는 선생님의 객관적인 판단을 믿고 아이가 더 나아질 수 있는 방법을 함께 고민하시기를 당부 드립니다.

3. 학교생활통지표는 어떻게 보면 되나요?

여름방학 때 온 가족이 모여 저녁을 먹는데 초등학교 3학년 딸을 둔 언니가 묻더군요. 딸아이가 부정적으로 생각하고 행동하는 것 같냐고 말입니다. 뜬금없이 그게 무슨 말이냐고 묻자, 딸아이 학교생활통지표에 '1학기에 비해 부정적인 태도가 많이 좋아졌다'는 표현이 있었다는 것이었습니다. 가족들은 모두 부정적이기보다는 긍정적이라는 평가를 내리면서 선생님의 안목이 걱정된다는 식으로 결론이 지어질 것 같았습니다. 그래서 제가 그동안 부정적이라는 생각이 들게 하는 사건이 있었는지 물어보았지요. 선생님과의 상담 때도 아무 말씀 없으셨고 특별한 사건도 없었다는 것이었습니다. 그래서 이렇게 조언을 했지요. 선생님은 아이의 학교생활을 객관적으로 바라보는데, 아마 어떤 계기가 있었을 수 있습니다. 선생님께 가서 딸아이는 긍정적인 아이라고 주장하기보다는, 어떤 면에서 그렇게 보셨는지 여쭤보고 엄마가 모를 수도 있는 딸아이의 면모를 고쳐주고 싶다고 말씀드리라고 했지요.

요즘은 학부모님들이 학교에 다닐 때처럼 '수, 우, 미, 양, 가'로 성적이 매겨지지 않습니다. 그 대신 학습 면은 각 과목마다의 수행평가 결과에 따라 '매우잘함, 잘함, 보통, 노력바람' 등 3~5단계로 나누어 평가를 합니다. 또, 각 과목마다 서술 방식으로 기술하기도 하지요. 생활 면은 그동안의 행동 및 인성에 관해 기술합니다.

담임의 입장에서는 학습을 잘 따라오지 못하는 아이에 대해 수학에서 덧셈과 뺄셈을 무척 못한다고 쓰기가 쉬운 일이 아닙니다. 생활기록부는 성인이 되어서도 남겨지는 것이어서 많은 고민을 하게 됩니다. 잘하는 아이들은 써줄 말이 많은데, 못하는 아이들의 경우에는 칭찬할 만한 내용을 찾지 못하는 경우가 있지요. 그래서 '~은 더 필요합니다', '~을

	우수한 아이	부족한 아이
학습	• 이해력이 뛰어나 수업에 적극적으로 임하고, 매 시간마다 기발한 생각을 잘해내며, 풍부한 어휘력을 바탕으로 자신의 생각을 조리 있게 표현합니다. • 수학과에서 기본수에 대한 개념을 이해하고 있어 두 수가 10이 되게 잘 가르고 모으며 덧셈과 뺄셈식도 잘 만듭니다. 모든 방면에 호기심이 강하고 창의성을 살려 여러 가지 도구를 이용한 작품을 잘 만듭니다. • 운동 감각이 있어 친구의 움직임을 보고 공간, 속도, 방향 등을 달리하여 움직임을 잘 표현합니다.	• 국어과에서 재미있게 들은 이야기를 자신 있게 친구들에게 전달합니다. 문장의 뜻을 이해하는 데 어려움이 있어 다른 활동에 지장을 주기도 하므로 책을 읽고 내용을 요약해 말하는 연습이 필요합니다. 자신 없는 활동에도 관심을 갖고 도전하는 습관을 기르면 좋겠습니다. • 수학과에서 기본수에 대한 개념을 바탕으로 두 수가 10이 되게 잘 가르고 모으며 시계를 보고 몇 시 30분을 읽을 수 있습니다. 덧셈과 뺄셈 계산을 능숙하게 하기 위해 더 노력하기 바랍니다. • 손재주가 있어 도구를 잘 활용해 작품을 만들어냅니다. 뒷정리도 책임지고 잘한다면 더욱 좋겠습니다.
생활	• (배려) 친구의 입장에서 생각하고 배려하며, (책임) 책임감이 강해 맡은 일을 끝까지 완성하는 태도가 훌륭합니다. (성실) 성실하게 최선을 다 하며 친구들을 잘 도와주어 친구들에게 모범이 됩니다. 호기심이 많아 질문을 자주 하고 수업 분위기를 활기차게 만들어줍니다. 앞으로 발전이 기대되는 학생입니다.	• 1학기에 비해 더불어 살아가는 생활태도가 많이 좋아졌습니다. 한 가지 활동에 몰입하다가 다음 활동을 놓칠 때가 있으니 교사의 말에 더욱 귀 기울이는 습관을 길러야겠습니다.

더 길러야겠습니다', '~은 더 노력하기 바랍니다'라는 식으로 표현하게 됩니다.

어떤 학부모님들은 아이가 못할수록 정확하게 못한다고 기록해주어야 고칠 수 있다는 말씀을 하십니다. 그러면서 두루뭉술한 성적표를 책망하지요. 만일 아이의 성적표를 보고 무슨 말인지 이해되지 않는다면 담임선생님께 상담을 요청하세요. 아이가 보충해야 할 사항이 무엇인지 정확히 말씀해달라고 하면 자세하게 설명해주실 테니까요.

4. 입학 후 첫 방학인데 어떤 계획을 세워야 하나요?

"방학하기 싫어요. 이제 막 재미있어지는데 선생님과 친구들 얼굴을 못 보잖아요." 방학식을 끝내고 집으로 아이들을 보내려고 하면 아이들은 신나서 집에 가는 것이 아니라 투덜대거나 훌쩍거립니다. 학교에 들어와 처음 맞이하는 방학이라 그런지 방학을 기다린 선생님을 무안하게 만들기도 하지요.

그런 아이들이 이번 방학을 지내고 나면 한층 더 커서 오겠지요. 한 달이 넘는 여름방학을 아이가 어떻게 보내느냐에 따라 2학기 생활이 몰라보게 달라집니다. 우선 아이와 의논해보고 선생님과 상담도 하면서 아이의 부족한 면을 찾아 방학 동안 보충해주는 것이 필요합니다.

	보충할 학습	고쳐야 할 생활	방학 동안 할 수 있는 예체능 활동
내가 보충할 사항	예) 수학 덧셈과 뺄셈 계산 부족	예) 젓가락질을 못함	예) 수영을 더 배우고 싶다.
방법 및 목표	예) 수학익힘책을 다시 풀어본다.	예) 젓가락으로 죠리퐁 옮기는 연습을 한다.	예) 수영장에서 코치님께 접영까지 배운다.
시간 및 분량	예) 하루에 5장씩 문제를 풀어본다.	예) 식사하기 전 10분씩 죠리퐁 100개 옮기기 게임을 한다.	예) 일주일에 3번씩 수영장에 가서 1시간씩 수영을 한다.

먼저 학습과 생활 면에서 무엇이 부족하고 필요한지를 찾아보세요. 방학 계획이라고 거창한 게 아니라 부족하고 필요한 것을 찾아 그에 맞는 계획을 세우면 됩니다. 가령 학습 면에서 책을 몇 권 읽자는 계획을 세웠다면, 생활 면에서는 젓가락 사용을 잘 못하니까 방학 동안 젓가락질을 연습하는 계획을 세우는 식으로요.

그리고 건강을 챙길 수 있도록 줄넘기나 수영 등의 운동을 한 가지씩

하면 좋겠지요. 그렇게 보충할 내용을 찾았으면 하루 시간표를 만들어 보세요. 계속 체크할 수 있도록 아이와 부모님이 상의해서 계획표를 만들면 좋을 것입니다.

부족한 면을 보충하는 방학이 있다면 테마가 있는 방학을 만드는 것도 좋습니다. 독서방학, 여행방학, 체험방학, 수학방학, 견학방학, 미술방학 등 방학 내내 자신이 정한 테마를 더 중점적으로 실천하는 것이지요. 개학할 즈음에는 뿌듯한 결과물도 같이 얻을 수 있을 것입니다.

5. 요즘 방학숙제는 어떤 것이 나오나요?

제가 초등학교에 다닐 때 개학할 즈음에는 밀린 방학 과제물을 하느라 밤을 새곤 했습니다. 해야 할 방학 과제물이 왜 그리도 많았는지, 지금 생각해보면 부모님을 무척이나 고생시켜드렸다는 생각이 듭니다.

요즘에는 학교에서 방학숙제를 많이 내주지 않습니다. 초등학교 1학년의 경우 독서, 일기, 부족한 과목의 보충 등 방학하기 전에 몇 가지 약속을 하는 정도입니다. 또 방학 과제물을 평가하거나 시상을 하지도 않습니다. 부모님의 숙제가 되어버리는 경우가 있기 때문이지요. 그러나 몇몇 학교는 방학 숙제로 과학탐구 등의 장기 과제물을 주어 발표하고 시상까지 하는 경우도 있습니다. 어른들이 학교 다닐 때 했던 '방학탐구생활'은 '방학생활', '여름방학생활'이라는 이름 등으로 바뀌어 여름방학 과제물로 내주기도 합니다. 그런 경우에는 EBS나 라디오 등에서 해결 방법이 제시되므로 자료를 찾기 어렵다면 이런 매체를 이용하면 문제를 쉽게 해결할 수 있습니다.

다른 과제물은 그리 어렵지 않은데, 과학탐구활동 주제를 정해서 탐구 계획을 세우고 탐구활동을 한 후에 보고서까지 제출하는 과제물은 해내기가 쉽지 않을 것입니다. 다음 표는 초등학교 1학년이 선택해도 좋을 과학탐구활동 주제입니다.

	1학년 과학탐구활동 주제	연계 과목
1	수집(돌, 나무, 식물, 씨앗, 꽃, 조개)	통합교과 중 슬기로운생활
2	치아는 어떻게 썩는가?	통합교과 중 바른생활
3	사람의 몸	통합교과 중 슬기로운생활
4	음식물의 영양분	통합교과 중 바른생활, 즐거운생활
5	비와 구름	국어
6	우리나라의 민속놀이	국어
7	나뭇잎의 모양과 특성	통합교과 중 슬기로운생활
8	곤충 관찰(파리, 개미, 나비)	통합교과 중 슬기로운생활
9	여러 가지 모양의 종이 접기	통합교과 중 즐거운생활
10	쓰레기가 썩는 기간	통합교과 중 바른생활
11	환경오염	통합교과 중 바른생활

6. 방학 숙제 중 체험보고서는 어떻게 쓰는 것이 좋을까요?

방학이 되면 박물관과 미술관 견학을 비롯해 만들기 등 여러 가지 체험활동을 할 것입니다. 체험활동은 많이 했는데 꿰어야 보배라고 보고서로 정리해보면 자신의 체험활동을 더욱 값지게 보관할 수 있습니다. 체험활동에 관한 보고서를 쓰기 위해서는 다음의 순서를 지키는 것이 좋습니다.

첫째, 부모와 자녀가 의논하여 활동 과제를 정합니다. 이때, 아이가 스스로 활동 과제를 정할 수 있도록 부모나 교사가 도와주어야 합니다.

둘째, 체험활동 계획을 세웁니다. 무엇을 할 것인가, 어디에서 할 것인가, 누구와 할 것인가, 어떤 방법으로 할 것인가 등에 대한 계획을 체계적으로 세웁니다.

셋째, 준비물을 챙깁니다. 메모장, 필기도구, 교통비, 학습활동 관련 준비물들을 마련합니다.

넷째, 활동을 시작합니다. 활동을 할 때는 스스로 해결하고 안전에 유의하며 활동 자료를 모읍니다.

다섯째, 활동보고서를 작성합니다. 보고서는 창의적으로 작성하고 스스로 반성과 평가를 하며 다음 계획을 세웁니다.

부모님들 중에는 체험보고서 작성이 어렵다고 하시는 분들이 있습니다. 보고서를 쓸 때 처음에는 옆에서 자세히 설명해주고, 다음에는 아이 혼자 쓸 수 있도록 해주세요.

7. 방학 동안 친구 집에 가서 자는 것이 괜찮을까요?

한 학기 동안 아이들을 관찰해보면 친구들과 친해지는 방법, 어울리는 방법을 아직도 터득하지 못한 아이들이 있습니다. 또 싸우고 나서 잘잘못을 따지다보면 이상하게 생각되는 아이들도 더러 있기 마련입니다. 왜 그렇게 공격적으로 말하는지, 왜 그렇게 미리부터 자신에 대해 방어적인지 등등이요. 혼자 크거나 집에서 동생에게 부모님 사랑을 빼앗겼다고 생각하는 아이들이 인간관계에서도 원만하지 못한 모습을 보입니다. 그래서 자기가 좋아하는 친구가 다른 친구와 노는 모습을 보지 못하고 훼방을 놓기도 하지요. 친구 앞에서 귓속말을 하면서 앞에 있는 친구를 일부러 외톨이로 만들기도 합니다.

친구들과 싸움이 잦은 아이의 부모님께는 친구들과 어울리는 시간을 아이에게 자주 만들어주라고 말씀드립니다. 방학 동안 다른 친구와 같이 놀 수 있는 시간을 충분히 주면서 관찰해보세요. 친구 집에 가서 자면서 예의범절도 배우고, 또 친구를 집에 데려와 손님을 대접하는 방법도 알게 하여 인간관계의 폭을 넓혀주어야 합니다.

친구 집에 보낼 때는 친구나 아이의 말만 듣지 마시고 친구 부모님과 통화하셔서 정중하게 부탁하는 것이 좋습니다. 그리고 잘못된 부분에 대해서는 그 즉시 고쳐달라는 말씀도 잊지 마시기 바랍니다. 남의 자식이라고 생각해 잘못된 행동을 고쳐주지 못하는 것이 바로 우리 어른들이니까요.

학습에 대한 집중력을 기를 때입니다

운동회 연습으로 한 달을 보내더니 전날 열심히 연습했던 받아쓰기 시험을 다 틀려왔네요. 수학 학습지를 가져왔는데 알면서 틀린 문제가 더 많아 보이고요. 아이를 타박하며 다시 가르쳐보지만 이해를 못하면 못한다고 다시 혼내고, 이해하면 알면서 틀렸다고 또 한 번 꾸중을 하시겠지요. 결국 울면서 잠든 아이의 얼굴을 보면서 아이에게 무슨 문제가 있는 것인지, 교육 방법에 문제가 있는 건 아닌지 여러 가지 생각이 들 것입니다.

1학년 공부는 한마디로 기본 학습입니다. 다시 말해 기본적인 내용을 익히면서 공부할 수 있는 집중력을 길러주는 학습 방법을 찾아야 합니다.

1. 집에서는 잘하는데 학교에서 보는 시험은 왜 자꾸 틀려올까요?

"집에서 연습했잖아! 또 틀렸어?"

집에서 하루 종일 받아쓰기 연습을 해서 보냈는데 또 틀려서 온 아이를 보면 많이 속상하실 테지요. 집에서 수학익힘책과 문제집을 아이와 같이 풀고 학교에 보냈는데 아이가 가져온 수학 수행평가 시험지를 보는 순간 울화가 치밀기도 할 테고요.

빼먹고 답을 안 쓴 문제, 더하기를 빼기로 잘못 계산한 문제, 빼기 식으로 그림에서 숫자만큼 지우라고 했는데 식만 쓴 문제, 식을 문장으로 나타내라고 하는데 식을 그대로 읽어놓은 문제 등등. 모르는 것은 그렇다 치고, 아는 문제까지 실수로 틀려오니까 학부모님 속이 더 타는 것이지요. 수학 시험을 못 보았다고 때리자니 좋은 해결책은 아닌 것 같고 때려도 별로 나아질 것이 없어 보입니다.

아이가 문제를 자주 틀리는 데는 이유가 있습니다. 이런 경우에는 우리 아이에게 어떤 문제가 있는지 먼저 알아내야 합니다.

첫째, 아이가 산만해서 문제를 끝까지 읽지 않는 경우입니다.

둘째, 문제를 읽어도 이해를 못하는 경우입니다.

셋째, 정해진 시간 안에 문제를 해결하지 못하는 경우입니다.

아이가 산만할 때는 공부보다는 아이의 집중력을 길러주는 생활지도에 중점을 두어야 합니다. 산만한 아이는 아무리 많은 시간을 주어도 문제를 끝까지 해결해내지 못합니다. 여기저기 신경 쓰고 다른 친구의 질문에 일일이 다 대답하면서 문제를 시간 안에 풀지 못하는 것입니다. 모두 풀었다고 제출할 때 보면 빠진 답이 너무도 많습니다. 이런 아이는 밑줄을 그으면서 문제를 읽게 하고 평소 집중하는 습관부터 기르는 것이 우선입니다.

둘째는, 국어 실력이 부족한 아이의 경우인데, 학부모님께서는 그것을 잘 모르실 때가 많습니다. 집에서 문제를 풀 때는 부모님이 옆에서 문제를 불러주거나 설명을 해주신 경우가 많습니다. 시험지에 적힌 문제를 어떻게 풀어야 하는지 모르겠다고 말하는 아이 옆에서 선생님이 문제를 불러주면 아이는 자신 있게 답을 써내려갑니다. 국어의 읽기 능력이 문제인 것이지요. 이런 아이는 수학 문제보다는 글을 읽고 내용을 파악하는 연습부터 먼저 시켜야 합니다.

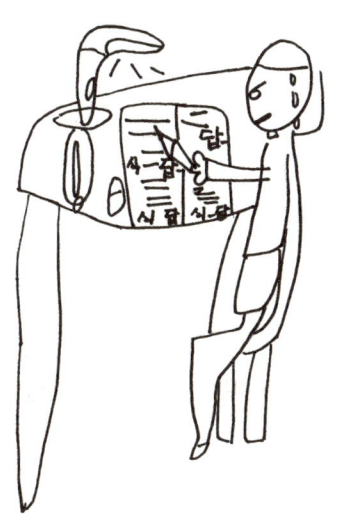

김민영 어린이의 그림
집에서 공부하는 모습을 표현한 그림입니다. 공부라고 하면 수학 문제가 제일 먼저 떠오르나봅니다. 문제를 해결하기 위해 쩔쩔 매는 아이의 모습이 안타까워 보이네요.

마지막은 차분하게 앉아 문제를 해결하는데 시간을 전혀 고려하지 않고 천천히 계산하고 문제를 되새기며 읽으면서 시간을 초과하는 경우입니다. 이런 경우엔 초시계로 시간을 정해 한 문제를 해결하는 데 걸리는 시간을 계속 단축시키면 좋습니다.

실수도 실력입니다. 집에서는 잘하는데 학교에 가서는 못한다면 그 원인을 찾는 노력부터 해보시기 바랍니다.

2. 우리 애가 똑똑한 것 같은데, 학습장애가 있다면 어떻게 하지요?

"공부 못하는 것도 병이다"는 말을 떠올리게 하는 것이 학습장애입니다. 학습장애가 있지만 평소 과잉행동이나 공격적인 행동을 보이지 않기 때문에 입학하기 전까지 잘 모르는 경우가 많습니다. 따라서 1학년이 된 아이가 3, 4월에 적응을 잘하는지 생활 면에 관심을 기울이고, 2학기가 되면 아이가 학습에 흥미를 보이는지, 수업은 잘 따라가는지를 눈여겨보아야 합니다.

엄마에게 책을 소리 내어 읽어달라고 하는지, 일기나 독후감을 어느 정도 수준으로 쓰는지, 수의 순서를 알고 비교할 수 있는지를 생활 속에서 살펴보면 아이의 학습장애를 진단해볼 수 있습니다. 혹시 판단이 어려우면 아이에 대한 파악이 정확히 이루어지는 6월쯤 담임선생님과 상담을 해보는 것도 좋습니다.

학습장애는 나이나 지능에 비해 실제적인 학습기능이 떨어지는 경우로 읽기, 쓰기, 산수 등의 기초 학습능력에 관련된 심리 과정에서 장애가 발생해 정상적인 지능임에도 불구하고 학습에 큰 어려움을 보이게 됩니다. 학습장애는 결함을 드러내는 특정한 학습기능에 따라서 읽기장애, 산술장애, 쓰기장애로 구분됩니다.

읽기장애는 글을 읽는 데 어려움을 나타내는 경우로 흔히 글을 잘못 읽고 단어를 바꾸고 생략해서 읽으며, 읽는 속도가 느리거나 내용 이해력이 부족한 것을 말합니다. 산술장애는 숫자 계산 능력에 결함이 있는 경우로 특히 수학 과목의 이해력이 떨어지는 것을 말합니다. 쓰기장애는 글을 쓰는 데 어려움을 나타내는 경우로, 맞춤법을 자주 틀리거나 문법에 어긋난 문장을 사용하고 문장 구성 능력이 떨어지는 문제를 말합니다.

1학년이 끝날 무렵에는 대부분의 아이들이 읽기, 쓰기, 계산 능력을 어느 정도 갖추게 되는데, 아이의 성적표에 학습 면에서 보충해야 할 부분에 관한 이야기가 쓰여 있다면 장애가 있는 것은 아닌지 다시 한 번 생각해보아야 합니다.

아이의 행동을 관찰해보시고 점검표에 읽기, 산술, 쓰기장애를 직접 체크한 후에 표시가 10개 이상 되었다면 전문적인 기관에서 다시 진단을 받아보는 것이 좋겠습니다.

	아이의 행동 관찰에 의한 학습장애 진단 표시	표시
1	글 읽는 것을 배우는 속도가 늦다.	
2	기본적인 단어를 혼동한다.	

3	한 글자를 계속 틀리게 읽거나 철자의 오류가 많다.	
4	수 개념을 잘 이해하지 못하거나 수학 부호를 혼동한다.	
5	어떤 사실을 기억하는 것이 느리다.	
6	새로운 기술이나 방법을 배우는 것이 느리다.	
7	충동적으로 행동한다.	
8	연필을 쥐는 것이 불안정하다.	
9	시간 개념을 배우는 것을 어려워한다.	
10	접두사, 접미사, 어근, 단어, 다른 철자법을 배우는 것이 느리다.	
11	크게 소리 내어 읽는 것을 피한다.	
12	필기를 어려워하고 완벽하게 하지 못한다.	
13	작문하는 것을 회피한다.	
14	사건을 회상하는 것이 느리거나 서툴다.	
15	상대방의 신체 언어나 얼굴 표정을 이해하는 데 어려움을 느낀다.	

3. 국어, 수학 말고 통합교과는 성적이 어느 정도인지 어떻게 알 수 있나요?

국어와 수학 과목은 수행평가 한 내용의 학습지 또는 교과서에 쓴 글과 문제풀이 한 것으로 아이의 수준을 대충 짐작할 수 있습니다. 그런데 다른 과목은 어느 정도인지 많은 어머니들이 궁금해 하시더군요.

1학년 교과목 중에서 가장 중요한 과목을 꼽으라면 저는 단연 '국어'라고 말합니다. 국어 실력이 뒷받침되지 않으면 다른 과목의 발전도 기대할 수 없기 때문입니다. 선생님의 말이나 글의 내용을 이해하지 못하면 어떤 개념을 설명해도 소용이 없습니다. 따라서 아이들이 학교에서 한 활동을 이야기하도록 하면서 아이의 다른 과목 수준을 수시로 체크해보셔야 합니다. 아이가 설명을 잘하지 못한다면 계속 말을 시켜 말하는 능력을 키워주세요.

주제나 활동을 중심으로 한 통합교과로 개편되면서 '학교'라는 교과서 안에 바른생활, 슬기로운생활, 즐거운생활 등의 내용이 모두 들어가 있습니다. '바른생활'은 도덕과 비슷하고 '슬기로운생활'은 과학과 사회에 대한 호기심을 갖게 하는 영역이며 '즐거운생활'은 음악, 미술, 체육이 모두 들어간 영역이지요. 따라서 아이가 어떤 영역은 잘하고 어떤 영역은 못하는지 부모님이 분석하기는 어렵습니다.

다만, 평소에 가져온 학습지나 결과물을 집에 가져오도록 해서 아이의 수준을 살펴보셔야 합니다. 슬기로운생활은 살펴보기, 무리 짓기, 재어보기, 조사 및 발표하기, 만들기, 놀이하기 등의 활동을 합니다. 나뭇잎을 무리지어보고, 길이를 재어보는 활동을 잘하는지, 같은 종류끼리 분류를 잘하는지 살펴보시기 바랍니다.

즐거운생활은 생각하고 있는 것을 표현하고 이해하기만 하면 무리가 없습니다. 수준을 살펴보려면 아이에게 달리기와 체육 활동을 좋아하는지 물어보세요. 그리고 학교에서 만든 작품도 집에 가져오게 해 확인하신 후에 칭찬을 많이 해주세요. 학교에서 부른 노래를 집에 와서 불러보게 하면서 아이에게 음정과 박자감이 있는지도 확인해보시면 좋을 것 같습니다.

4. 글짓기 학원이나 속셈 학원에 보내야 할까요?

모든 평가는 말하는 것과 쓰는 것을 통해 이루어집니다. 아이가 생각한 것을 글로 잘 표현한다면 좋을 텐데 많은 아이들이 자신의 실력에 대해 부족하다고 느낄 것입니다. 그렇다고 글짓기 학원에 보내서 아이들에게 글 쓰는 방법을 배우게 하기에는 너무 이릅니다. 이제 겨우 한글을 배운 아이들에게 글을 쓰게 하는 것 자체가 무리지요.

글을 잘 쓰게 하려면 먼저 생각을 많이 하도록 유도하는 것이 좋습니다. 집에서 부모님과 함께 책을 읽고 그 내용에 대해 서로 이야기를 나눈 후에 그 내용을 독서록에 써본다면 그것이 가장 좋은 글짓기 교육이 될 것입니다. 아이와 책 내용에 대해 이야기를 나눌 때도 육하원칙에 따라 누가, 언제, 어디서, 무엇을, 어떻게, 왜 했는지를 논리적으로 설명하도록 하는 것이 필요합니다. 그것이 결국 글쓰기의 가장 기본이 되는 것이니까요.

1학년도 글짓기 대회에 참여하는 학교가 있고, 여러 단체에서 글짓기 작품을 보내라고 하는 경우도 있습니다. 그럴 때는 글을 '짓는다'는 생각보다는 글을 '쓴다'는 생각으로 일기를 떠올리면 좋겠습니다. 경험하지 않은 일을 상상하여 글을 지어내기보다는 자신에게 있었던 일인 일기를 바탕으로 글을 쓰면 훨씬 좋은 작품이 됩니다.

아이들은 학교에서 수업이 끝나면 학원으로 향합니다. 학교에서 배울 내용을 학원에서 미리 예습하기 위한 것이지만, 교과서의 내용을 미리 배우면 "학원 선생님은 이랬는데…" 하며 수업시간 중에 혼란을 느끼는 아이들도 있습니다.

　매년 개정 교육과정이 적용되는 요즘은, 학습목표를 달성하기 위해 담임선생님의 재량에 따라 교과서 위주로 수업이 이루어질 수도 있고 교과서보다는 동화책을 활용하여 수업이 이루어질 수도 있습니다. 또, 깊이 있는 사고를 위해 한 분야를 좀 더 심도 있게 탐구하는 수업을 할 수도 있습니다. 따라서 문제에 대한 정답을 찾는 학원식 수업은 아이들의 창의력을 저해할 뿐입니다. 문제를 잘 해결했어도 논리적인 이유를 설명하지 못하고 학원 선생님이 그랬다는 식으로 대답한다면 선생님으로부터 좋은 평가를 받을 수 없겠지요.

　공부할 내용을 학원에서 미리 예습해온 아이들은 수업에 흥미를 잃어 학습태도가 좋지 않습니다. 차라리 모르면 처음부터 가르쳐줄 수 있겠지요. 유치원에서 연필 쥐는 방법을 잘못 배워 와서 습관화되면 고치기 힘든 것처럼 말입니다. 과유불급(過猶不及), 넘치면 부족함만 못하다는 말을 생각하게 하는 때입니다.

5. 운동회나 학예발표회 연습이 수업에 지장을 주지는 않나요?

　매스게임과 무용 발표 등으로 많은 연습이 필요하던 운동회와 학예발표회가 요즘은 아이들이 즐기는 운동회와 학예발표회로 바뀌고 있습니다. 두 가지 행사를 매년 모두 실시하는 학교도 있고 격년으로 실시하는 학교, 아예 실시하지 않는 학교도 있지요.

운동회의 경우 학년 운동회라는 이름으로 하루 동안 시간을 정해 한 학년씩 운동장을 사용하면서 여러 가지 종목에 참여하기도 합니다. 물론 예전처럼 전 학년이 모여 무용과 게임을 하는 운동회도 있습니다. 학예발표회의 경우에도 시청각실이나 강당을 활용하여 몇 개 학년이 모여서 아이들끼리 장기자랑을 하거나 부모님을 초대하여 학예발표회를 열기도 합니다.

아이들이 게임식 운동회를 하거나 간단한 재롱잔치 수준의 학예발표회를 한다고 하더라도 소요 시간 등을 미리 계산해보아야 하기 때문에 학교에서는 미리 운동회와 학예발표회 연습을 하게 됩니다. 운동회 연습의 경우 햇볕 아래 오래 서 있어보지 않은 아이들은 30분만 지나도 얼굴이 하얗게 변하면서 어지럽다고 하죠. 체력이 약한 아이일수록 이런 증상이 빨리 나타납니다. 그러면서 아이들은 운동회를 하기도 전에 운동회가 지겹다고 말합니다. 운동장에서 1시간도 제대로 연습하지 않았는데 아이들은 힘들어하지요. 하기 싫더라도 자신을 다스리면서 참여하는 것, 참을성과 지구력을 우리 아이들이 배웠으면 하는 마음입니다.

아이들이 집에 가서 운동회나 학예발표회 연습으로 힘들었다고 하면 학부모님들은 수업을 빼먹고 연습만 시킨다고 오해하시는 경우도 있습니다. 요즘은 운동장 사정이 여의치 않아 학생들이 교실에서 설명을 듣고 운동장에서는 서로 대형을 맞춰보는 정도로 연습을 하기 때문에 보통 체육시간을 활용해 예행연습을 합니다. 통합교과인 '가을'을 배우면서 잠자리 잡기 놀이를 운동회 때 하거나, 배운 노래를 율동과 곁들여 학예발표회를 한다고 생각하시면 됩니다.

운동회 또는 학예발표회 연습으로 학교 수업을 등한시한다고 생각하지 말아주세요. 수업의 연장선에서 선생님들은 많은 준비를 하시거든요. 기회가 된다면 학부모님께서도 학교에서 열리는 운동회와 학예발표회에 즐겁게 참여하면서 학창시절을 떠올려보는 것도 좋을 것입니다.

6. 2학기가 되었으니 이제 학교 과제물을 혼자 해결하게 하는 것이 좋을까요?

학교에서 숙제를 내면 학부모님의 반응이 둘로 나뉩니다. 집에서 아이들을 돌봐줄 수 있는 학부모님은 아이들이 공부하도록 숙제를 더 내달라고 합니다. 반면에 맞벌이 가정의 학부모님은 아이들이 혼자서 할 수 있는 숙제로 조금만 내달라고 하십니다.

교사의 입장에서는 아이들을 위하는 것이 어떤 것일지를 생각하면서 숙제를 내게 됩니다. 되도록 아이들이 혼자 할 수 있는 숙제를 내지요. 물론 1학년이라서 어른의 손이 필요할 때도 있습니다. 그러나 학부모님도 아이가 죽이 되든 밥이 되든 스스로 해결하도록 독려해주시는 것이 좋습니다. 아이들은 학교 과제를 부모님께 미루고, 결국 선생님이 학부모님의 솜씨를 평가하는 일은 없도록 해야 할 것입니다.

학교생활에 적응을 잘하는 아이들은 학습 면에서도 욕심을 내게 됩니다. 만일 과제를 해결하는 데 해결 방법을 모르거나 내용이 잘 이해되지 않을 경우 인터넷에서 자료를 찾아보면 많은 도움을 받을 수 있습니다.

통합교과 중에는 조사해오는 과제가 있을 수 있습니다. 이때 아이가 인터넷에서 정확한 정보를 찾는 것이 힘들고 시간이 많이 걸릴 수 있으므로 부모님이 정보를 찾아주세요. 아이들이 그 자료를 읽어보고 자신의 생각을 정리해 글로 써보게 해주시면 좋겠습니다.

7. 아이가 계속 눈을 깜박이고 코를 씰룩이는데 어떻게 고쳐주어야 하나요?

1학년 학생 가운데 학습능력과 생활 면에서 모두 우수한 남자아이가 있었습니다. 그런데 그 아이는 가끔 실수를 하면 연신 눈을 깜박이면서 '음음' 소리를 반복적으로 내는 습관이 있었어요. 저도 처음에는 그것이 '틱 장애'라는 생각을 하지 못하고 눈 깜박이지 말고 조용히 하라는 지적을 자주 했습니다. 그런데 그런 말을 할 때마다 아이는 더욱 심하게 눈을 깜박이고 소리를 내더군요. 그 아이 덕분에 틱 장애에 대해 관심을 가질 수 있었지요.

그 아이의 부모님께 이런 증상을 말씀드렸더니 동생을 임신했다는 말씀을 하셨습니다. 동생이 생기는 것이 아이에게는 스트레스로 작용한 것입니다. 사실을 전해 듣고 아이에게 더 관심을 가져주자는 약속을 한 뒤 상담을 마쳤습니다. 그 후로 아이의 틱 장애는 사라졌지만, 동생이 태어난 후에 고개를 계속 갸웃거리는 새로운 틱 장애가 다시 생겨서 학부모님과 이야기하며 한바탕 웃은 일이 있었습니다.

'틱 장애'는 얼굴 근육이나 신체 일부를 갑작스럽게 움직이는 행동을 반복하거나 소리를 내는 행동을 말합니다. 이러한 '틱' 행동에는 눈 깜박거리기, 얼굴 찡그리기, 어깨 움츠리기, 목을 경련하듯 갑자기 움직이기, 팔을 흔들며 손짓하기와 같은 '운동 틱'뿐만 아니라 헛기침하기, 킁킁거리기, 킥킥거리기, 엉뚱한 단어나 구절을 반복하기, 외설스러운 단어를 반복하기와 같은 '음성 틱'이 있습니다.

틱 장애는 일시적인 것이므로 지나치게 신경을 쓰면 더욱 심해지는 경향이 있습니다. 이러한 장애는 마음이 안정되면 차차 사라지는 것이어서 지나치게 걱정하실 필요는 없습니다. 하지만 만일 장애가 너무 오래간다면 전문가의 상담을 받아보시기 바랍니다.

8. 아이가 몸이 약한데 어떻게 해야 하나요?

가을로 접어들었지만 9월의 햇살이 꽤 따갑습니다. 그런 날씨에 운동회 연습을 하다보니 체력이 약한 아이는 운동장에 나온 지 1시간도 되지 않았는데, 얼굴이 하얗게 질려서 어지럽다고 주저앉습니다. 다른 아이들에 비해 체력이 많이 떨어진다는 증거입니다.

먼저 1학년 아이들의 신체적 특징을 알고 그에 맞는 준비가 있어야 합니다. 1학년 아이들은 키가 크는 것에 비해 체중이 적게 나가고 뇌가 많이 발달합니다. 영구치가 나오는 시기이고, 운동 기능이 발달하여 계속 움직이면서 산만함을 나타내지요. 갑자기 부쩍 자라면서 피로를 쉽게 느끼고 병에 대한 저항력이 약해지기도 합니다. 이런 신체적인 특성 외에도 다른 여러 가지 이유가 있을 수 있습니다.

전날 너무 늦게 자서 잠이 모자라 어지러울 수도 있고, 아침식사를 거르고 와서 그럴 수도 있으며, 갑자기 키가 크면서 영양 부족 현상이 일어난 것일 수도 있습니다. 대부분 기본 생활습관이 올바르게 형성되지 않아 일어나는 일이니까, 아이를 단단하게 키우려면 기본적인 생활습관부터 올바르게 실천하도록 하는 것이 좋습니다.

아이가 건강상에 문제가 없는데도 허약하다면 기본 체력을 길러주어야 합니다. 또 아이가 지나치게 소극적이거나 체력이 약하다면 운동을 적극 권해드리고 싶습니다. 건강이 뒷받침되어야 낯설기만 한 학교생활을 잘 견뎌낼 수 있고, 적극적인 태도를 가져야 능력을 발휘할 수 있기 때문입니다.

건강하게 학교생활에 잘 적응하기만 하면 아이의 학습능력은 자연스럽게 발휘될 수 있습니다. 학교폭력과 왕따 문제 등을 걱정하셔서 아이에게 호신용 태권도를 가르치는 부모님도 계신데, 자칫 그 아이가 학교폭력의 원인 제공자가 될 수도 있음을 생각하시어 아이의 성격에 맞는 운동의 종류를 정해주는 것이 바람직합니다. 산만하거나 덩치가 있는 아이들이 태권도를 배우면 친구들이 괴로워하거든요.

체격이 좋은데 활동량이 많다면 축구나 농구와 같은 운동을, 소심한 학생의 경우에는 호신용 태권도나 검도를 권해드립니다. 그런데 아이러니하게도 체격이 좋고 활동량이 많은 아이는 태권도와 같은 공격할 수 있는 종목을 좋아하고, 소극적인 학생은 때리거나 맞는 운동은 피하고 싶어 하지요. 가장 좋은 방법은 아이와 의논하여 아이가 좋아하는 운동을 한 가지씩 정해놓고 하는 것입니다. 부모님과 함께 하는 줄넘기도 좋은 운동이니까요.

 **남은 초등학교 5년을 준비하는 중요한 시기입니다**

    어느새 1학년이 끝나면 이제 아이도 학부모님도 어느 정도 교육의 방향이 정해질 것입니다. 학교생활에 잘 적응한 아이를 보면서 이제 2학년이 될 텐데 본격적으로 공부를 시켜야겠다는 생각을 하시겠지요. 공부를 시켜야 하는데 학원을 보내야 할지, 학원을 보낸다면 어떤 학원을 보내야 할지, 체력을 길러야 하니까 운동을 시켜야 하는데 어떻게 도와주어야 할지 여러 가지 생각이 들 것입니다.

    1학년 겨울방학은 2학년을 준비하는 시기이고 그것은 앞으로의 초등학교 생활과 학습을 결정짓는 중요한 요소로 작용합니다. 어떤 학원 공부보다도 독서를 통해 공부에 대한 흥미를 느끼도록 도와주는 것이 중요합니다.

1. 겨울방학을 어떻게 보내면 좋을까요?

1학년 겨울방학이 시작할 즈음에 학교에서 방학 과제물 목록이 나갈 것입니다. 대부분의 학교가 꼭 해야 할 필수 과제와 자신이 선택해서 실천하는 선택 과제를 제시합니다. 필수 과제로는 독후감 쓰기, 일기 쓰기 등이 있습니다. 선택 과제로는 박물관 및 전시회 관람, 공연 및 영화 관람, 그림 그리기, 공예 작품 만들기, 친척 방문하기, 바른 글씨 쓰기, 한자 쓰기 등의 목록을 제시하면서 그중에 몇 개를 선택하여 결과물을 제출하라고 하지요.

방학 과제물을 제대로 하려면 미리 계획을 세워야 합니다. 그러나 방학 과제물에만 매달려 방학의 진정한 의미를 되살리지 못하는 경우도 있으니 방학 과제물을 모두 해야겠다는 생각보다는 아이의 특성에 따라 얼마나 방학을 알차게 잘 활용하는지에 초점을 맞추는 것이 좋습니다.

아이의 학습 면, 생활 면, 독서, 예체능, 체험활동 등에 대해 아이가 보충하거나 더 발전시킬 수 있는 부분을 찾아주는 것도 부모님이 해주셔야 하는 일입니다. 학원에 가는 요일이 매일 다르므로 피자 모양의 하루 일과표보다는 주간계획표를 만들어 해야 할 일과 학원 가는 시간을 정확히 알려주는 것이 좋습니다. 시간관리 능력을 길러주려면 아이가 스스로 시간을 확인하면서 생활하고 준비하게 해야 한다는 점도 잊지 마세요.

방학 기간 중에는 달력시간표를 만들어 그날 가야 할 학원과 할 일, 부모님 휴가에 맞춘 여행 계획까지 모두 계획표에 넣어 실천 정도를 확인해야 합니다. 아이는 이를 통해 자기관리능력을 기를 수 있을 테니까요.

2. 겨울방학에는 학습 면에서 어떤 점을 보충해야 할까요?

겨울방학이 되면 아이가 학습 면에서 보충학습을 해야 할 부분이 있는지 살펴보아야 합니다. 아이가 학교생활통지표를 2월, 봄방학 전에 가져오기 때문에 어떤 과목을 보충해야 하는지 모를 수 있습니다. 다른 과목은 잘 못하거나 모르는 부분이 있어도 다음에 보충하면 되지만, 수학의 경우에는 1학년에서 놓친 부분을 2학년에서 보충하기 어렵습니다. 그래서 저는 방학을 하면 아이에게 수학 중간고사와 기말고사가 있는 문제집을 사주고 시험을 보게 합니다. 수학의 연산, 도형의 공간 개념, 규칙 찾기 등 어느 부분이 부족한지 알아보고 부족한 단원만 문제풀이를 통해 보충을 해주었습니다. 아이가 덧셈과 뺄셈을 잘한다고 생각했는데 빨리 하려고 암산을 하면서 실수가 잦은 것을 보고 풀이과정을 모두 쓰게 했지요. 그랬더니 암산에서 실수하는 부분을 찾아내고 문제를 차분히 해결하는 습관을 갖게 되었습니다.

3. 생활 면에서 어떤 점을 보충해야 할까요?

방학 동안에는 평소 생활에서 아이가 고쳐야 할 부분이 없는지 살펴보는 것이 필요합니다. 아이가 젓가락과 연필은 올바르게 잡는지, 존댓말을 잘 사용하는지, 인사는 잘하는지, 식습관은 올바른지 등을 생각해 보고 방학 동안 잘못된 점 한 가지만 고치자고 약속을 하는 것이 좋습니다. 저희 아이는 밥 먹을 때 1시간이 넘게 먹는 습관이 있어서 그것을 고치기로 했습니다.

학교에서는 점심시간이 약 40분 정도이고 식당까지 오가는 시간을 생각하면 적어도 30분 안에 식사를 마쳐야 합니다. 그런데 저희 아이는 음식을 천천히 먹는 습관과 편식 하는 습관 때문에 음식을 먹지도, 버리지도 못하면서 오랫동안 식판을 껴안고 있어야 했었지요. 그래서 방학 동안에는 씹는 속도를 빨리할 것과 먹기 싫은 음식도 조금씩은 먹으면서 정해진 시간 안에 음식을 모두 먹기로 했습니다. 밥을 다 먹은 후엔 칭찬 점수를 받기로 했지요. 정말 힘들어하면서 열심히 지키더니 지금은 음식의 맛도 즐기면서 30분 안에는 식사를 모두 마칠 수 있게 되었습니다.

4. 예체능과 체험활동 면에서 어떤 점을 발전시켜야 할까요?

아이와 의논하여 자신이 좋아하는 예체능 한 가지와 부족한 면을 보완할 수 있는 예체능 한 가지를 선택하여 꾸준히 실천하는 것이 좋습니다. 저희 아이는 체력이 약해 태권도를 시켰는데, 요즘은 태권도학원에서 태권도만 하는 것이 아니라 축구, 뉴스포츠, 피구, 줄넘기, 훌라후프

등 학교 체육 시간에 필요한 종목을 다루고, 큰 소리로 자신 있게 대답하는 것을 가르치기 때문에 많은 도움이 되었습니다.

체험활동은 책과 연결 지어 활동하는 것이 좋습니다. 궁궐에 관련된 책을 읽고 직접 경복궁에 가면 아이가 처마의 모양과 담에 있는 문양에 대해 아는 만큼 설명을 해줍니다. 부모님은 그저 "어머! 그런 것도 알아!"라고 하면서 맞장구만 쳐주시면 되지요. 아이들이 좋아하는 과학 관련 'WHY' 책을 읽게 하고 국립과천과학관에 가서 생물, 물리, 지구과학에 관련된 내용을 찾아보고 설명하는 것도 좋겠습니다.

통합교과에서는 계절의 변화에 대해 배우므로 동물원이나 산을 가더라도 계절마다 같은 곳을 가면서 계절에 따라 달라지는 모습을 관찰하게 하는 것이 학습에 도움이 됩니다. 아동복지시설이나 장애인복지시설을 방문하여 청소하기, 말벗해드리기, 심부름하기, 책 읽어주기 등의 봉사활동을 통해 자아존중감과 자기효능감을 기르게 하는 것도 좋을 것입니다.

5. 2학년이 되기 전 겨울방학 중에 가급적 읽어두어야 할 책이 있나요?

1학년, 2학년 교과서에 수록된 원문도서는 부록에 실었습니다. 다음은 한국글짓기지도회에서 제시한 학년별 추천도서 목록이니 참고하시기 바랍니다.

제1학년

순	제목	저자명	출판사	비고
1	돌아온 독도대왕	함영연	크레용하우스	
2	똥돼지	김품창	마주보기	그림책
3	해님이 집에 갔나 봐	박예자	청개구리	동시집
4	아바타 나영일	박상재	가문비어린이	
5	칭찬 한 봉지	정진	좋은책어린이	
6	엄마가 섬 그늘에 굴 따러 가면	이상교	봄봄	그림책
7	서천꽃밭 한락궁이	김춘옥	봄봄	그림책
8	도깨비 대장이 된 훈장님	한병호	한림출판사	그림책
9	분홍 올빼미 가게	보린	비룡소	
10	내가 누구게?	신현득	사계절	동시집
11	빨강 연필	신수현	비룡소	
12	해치를 깨워라	홍종의	알라딘북스	
13	언제까지나 너를 사랑해	로버트 먼치	북뱅크	
14	세상에서 가장 유명한 해바라기	박수현	국민서관	그림책
15	참나무는 참 좋다!	이성실	비룡소	
16	내 이름은 김창	정진	문공사	
17	호박이 넝쿨째	최경숙	비룡소	
18	선생님은 꿀밤나무	최진	청개구리	동시집
19	뚱땅뚱땅 도토리 오케스트라	김현주	예림당	
20	거울 공주	김경옥	처음주니어	
21	엄마보다 이쁜 아이	정진아	푸른책들	동시집

22	찌질이 삼촌 선생님 되다	소중애	효리원	
23	노래기야, 춤춰라!	채인선	논장	
24	1학년 창작동화	이금이 외	보물창고	
25	설문대할망	송재찬	봄봄	그림책
26	열세 번째 민주의 방	김병규	예림당	
27	강아지똥	권정생	길벗어린이	그림책
28	내 이름은 제인 구달	지네트 윈터	두레아이들	
29	마법의 그림 물감	쓰치다 요시하루	와이즈아이	
30	아낌없이 주는 나무	쉘 실버스타인	시공주니어	그림책
31	돼지책	앤서니 브라운	웅진주니어	그림책
32	신기전	남석기	미래아이	
33	1등 봉구	조경희	교학사	
34	책먹는 여우	프란치스카 비어만	주니어김영사	
35	은비네 시골일기	고정욱	진선출판사	
36	행복한 두더지	김명석	비룡소	
37	1학년을 위한 동시	이상교	지경사	
38	큰형 학교 똥장 반장	길지연	소담주니어	
39	갯벌이 좋아요	유애로	보림	
40	사시사철 우리 놀이 우리 문화	백희나, 이선영	한솔수복	

제2학년

순	제목	저자명	출판사	비고
1	노리의 여행	김품창	마주보기	그림책
2	꼴따먹기	이춘희	사파리	그림책
3	천방지축 오찰방	박상재	가문비어린이	
4	태극기 다는 날	김용란	한솔수북	
5	큰형 학교 똥장 반장	길지연	소담주니어	
6	아모스와 보리스	윌리엄 스타이글	시공주니어	그림책
7	단지 엄마	손수자	아동문예사	
8	돌로 지은 절 석굴암	김미혜	웅진주니어	
9	초등학생 이너구	전경남	문학동네어린이	
10	슬픈 미루나무	심상우	봄봄	
11	호랑이 눈썹	이반디	한겨레아이들	
12	할머니 무릎 펴지는 날	강지인	청개구리	
13	조막이	홍영우	보리	
14	춤추는 오리	박상재	삼성당	
15	수달이 오던 날	김용안	시공주니어	
16	꿈꾸는 기타	박은정	웅진주니어	
17	흙탕물총 탕탕	김미영	섬아이	동시집
18	귀신 단단이의 동지 팥죽	김미혜	비룡소	
19	땅끝 마을 구름이 버스	임정진	밝은미래	
20	선생님 얼굴 그리기	길도형	장수하늘소	
21	콜라 마시는 북극곰	신형건	푸른책들	동시집

22	불법 주차한 내 엉덩이	박선미	아이들판	동시집
23	내 짝은 고릴라	윤수천	계림	
24	푸하하하 나, 도깨비야	이상배	홍진P&M	
25	거꾸로 나라 임금님	이준연	삼성당	
26	꿀벌 우체부	박소명	푸른사상	동시집
27	강아지별에는 궁금이가 산다	길지연	자람	
28	그래 결심했어!	김경희	소담주니어	
29	숲속의 궁전	박숙희	기댄돌	
30	코딱지 먹는 이무기	정진	꿈소담이	
31	개구리네 한솥밥	백석	보림	
32	마법의 설탕 두 조각	미하엘 엔데	소년한길	
33	하얀 토끼가 되고 싶은 까만 토끼	강원희	문공사	
34	구만아, 노올자	홍종의	키큰도토리	
35	까막눈 삼디기	원유순	웅진주니어	
36	쪽빛을 찾아서	유애로	보림	
37	까막나라에 온 삽사리	정승각	초방책방	
38	우리 선생님이 최고야	케빈 헹크스	비룡소	
39	너는 특별하단다	맥스 룩카도	고슴도치	
40	행복한 청소부	모니카 페트	풀빛	

6. 2학년이 되면 1학년과 비교해 무엇이 달라지나요?

1, 2학년은 거의 비슷한 교과를 배웁니다. 국어, 수학, 통합교과가 그 것이지요. 1학년 3월에 했던 학교생활 적응활동은 2학년이 되면 하지 않습니다. 따라서 3월부터 바로 교과 수업이 시작되지요. 1학년이 일주일 동안 공부해야 할 시간과 2학년의 학습 시간이 같기 때문에 등하교 시간도 비슷합니다. 교과의 내용도 비슷하지만 한 단계 더 어려워진다고 보면 됩니다.

국어 시간은 교과서의 문장이 조금 더 길어져서 이해력이 조금 더 필요하게 됩니다. 수학 교과의 경우에는 1학년 수학 시간에 '4+6=10'을 배웠다면, 2학년 때는 '43+24=67'을 배우는 정도입니다. 그림과 글이 어우러져서 이해를 잘해야 덧셈과 뺄셈식을 만들 수 있지요.

생활 면에서 보자면, 1학년 때는 아이들이 어려서 잘 모른다고 생각해 학교 규칙을 어겨도 타이르는 말로 끝냅니다. 그러나 2학년이 되면 규칙을 조금 더 엄격하게 적용합니다. 2학년쯤 되면 규칙은 약속이므로 반드시 지켜야 한다는 것을 알고 지키려는 노력을 할 수 있는 시기니까요.

2학년이 되면 키와 체격이 제법 커집니다. 1학년 때는 선생님과의 관계를 중요시 여기면서 친구들과의 싸움이 적었다면 2학년 때는 학기 초에 서로 서열을 정하면서 다툼이 조금 더 많아집니다. 그래서 2학년이 되니까 아이가 싸움닭처럼 변했다고 걱정하는 부모님도 계시지요. 그러나 3, 4월이 지나면 어느 정도 서로 자리를 잡으면서 싸움이 줄어들게 됩니다. 그러니 너무 걱정하지 마시고 싸우더라도 친구의 얼굴은 할퀴지 말 것과 손톱을 되도록 짧게 깎아주는 것이 좋습니다. 아이들이 싸우게 되면 서로 눈을 감고 얼굴을 마구 때리거나 할퀴게 되어 있거든요.

  선생님마다 정도의 차이는 있지만 지각, 조퇴, 결석 등을 더욱 엄격히 체크하고, 청소와 자기 물건 챙기기를 스스로 할 수 있도록 가르칩니다. 그때가 되어서도 혼자 하는 습관을 들이지 못했다면 학교생활이 많이 힘들어지겠지요. 그래서인지 2학년이 된 아이들이 저희 교실로 자주 찾아옵니다. 첫정이 무서운지 1학년 때 받았던 사랑과 배려를 2학년이 되어서야 깨닫기 때문이겠지요.

 3월 학교생활 적응기에
무엇을 배우나요?

3월에 무엇을 배우나요?

입학식을 한 다음날부터 아이들은 학교에 나옵니다. '우리들은 1학년'이라는 책을 가지고 학교생활에 필요한 것들을 스스로 체험해보면서 학습하게 되지요. 한 줄로 걷는 방법, 인사하는 방법, 계단을 오르내리는 방법 외에 학교 이름과 선생님 성함 등을 한 글자씩 써보기도 합니다. 그런데 입학한 지 일주일 정도가 되면, 아이들은 참다못해 이런 질문을 합니다.

"학교에 왔는데, 왜 공부 안 해요?"

그러면 여기저기서 다른 아이들이 "맞아!", "맞아!"를 연발하며 맞장구를 칩니다. 입학 후 아이들은 학교생활에 대한 기본적인 내용만을 배우게 되는데 입학한 주일은 2시간, 둘째 주는 3시간, 셋째 주는 4시간만 공부하고 집으로 돌아갑니다. 학교생활에 차차 적응하라는 배려의 의미이지만, 아이들은 더 있고 싶은데 집에 가라고 한다면서 학교에서 좀 더 놀면 안 되냐는 질문을 합니다. 그렇게 학교생활에 차차 적응을 하게 되는 것이지요. 그만큼 3월 한 달은 읽고, 쓰고, 셈하는 공부보다는 생활 적응 활동에 중점을 둡니다. 입학 초기, 아이의 심리적 불안감을 완화시켜주고 새로운 학교생활에 필요한 일상적인 활동에 자연스럽게 익숙해지도록 배려하기 위해서입니다.

3월 학교생활 적응기, 이것만은 꼭!

입학해서 처음 한 달은 학교생활 적응기를 갖습니다. 2014년까지만 해도 '학교생활첫걸음'이라는 책으로 공부했는데, 이제는 학교와 담임 선생님 재량으로 내용을 구성하게 되어 있습니다. 학교생활 적응기에는 학교 생활환경에 적응하는 것을 비롯해 사회적 관계 형성, 기본 생활규범 형성, 기초 학습기능 습득의 네 가지 영역으로 나눠 수업을 진행합니다. 각 영역마다 반드시 아이가 습득해야 할 사항들이 있는데, 다음에 언급되는 것들을 유념해야 아이가 학교생활에 적응해가는 데 무리가 없고 초등 1학년을 즐겁게 보낼 수 있습니다.

학교 생활환경에 적응하는 과정에서 아이들이 2, 3학년에 가서도 힘들어하는 부분이 바로 화장실입니다. 집의 깨끗한 화장실에서 용변을 보아오던 아이들이 학교 화장실이 무섭거나 더럽다고 화장실 가는 것을 최대한 미루다가 실수를 하는 것이지요. 따라서 때가 되면 화장실에 가는 습관을 갖게 하고, 화장실에 가고 싶으면 참지 말고 제때에 갈 것을 약속해야 합니다.

또 점심시간에 일부러 굶는 아이들이 있습니다. 집에서는 먹고 싶은 음식만 먹던 아이가 학교 반찬을 먹기 싫어하는 것이지요. 먹어도 밥이나 국만 먹고 반찬은 손도 대지 않습니다. 반찬을 남기면 안 되니까 점심시간이면 선생님 눈을 피해 다니기도 합니다. 그러다가 억지로 먹기라도 하면 그대로 토해버리는 경우도 있습니다. 아이들은 집에서 먹던 음식만 먹기 마련이라 입학 전 가정에서 아이에게 여러 가지 음식을 맛보게 하고, 조리 방법을 달리 해서 음식을 골고루 섭취하게 해주어야 올바른 식습관을 기를 수 있습니다.

3월은 사회적인 관계, 즉 인간관계를 만들어가는 시기입니다. 친구와 사이좋게 지내는 방법을 배우는 때이지요. 선생님께 친구의 잘못을 이르기보다는 "고마워", "미안해", "더 잘하자"는 말을 잘할 수 있도록 가정에서도 자주 이런 말을 반복해주세요. 그러면 싸울 일도 줄어들고 친구들 사이에서도 인기 많은 아이가 될 것입니다. 또 간혹 욕을 많이 하는 아이들을 볼 수 있는데, 부모님이나 주변에 같이 노는 형 혹은 친구들의 욕을 배워 따라하는 경우가 많습니다. 좋은 언어습관을 들이려면 어려서부터 고운 말을 사용하는 연습을 많이 해야 합니다.

학교생활에 적응해가는 3월은 기본 생활규범을 습관화하는 기간이기도 합니다. 양치질하기, 혼자 옷 입고 벗기, 일찍 자고 일찍 일어나기, 책가방 잘 챙기기, 물건 제자리에 두기, 함부로 버리지 않기 등과 같은 가장 기본적인 생활습관은 가정에서부터 이루어지면 좋겠습니다. 혹시 아이가 잘 지키지 못했다면 1학년이 된 것을 계기로 올바른 습관을 갖게 해주세요. 아이는 부모님의 모습을 보고 배우기 때문에 부모님의 실천이 무엇보다 중요합니다.

1학년은 기초 학습능력을 만들어가는 시기입니다. 누군가가 말하면 조용히 듣고 자기 생각을 자신 있게 말할 수 있어야 합니다. 책은 글자를 알고 천천히 읽을 정도면 좋지만 부족해도 괜찮습니다. 1년이 지나면 거의 비슷한 수준이 되니까요. 그리고 내 이름과 가족 이름, 0부터 9까지의 수를 쓸 줄 알면 됩니다.

이것만 지켜지면 학교에 적응하며 생활하는 데 별 무리가 없습니다. 그러나 그 수준에 미치지 못한다고 걱정하실 필요는 없어요. 1년 동안 계속 고쳐나갈 부분을 찾아서 아이의 능력에 맞게 학교와 가정에서 함께 교육하면 되니까요.

3월에 필요한 준비물

| 연필 |

3월에 필요한 학습 준비물로는 색연필, 크레파스, 풀, 가위 등이 있습니다. 아이들이 연필을 사용하면 손힘이 없어 눌러 사용하기 힘들기 때문에 색연필이나 크레파스를 이용해 글씨나 그림을 그리게 하는 것입니다. 그러나 유치원 때부터 줄곧 연필을 사용한 아이들이 많아서 연필

을 함께 사용하기도 합니다. 색연필이 연필보다 자루가 굵어서 아이들이 한 손으로 쥐기가 더 어려울 수도 있으니까요. 따라서 글을 쓸 때는 연필이 꼭 필요하다고 생각하는 아이들을 위해 필통 검사도 함께 해줍니다.

연필은 아이들이 눌러 쓰지 않아도 되는 2B연필을 사용하게 합니다. 보통 사용하는 연필은 HB라고 표시된 연필인데, H는 'hard'의 첫 자를 따서 단단한 정도를 나타내고, B는 'black'의 첫 자를 따서 진한 정도를 나타냅니다. 따라서 HB는 단단하고 진하기가 중간인 정도를 나타내는 것이지요. 그러나 아이들은 연필을 쥐는 힘과 누르는 힘이 약하기 때문에 HB연필보다는 B연필 또는 2B연필을 주로 사용합니다. 1학년 때는 약간 무르고 진한 연필을 사용하면서 글씨 쓰는 자세와 방법을 익히는 것이 좋습니다.

간혹 연필 대신에 샤프를 사용하는 아이들이 있는데, 샤프는 연필보다 잘 미끄러지고 쓰고 나면 글씨가 너무 가늘어서 아이들이 확인하기 위해 손을 떼고 들여다보게 됩니다. 또, 눌러쓰는 힘을 조절하지 못해 샤프심이 잘 부러지기도 하지요. 샤프는 고학년에 올라가서 사용하는 것이 좋으므로 글씨의 기본을 익히는 1학년 때는 되도록 연필을 사용하도록 해주세요.

연필을 오래 쓰다보면 잡기에 불편할 정도로 닳아서 작아지게 됩니다. 이때는 연필이 손 안으로 들어가 지렛대 역할을 하지 못하므로 글씨의 모양도 나빠지고 손이 글씨를 가려 보이지 않아 자세도 흐트러집니다. 아껴 쓰는 습관을 들이기 위해 다 쓴 펜대에 몽당연필을 끼워서 끝까지 사용하도록 지도하면 좋겠습니다.

| 지우개 |

연필을 마련했으니 지우개도 준비해야겠지요. 지우개는 모양이 예쁘거나 향기가 나는 것도 좋지만 무엇보다 잘 지워져야 합니다. 지우개가 너무 딱딱하면 종이가 찢어지므로 되도록 말랑말랑한 것이 좋고요. 크기는 손에 쥐고 지울 때 글씨가 보일 정도의 것으로 약간 긴 형태가 좋은데 그래야 글씨를 쓰다 필요한 부분만 지울 수 있기 때문입니다. 지우개가 너무 크면 필통을 다 차지하기 때문에 필통에 넣고 다니기에 무난한 크기가 좋습니다.

| 필통 |

수업을 하다보면 갑자기 우당탕 하며 철제 필통이 떨어집니다. 가뜩이나 집중하는 시간이 짧은 아이들은 모두 그곳을 쳐다보게 되지요. 겨우 집중시켜 이야기를 하려는데 이번에는 다른 곳에서 필통이 요란한 소리를 내면서 바닥에 떨어져 내용물들이 사방으로 흩어집니다. 그러면 아이들은 또 키득키득 웃지요.

아이들은 손동작이 섬세하지 못하고 순발력이 없기 때문에 필통이 떨어지면 속수무책입니다. 서랍이나 가방에 넣으라고 해도 뾰족하게 깎은 연필이 부러질까봐 눈앞에 두려고 합니다. 따라서 철로 된 필통보다는 천으로 된 것이 좋습니다. 연필도 덜 부러지고 떨어져도 큰 소리를 내지 않으니까요.

천으로 된 필통 중에서도 원통 모양으로 위의 원을 지퍼로 열 수 있게 한 필통과 옆면에 지퍼가 달린 필통이 있습니다. 아이들이 쉽게 연필을 꺼내기에는 어떤 모양이든 옆면에 지퍼가 달린 것이 좋습니다. 뾰족한 연필을 들여다보며 손과 눈이 찔릴 염려가 없기 때문이죠.

필통 중에는 플라스틱 육면체 모양으로 놀이기구가 붙어 있는 것도 있습니다. 하키 게임을 표방했지만 오락실에서 볼 수 있는 것들을 축소해서 2층으로 붙여놓았더군요. 수업시간에 다른 아이들이 열심히 활동을 하고 있는데, 게임 필통의 주인은 짝꿍과 게임에 빠져 있는 것을 보면 그 필통이 원망스럽습니다. 새것인데 빼앗자니 너무 야속한 것 같고요. 아이들이 게임필통을 원한다면 차라리 게임기를 사주시고, 필통은 떨어져도 소리가 나지 않고 여닫기 편한 것으로 준비해주세요. 필통의 기능이 너무 복잡하면 아이들의 주의집중력을 떨어뜨리므로 단순한 모양의 필통으로 구입하는 것이 좋습니다.

| 색연필 |

아이들이 색연필로 색칠하는 시간이 되면 교사는 매우 바빠집니다. 실로 까서 사용하는 색연필의 경우, 색연필 심이 닳으면 아이들이 혼자 힘으로 종이 부분을 벗기지 못하기 때문에 여기저기서 "선생님"을 외쳐대니까요. 실을 잡아당겨 껍질을 벗기는 색연필은 실이 빠지거나 종이가 잘 벗겨지지 않아 끝까지 사용

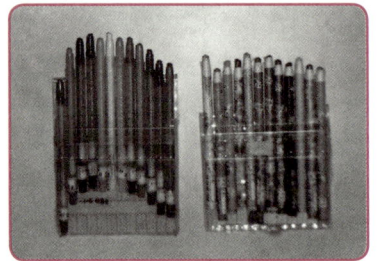

하지 못하는 경우가 많습니다.

아이들이 스스로 색연필의 종이껍질을 벗겨 사용할 수 있다면 구입을 해도 좋지만 성능에 별 차이가 없다면 뒤꼭지를 돌려서 사용하는 색연필을 구입하는 것이 더 낫습니다. 하지만 선생님들 중에는 종이껍질을 벗겨 사용하는 색연필의 심이 더 무르다며 그것만 애용하시는 분도 계시니 선생님 말씀을 잘 듣고 준비하는 것이 좋겠습니다.

| 크레파스 |

3월 학교생활 적응기에는 크레파스 쥐는 방법도 배웁니다. 문방구에 가보면 아시겠지만 크레파스의 종류가 매우 다양한데, 그중 색이 여러 가지이고 비싸다고 해서 좋은 크레파스는 아닙니다. 너무 많은 색깔은 아이들의 색깔 분별력을 흐리게 만들 수 있기 때문입니다. 아이들에게 필요한 색이 거의 들어 있고, 사용하기에 적당한 것은 18색이나 24색 정도의 크레파스입니다.

간혹 어떤 아이들은 48색 크레파스를 가지고 와서 책상 가득 펼쳐놓고 많은 색 중에서 어떤 색을 사용해야 할지 몰라 그림을 그리지 못하는 경우가 있습니다. 수업 시간에는 덧칠을 해서 다양한 색을 만드는 방법을 배우

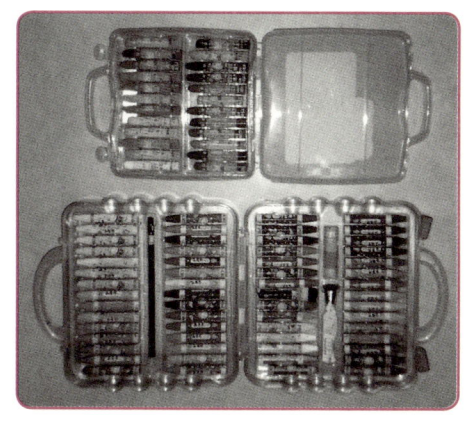

기 때문에 굳이 많은 색의 크레파스를 가져올 필요가 없습니다. 혹시 선물로 받은 것이 있다면 기본적인 24색 정도의 크레파스만 다른 필통에 넣어서 학교에 보내주세요. 크레파스만큼이나 통 모양도 여러 가지인데 크레파스 통이 너무 크고 화려해서 사물함에 들어가지 않는 경우가 있습니다. 크레파스를 구입할 때는 사물함에 들어갈 정도의 크기로 손잡이가 너무 크지 않은 것을 골라주시면 좋겠습니다.

크레파스는 외국의 크레용이나 파스텔보다 국산 크레파스가 사용하기에 더 좋습니다. 손이나 옷에 잘 묻기는 해도 강도가 적당하고 색감도 부드럽게 잘 칠해지니까요. 반면 외국 제품은 크레파스와 색연필을 혼합하여 만들어진데다 사용법을 잘 알아야 사용 가능한 것들이 많습니다. 손에 묻지 않는 크레파스는 너무 흐리게 나오는 단점도 있고요. 선생님들이 가르칠 때는 가장 보편적인 재료를 가지고 나올 수 있는 효과를 기대하기 때문에 아이들이 서로 비슷한 재료를 가지고 활동하는 것이 좋습니다.

비닐파일(L자 파일)

학교에 입학하면 가정통신문을 자주 받게 됩니다. 그렇지만 아이들의 가방 속에서 이리 구겨지고 저리 찢기면서 부모님은 그 내용을 모르고 지나칠 때가 많죠. 따라서 학교에서 선생님이 나눠주시는 가정통신문과 같은 유인물은 모두 투명한 비닐파일에 넣어 오도록 아이들과 약속을 하면 좋겠습니다. 비닐파일은 L자 부분만 붙어 있어 종이를 넣고 빼기 쉽게 되어 있다고 해서 'L자 파일'이라고도 부릅니다. 비닐파일은 안이 비치는 조금 두꺼운 비닐로 되어 있습니다. 투명한 것 외에 노란색, 분홍색, 파란색, 흰색 등 여러 가지 색깔이 있으니 마음에 드는 것으로 준비해주시면 됩니다.

| 공책 |

유치원이나 어린이집에서 연필로 글씨를 너무 많이 써본 아이들에게 연필을 잡지 말라고 하면 아이들은 불만이 가득한 표정을 짓습니다. 공책에 무언가를 써 가서 부모님께 배운 것을 자랑해야 하고, 학교에 가면 공부를 무척 많이 할 거라고 생각했는데, 시답지 않은 걸음걸이 연습을 시키니 좀이 쑤셔서 견딜 수가 없는 모양입니다.

그때 자신들이 가져온 공책을 꺼내 보이면서 더하기와 빼기 문제를 내달라고 애원하는 아이들도 있습니다. 아이들이 꺼내는 공책이 심상치 않아 가방을 열어보니 알림장, 받아쓰기 공책, 무제공책, 종합장, 일기장, 스프링 공책, 바둑판 공책 등등 공책만 한아름이었습니다. 정작 필요한 공책은 몇 권 되지도 않고 교사들마다 사용하는 공책이 다른데, 그 많은 것을 준비해주신 어머니들의 정성에 탄복할 따름이지요.

종합장은 스프링이 위에 있는 것과 옆에 있는 것, 줄이 있는 것과 없는 것이 있기 때문에 담임선생님의 방침에 따르는 것이 좋습니다. 또 받아쓰기를 하는 선생님과 하지 않는 선생님이 있고, 일명 바둑판 공책이라고 불리는 칸이 있는 공책도 8칸과 10칸 공책으로 칸의 크기가 각각 다릅니다. 무제공책도 줄의 간격이 너무 좁아 1학년 아이들이 사용하기에는 어려운 공책도 있습니다. 아이들이 글씨를 배우기도 전에 알림장을 쓰게 할 수는 없기 때문에 아이들이 쓰는 알림장도 4월에나 필요합니다.

다시 말해 공책은 담임선생님이 학습지도 방법에 따라 필요한 것을 안내해주실 때 필요한 양만큼 구입하는 것이 좋습니다. 3월 한 달은 학교생활에 적응하기 위한 기간으로 굳이 여러 권의 공책이 필요하지 않으니까요. 공책을 구입한 후에는 반드시 쪽수를 적어서 찢어버리는 일이 없도록 절약하는 생활습관까지 길러주시면 좋겠습니다.

국어 시간에 무엇을 배우나요?

국어 시간에는 무엇을 배우나요?

국어교과서는 '국어'와 '국어활동'교과서로 구성되며 '국어'는 주교과서, '국어활동'은 보조교과서입니다. '국어'와 '국어활동'은 1년에 총 8권이며, 학기별로는 총 4권을 배웁니다. 교과서가 1,2학년 군으로 구분되어 있는데 교과서별 체계표를 보면 아래와 같습니다.

1학년	1학기	국어 1-1 ㉮, 국어활동 1-1 ㉮	국어 1-1 ㉯, 국어활동 1-1 ㉯
	2학기	국어 1-2 ㉮, 국어활동 1-1 ㉮	국어 1-2 ㉯, 국어활동 1-2 ㉯
2학년	1학기	국어 2-1 ㉮, 국어활동 2-1 ㉮	국어 2-1 ㉯, 국어활동 2-1 ㉯
	2학기	국어 2-2 ㉮, 국어활동 2-2 ㉮	국어 2-2 ㉯, 국어활동 2-2 ㉯

모든 교과목 중에서 국어는 특히 중요합니다. 국어는 '도구교과'라고 불릴 만큼 모든 공부의 기본입니다. 수학적이고 과학적인 생각도 말이나 글로 표현해야 하고, 글을 읽고 내용을 파악해야 문제를 해결할 수 있기 때문입니다. 국어는 하나의 교과목일 뿐 아니라 학습과 생활을 할 수 있게 만드는 도구인 셈입니다. 그러나 국어가 중요하다고 해서 1학년 때부터 어려운 것을 배우지는 않습니다. 학교생활에 필요한 것들을 조금 더 정리해서 확인하는 정도라고 생각하시면 됩니다.

교과서는 이해학습, 적용학습, 단원정리, 학습도우미의 단계로 되어 있습니다. 동화를 활용하여 그림책처럼 되어 있는 국어교과서를 보고 아이들은 참 재미있어 합니다. 교과서가 컬러와 좋은 재질의 종이로 예쁘게 나와 있고, 교과서 뒤의 부록에는 붙임딱지(스티커)와 자모음 카드가 두꺼운 종이로 잘 만들어져 있지요.

보조 교과서인 '국어활동'은 '국어'에서 공부한 것을 삶 속에서 내면화하고 실천하는 데 중점을 둡니다. '도입', '생활 속에서', '다 찾아 읽기', '우리말 다지기', '놀며 생각하며', '글씨 연습'의 단계로 되어 있는데, '생활 속에서'는 공부한 것을 실제 삶에서 활용하는 내용입니다. 주로 놀이와 활동 중심으로 되어 있어 '국어'에서 공부한 것을 통합, 적용해 실천하도록 만들어졌습니다.

'더 찾아 읽기'는 '국어'에서 다룬 내용을 작가, 주제, 소재, 관점 등과 연관 지어 읽음으로써 창의적 사고와 인성을 함양하도록 합니다. '우리말 다지기'에는 발음, 맞춤법, 낱말, 어휘, 문장학습, 국어사랑에 대한 내용이 나오고, '놀며 생각하며'는 재미있는 언어 놀이를 통해 국어와 관련한 창의력을 기를 수 있게 도와줍니다. 마지막으로 '글씨 연습'은 낱말이나 문장을 써봄으로써 글씨 바르게 쓰기를 생활화하도록 합니다.

1학년 1, 2, 3단원은 자음과 모음으로 되어 있는 낱말의 짜임을 알고 낱말을 읽고 쓰는 학습활동을 합니다. 한글을 전혀 모르고 입학한 아이들이 별로 없긴 하지만 5월까지는 자음과 모음에 대해 정확히 알고 낱말을 읽은 후에 바른 자세로 쓸 수 있어야 합니다.

1학기 국어과의 '듣기·말하기' 영역은 말 그대로 정확하고 주의 깊게 듣고 말하는 태도의 함양을 목표로 합니다. 결국 잘 듣고 자기 생각을 자신 있게 말할 줄 알면 1학년 과정에 필요한 모든 것을 배웠다고 할 수 있는데, 주의집중 시간이 짧은 1학년에게는 참 어려운 일입니다. 그래서 이 과정에서는 다른 친구들이 발표하는 내용을 잘 들었는지를 확인하고 자기 생각을 자신 있게 말할 수 있는지를 평가의 기준으로 삼습니다. 따라서 듣기·말하기 평가는 교사가 아이들을 관찰하는 수행평가와 이야기를 듣고 글로 써서 표현하는 지필평가로 이루어집니다.

국어에서 쓰기는 낱말을 익혀 정확하고 바르게 쓰기, 생각과 느낌을 글로 표현하는 능력 기르기를 목표로 합니다. 짧은 시간에 이루어지는 활동은 평가가 어렵기 때문에 대부분 글로 표현된 것으로 평가한 뒤 자료를 보관하게 되는데, 글씨를 잘 쓰는 아이들은 좋은 평가를 받을 확률이 높습니다. 글씨를 잘 쓴다는 것은 팔과 손가락의 근육 중에서 글씨를 잘 쓸 수 있는 근육을 제대로 사용한다는 것을 의미합니다. 따라서 꾸준한 연습을 통해 글을 잘 쓸 수 있다면 앞으로의 학교생활이 한결 수월해질 것입니다.

국어, 여기까지는 꼭!

듣기 · 말하기, 여기까지는 꼭!

> 일상생활이나 학습 상황에서 바르고 적극적인 자세로 귀 기울여 듣고 말하며 고운 말, 바른 말을 사용하려는 태도를 지닌다.

교사용 지도서에는 듣기·말하기 영역의 성취 기준이 위와 같이 기술되어 있습니다. 1학년이 끝날 무렵에는 다른 사람의 말을 듣고 그 사람의 말을 그대로 전달할 수 있는 것은 물론 자신의 느낌을 간단하게라도 이야기할 수 있으면 됩니다. 그만큼 집중해서 들었다는 것이고 그 내용을 완전히 이해한 뒤 자기 것으로 소화해 조리 있게 말했음을 의미하기 때문입니다.

발표를 잘 못하는 학생은 그 원인을 찾아야 합니다. 발표할 내용은 알지만 부끄러워서 손을 들지 못하는 학생, 교사와 친구들의 말을 듣지 못해 무엇을 발표해야 할지 모르는 학생, 자신의 발표 내용이 틀릴까봐 눈치를 보는 학생이 있지요.

저는 학교에서 아이들에게 말하기 연습을 시킬 때 의자 위에 올라가서 말하라고 합니다. 부끄러움을 많이 타는 학생들의 특징은 자신감이 부족해 목소리도 작아지기 마련입니다. 그래서 주목 받는 느낌을 알게 하고, 가끔 잘했을 때 받는 칭찬의 즐거움을 느끼게 해주는 것이지요.

교사와 친구들의 말을 집중해서 듣지 않는 학생에게는 발표를 시키지 않고 선생님의 질문이 무엇이었는지 물어본 뒤 대답을 하도록 유도합니다. 교사의 질문을 놓치는 산만한 아이에게는 집중하는 습관을 길러주는 것이 필요하니까요. 또 자신의 발표 내용이 틀릴까봐 발표를 못하고 눈치만 보는 학생의 경우에는 칭찬이 보약입니다. 발표한 내용 중 일부분이라도 좋다면 그것을 칭찬해줍니다.

아이들은 어른들처럼 부끄러움이나 틀리는 것에 대한 두려움이 상대적으로 적기 때문에 발전 가능성이 충분합니다. 그러므로 집에서 다른 사람이 말할 때는 주의 깊게 듣는 연습과 자신의 생각은 어떤지에 대해 또박또박 말하는 연습을 시키는 것이 좋겠습니다.

"원숭이 엉덩이는 빨개 / 빨가면 사과 / 사과는 맛있어 / 맛있으면 바나나/ 바나나는 길어~"

아이들이 주위에서 많이 듣고 따라 부르는 말잇기 놀이의 일부입니다. 아이가 위의 낱말 잇기 놀이를 원래 노래에서 그치지 않고 계속 이어나갈 수 있을 정도가 된다면 국어과에서는 1학년이 될 준비가 충분히 갖추어졌다고 볼 수 있습니다. 그것을 어느 아이가 못할까 하는 생각이 드시지요? 아이에게 한번 시켜보세요. 아이마다 많은 차이가 있을 것입니다.

'말잇기 놀이'로 아이들의 한글 실력을 가늠해보라고 말씀 드리는 것은 이 놀이가 많은 의미를 함축하고 있기 때문입니다. 말잇기 놀이를 하다보면 말의 재미를 느낄 수 있게 되는데, 이 놀이를 하기 위해서는 아이가 낱말의 의미를 이해해야 하는 것은 물론 사물의 특징을 찾아낼 줄 알아야 하며, 그 특징을 다른 사물에 다시 연결시키는 능력까지 갖추어야 합니다. 이처럼 복합적인 사고가 가능하다면 이해력과 말하기 능력이 잘 갖추어져 있다고 볼 수 있습니다.

아이가 말을 더듬을 경우에는 숨 쉬는 연습을 시키는 것이 좋습니다. 한 번 숨을 들이마시고 다음 숨을 쉬기 전까지 한 문장을 말할 수 있어야 하는데, 교과서가 짧은 문장으로 되어 있는 것도 이런 이유에서입니다. 따라서 동화책을 고를 때에도 아이가 한 숨 안에 한 문장을 읽을 수 있는지를 판단하여 아이 수준에 맞는 책을 고르면 됩니다. 아이가 말을 더듬는다고 꾸중하거나 재촉하지 말고 끝까지 들어주면서 급하게 말하지 않도록 지도하는 것이 필요합니다.

| 읽기와 문학, 여기까지는 꼭! |

> 글을 소리 내어 유창하게 읽으며, 읽기의 즐거움을 경험하고 글을 즐겨 읽는 태도를 지닌다.

교사용 지도서에는 읽기 영역의 성취 기준이 위와 같이 기술되어 있습니다. 읽기는 글을 표준발음으로 자연스럽게 잘 읽고, 짧은 글의 중심이 되는 내용이나 문장을 찾을 수 있으면 됩니다.

아이가 글을 잘 읽지 못하거나 발음이 이상할 때는 못 읽는다고 핀잔을 주기보다는 조금만 잘 읽어도 칭찬을 해주셔야 합니다. 그리고 선생님이 내주신 숙제라며 따옴표가 많이 들어간 동화책을 실제 인물이 말하듯이 한번 읽어보라고 시켜보세요. 처음에 읽은 것을 녹음한 뒤, 며칠 동안 연습한 다음 읽은 것을 다시 녹음한 후에 이어서 들어보게 하세요. 아이 스스로 많은 발전이 있었음을 깨닫게 되면서 읽기 연습에 흥미를 갖게 될 것입니다.

글은 잘 읽기만 하면 되는 것이 아니라 글을 읽고 내용 파악을 잘하는 것도 중요합니다. 그러나 이것은 어른이 되어도 어려운 것이기 때문에 꾸준한 연습이 필요합니다. 글쓴이가 무엇을 말하려고 하는지를 안다면 수능시험, 논술시험이 두렵지 않겠지요.

| 쓰기, 여기까지는 꼭! |

글자를 익혀 자신의 생각과 느낌을 간단한 글로 표현하고, 쓰기가 자신을 표현하는 유용한 방법임을 안다.

교사용 지도서에는 쓰기 영역의 성취 기준이 위와 같이 기술되어 있습니다. 쓰기에서는 글씨를 쓰는 순서에 맞게 정확하고 바르게 쓰는 활동과 자신의 생각을 문장으로 정확히 표현하는 활동을 잘하면 됩니다.

글씨를 잘 쓰려면 꾸준한 연습이 필요하므로 '국어활동'에 나오는 글씨 연습란을 활용하는 것이 좋습니다. 글씨를 바르게 쓰려면 자세부터 바로 잡아주셔야 합니다. 글씨를 쓸 때 사용하는 손 쪽으로 공책을 더 여유 있게 놓고 쓰면 좋습니다. 몸 중앙에 공책을 놓으면 허리가 뒤틀리게 되어 편하게 쓸 수 없으니까요. 연필은 연필심에서 1.5센티미터 정도 위쪽을 쥐도록 해주세요. 글씨가 아이의 손가락에 가려져 자기가 쓴 것을 보기 위해 애쓰는 자세가 되지 않도록 해야 하니까요. 1학년 때는 특히 자세가 중요하므로 그동안 잘못된 필기 습관이 있다면 꼭 고쳐주시기 바랍니다.

자신의 생각을 글로 표현한다는 것은 참 어려운 일입니다. 그러나 아이들이 일기나 독후감 쓰기를 습관화한다면 그렇게 어렵지만은 않을 거예요. 글은 아이가 알고 있는 내용에 조금씩 정보를 덧붙이면서 그 말을 인용하며 배우게 하는 것이 좋습니다.

| 문법, 여기까지는 꼭! |

> 우리 말글의 소중함을 알고 낱말과 문장을 올바르게 이해·표현하는 초보적 지식을 익히며 국어에 대한 관심과 호기심을 가진다.

교사용 지도서에는 문법 영역의 성취 기준이 위와 같이 기술되어 있습니다. 문학 영역에서는 한글 자음과 모음의 이름과 소릿값을 알고 정확히 발음할 줄 알며 문장부호의 쓰임을 알면 됩니다.

아이가 가나다라로 한글 순서를 알고 있는 경우가 있습니다. 그래서 자음과 모음으로 나누어 수업을 할 때면 기역, 니은, 디귿, 리을, 미음, 비읍, 시옷, 이응, 지읒, 치읓, 키읔, 티읕, 피읖, 히읗을 순서대로 정확히 말해야 하는데 이것을 무척 어려워하지요. 부모님도 가끔 헷갈릴 때가 있으실 것입니다. 'ABCD'는 잘 외우면서 'ㄱㄴㄷㄹ'을 모르면 대한민국 사람이 아니겠지요. 평소 아이와 함께 노래하듯 반복해서 외워주시면 좋을 것 같습니다.

| 문학, 여기까지는 꼭! |

> 발상과 표현이 재미있는 작품을 다양하게 접하면서 문학이 주는 즐거움을 경험하고, 일상생활의 경험을 문학적으로 표현한다.

교사용 지도서에는 문학 영역의 성취 기준이 위와 같이 기술되어 있습니다. 동시나 노래를 그림과 관련지어 나타내고 그림책을 읽고 생각이나 느낌을 말하면 됩니다. 책을 좋아하는 아이가 일기 쓰기와 문학도 잘하기 때문에 가정에서 꾸준히 독서하는 습관을 길러주시기 바랍니다. 다음은 1학년 국어 단원 성취 기준과 단원 목표입니다. 학습 수준을 대충 짐작해보시기 바랍니다(256쪽 표 참조).

단원	단원 성취 기준	단원 목표
1. 즐거운 마음으로	• 쓰기: 글자를 익혀 글씨를 바르게 쓴다. • 읽기: 낱말과 문장을 정확하게 소리 내어 읽는다.	바른 자세로 낱말을 읽고 쓸 수 있다.
2. 재미있는 낱자	• 문법: 한글 낱자(자모)의 이름과 소릿값을 알고 정확하게 발음하고 쓴다. • 쓰기: 글자를 익혀 글씨를 바르게 쓴다.	한글 낱자를 알고 글씨를 바르게 쓸 수 있다.
3. 글자를 만들어요	• 읽기: 글자의 짜임을 이해하여 글자를 읽고 읽기에 관심을 가진다. • 읽기: 낱말과 문장을 정확하게 소리내어 읽는다.	글자의 짜임을 알고 낱말을 소리 내어 읽을 수 있다.
4. 기분을 말해요	• 듣기·말하기: 듣는 이를 고려하며 자신의 기분이나 느낌을 말로 표현한다. • 듣기·말하기: 듣는 이를 바라보며 자신 있게 말한다.	자기의 기분을 자신 있게 말할 수 있다.
5. 느낌이 솔솔	• 문학: 동시를 낭송하거나 노래, 짧은 이야기를 들려준다. • 문학: 글이나 말을 그림, 동영상 등과 관련지으며 작품을 수용한다. • 듣기·말하기: 듣는 이를 바라보며 자신 있게 말한다.	시나 이야기를 읽고 생각이나 느낌을 말할 수 있다.
6. 문장을 바르게	• 문법: 한글 낱자(자모)의 이름과 소릿값을 알고 정확하게 발음하고 쓴다. • 쓰기: 자신의 생각을 문장으로 정확하게 표현한다. • 문학: 말의 재미를 느끼고 재미를 주는 요소를 활용해 자신의 경험을 표현한다.	문장을 바르게 쓸 수 있다.
7. 알맞게 띄어 읽어요	• 읽기: 의미가 잘 드러나도록 글을 알맞게 띄어 읽는다. • 문법: 문장의 기본 구조를 이해하고 문장 부호를 바르게 쓴다.	문장부호의 쓰임을 생각하며 글을 알맞게 띄어 읽을 수 있다.
8. 겪은 일을 써요	• 쓰기: 자신의 생각을 문장으로 정확하게 표현한다. • 쓰기: 인상 깊었던 일이나 겪은 일을 글로 쓴다.	기억에 남는 일을 글로 쓸 수 있다.

미리 보는 국어 준비물

4월부터 아이들이 바라던 대로 본격적인 학습에 들어가면서 준비물에 대한 좀 더 자세한 통신문이 각 가정에 전달됩니다. 이때부터는 준비물을 잘 준비해오는 아이들과 준비하지 못하는 아이들로 나뉘게 되죠.

아이들 개개인의 준비물은 각자가 준비해야 하는데, 가정형편에 따라 준비를 하지 못하거나 가정통신문을 미처 보지 못한 학부모님들도 계십니다. 그럴 때를 대비해 선생님들은 몇 가지 종류의 준비물을 여유 있게 마련해둡니다. 때로는 필요한 준비물들을 두 세트로 준비해서 보내주시는 너그러운 부모님들이 계시기에 많은 도움이 됩니다.

학교에서 준비물을 모두 준비해주니까 학부모는 참 편하다고 생각하시면 곤란합니다. 학교마다 준비하는 수준이 다르고, 각자가 준비하기 편한 것은 아이들 스스로가 가져오도록 해야겠지요. 그리고 요즘에는 아이의 수준에 맞는 개별화 수업이 보편화되어 아이들 각자가 수업시간에 필요한 준비물을 찾아 스스로 학습하도록 하는 학교들이 많습니다.

국어과에서 필요한 준비물은 공책과 자모음 카드 등입니다. 공책은 무제공책으로 제목이 없고 1.5센티미터 정도 되는 간격의 줄이 있는 공책을 주로 사용하며, 국어 10칸 공책, 쓰기 10칸 공책 등을 활용하기도 합니다.

알림장도 무제공책을 구입해 사용하면 되지만 시중에 나와 있는 '알림장 공책'이 보기에도 좋고, 칸도 적당하게 나뉘어 있으며, 날짜를 적는 자리까지 있어 쓰기에 편합니다. 그 틀에 꼭 맞추어야 하는 답답함이 있

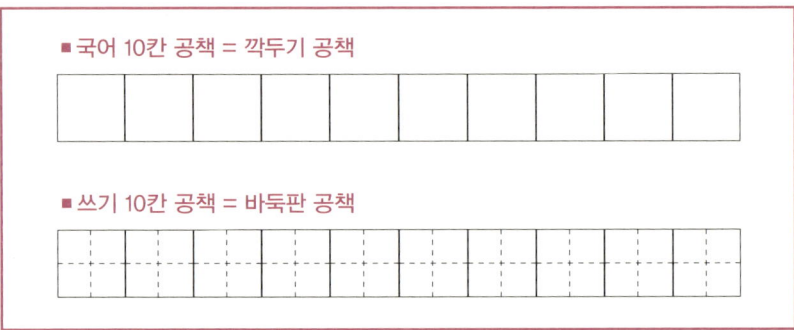

기는 하지만 1학기에는 문방구에서 알림장 공책을 구입하여 사용하는 것이 좋겠습니다.

  스프링 종합장은 스프링이 위에 달려 있는 것과 옆에 있는 것이 있습니다. 또 줄이 있는 것과 없는 것, 얇은 종이로 된 것과 도화지 정도의 두꺼운 종이로 된 것도 있지요. 학교에서는 대부분 위로 넘길 수 있는 종합장을 사용하는데, 글씨를 쓸 때 오른쪽에 걸리는 부분이 없기 때문입니다.

  글씨를 많이 쓰는 독후감 공책은 줄이 있고 얇은 종이로 된 종합장을 사용하는 것이 좋고, 그림을 많이 그리는 경우에는 줄이 없고 두꺼운 종이로 된 종합장이 좋습니다. 담임선생님이 어떤 활동을 할지 미리 알아보고 그에 맞는 종합장을 준비하는 것이 좋겠습니다.

  4월이 되어 적응 단계를 마치면 국어의 자음과 모음의 조합을 통해 글자를 배우게 됩니다. 국어교과서 부록에 자음과 모음 카드가 있는데, 아이들에게 카드를 낱개로 뜯으라고 하면 절반 이상은 찢어놓아서 카드 활용을 못하게 됩니다. 따라서 준비 과정은 선생님이 과제로 내줍니다. 가정에서는 카드를 낱개로 뜯어서 비닐팩에 넣은 다음 학교로 다시 보내주시면 됩니다. 2학기쯤 되면 카드를 뜯어 스스로 준비하는 아이도 있을 것입니다. 그러니 아이가 제대로 준비할 수 있을 때까지만 도와주시면 좋겠습니다.

수학 시간에 무엇을 배우나요?

수학 시간에는 무엇을 배우나요?

수학은 수학교과서와 수학익힘책으로 구성되어 있습니다. 1~2학년 군으로 묶여서 1학년 1학기에는 수학교과서①과 수학익힘책①을 활용하고, 1학년 2학기에는 수학교과서②와 수학익힘책②를 활용합니다. 2학년 때는 수학교과서③④와 수학익힘책③④를 활용합니다.

수학책은 수와 연산, 도형, 측정, 규칙성, 확률과 통계의 5가지 영역으로 구분되어 있습니다. 수학에 스토리텔링 기법이 도입되면서 교과 내용도 많이 바뀌었습니다. 스토리텔링의 목적은 각 차시의 학습 주제를 포함하는 폭넓은 상황을 제시하여 학습 동기를 유발하는 데 있습니다. 또한 스토리텔링 기법을 활용하여 아이들이 보다 재미있게 수학을 배우는 동시에 자연스럽게 다른 학문 분야나 생활 속에서 융합적인 사고와 창의적인 사고를 하도록 시도한 것입니다.

스토리텔링 기법이라고 미리 걱정하시기보다는 수학 문제에 이야기를 입혔다고 생각하시면 됩니다. 예를 들어 수학교과서 84~87쪽의 이야기 마당을 보면 이야기를 듣고 문제에 답하는 내용이 나옵니다.

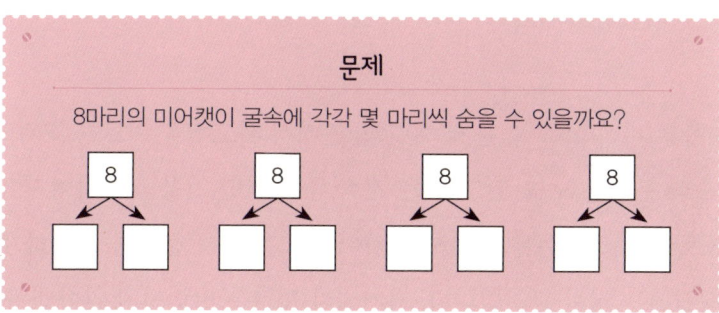

수학교과서의 단원별 구성 체제는 다음과 같습니다.

단원의 구성	내용	설명
1. 단원도입	스토리텔링	• 스토리텔링으로 학습동기 유발
2. 분문차시	생각 열기 활동 마무리	• 생각 열기는 스토리텔링과 연계 • 활동은 구체적인 물건이나 모형으로 조작하는 활동, 즉각적으로 느끼는 직관 활동, 공통인 속성이나 관계를 찾아내는 추상활동 • 마무리는 학습한 개념, 원리, 법칙 등을 익히고 적용
3. 단원평가	공부를 잘했는지 알아봅시다.	• 한 단원의 학습을 평가하고 피드백
4. 문제해결		• 문제 해결 능력을 기르기 위해 단원의 주제와 관련된 심화 문제 제시
5. 창의마당	체험마당, 놀이 마당, 이야기 마당 중 택1, 나머지는 보충1, 보충2	• 각 마당을 통해 생활주변 문제, 사회현상, 자연현상 등의 여러 가지 현상과 관련지어 수학을 배움으로써 수학에 대한 가치와 필요성 인식 • 3개의 마당 중에 한 가지를 선택하여 활동하고 나머지 두 마당은 보충1, 보충2로 표시하여 수업시간의 증가와 감소시 활용

수학, 여기까지는 꼭!

수학은 지식 이해력, 문제 해결력, 논리적 사고력을 기르는 교과입니다. 수학 문제를 보고, 알고 있는 지식 중에 어떤 것을 적용하여 어떻게 하면 빨리 해결할까를 고민하는 것이지요. 따라서 문제를 정확하게 빨리 해결하는 것이 관건입니다. 거기에다 새로운 방법까지 찾아낼 수 있다면 창의력까지 갖추게 되는 셈이지요.

1학년 수학은 수와 연산, 도형, 측정, 규칙성, 확률과 통계 개념을 알면 됩니다. 다른 것들은 생활하면서 차차 알아도 괜찮지만 수와 연산의 개념이 부족하면 2학년 수업을 따라갈 수 없습니다. 다른 아이들은 '24+35=59'라는 것을 아는데, 우리 아이만 모르면 1학년 과정을 다시 공부해야 하니까요.

그렇다고 1학년 공부를 연산으로만 끝내서는 안 됩니다. 문제를 해결하는 여러 가지 방법을 찾아내는 것이 바로 문제 해결력과 논리적 사고력을 기르는 지름길이니까요. 예를 들어 '24+35'라는 식을 보고 '59'라는 답을 찾는 것은 기본으로 해야 하고, 그 기본에 더해 '59'라는 답이 나올 수 있는 여러 가지 방법을 찾아보는 것이 더 중요하다는 말입니다.

예를 들어 십의 자리수와 일의 자리수를 각각 묶어 더해서 59가 나오는 방법이 있습니다. 또 24에 1을 더해서 25를 만든 후, 35를 더하면 60이 되니까 먼저 더한 1을 빼주면 59가 되는 방법이 있습니다.

부모님이 수학 공부를 도와주실 때 아이에게 단순한 계산 연습을 시키는 것이 아니라 계산하는 여러 가지 과정을 찾는 데 초점을 두셨으면 합니다. 아이가 혼자 그 방법을 찾아내는 것은 어려운 일이니까요.

한편 1학년 초에는 덧셈과 뺄셈을 거뜬히 해내던 아이들이 2학기가 되면 수학을 어려워합니다. 1학기에는 생활 속에서 있을 수 있는 문제를 말로 냈기 때문에 잘 이해했지만, 2학기에는 문제를 읽고 해결하라니까 문장을 이해하지 못해 답을 이상하게 적는 것이지요. 아이가 문장으로 된 문제를 어려워한다면 수학보다 먼저 독서를 통해 읽기 능력을 키워주어야 합니다. 문제를 읽고 이해할 수 있어야 수학적인 지식을 활용할 수 있으니까요. 다음은 1학년 수학 단원 성취 기준과 단원 목표입니다.

학기	단원	단원 성취 기준	단원 목표
1학기	1. 9까지의 수	• 수와 연산: 9까지 수의 개념을 이해하고, 수를 세고 읽고 쓴다.	• 9까지 수의 순서를 알 수 있다. • 9가지의 수에서 두 수의 크기를 비교할 수 있다.
	2. 여러 가지 모양	• 도형: 교실 및 생활 주변에서 여러 가지 물건을 관찰하여 직육면체, 원기둥, 구의 모양을 찾고, 그것들을 이용하여 여러 가지 모양을 만든다.	• 여러 가지 모양을 알고 같은 모양끼리 모을 수 있다. • 여러 가지 모양을 만들 수 있다.
	3. 덧셈과 뺄셈	• 수와 연산: 덧셈과 뺄셈이 이루어지는 실생활 상황을 덧셈식이나 뺄셈식으로 나타내고 읽는다.	• 덧셈과 뺄셈을 할 수 있다. • 덧셈식을 보고 뺄셈식을, 뺄셈식을 보고 덧셈식을 만들 수 있다.
	4. 비교하기	• 측정: 구체물의 길이, 들이, 무게, 넓이를 비교하여 각각 길다. 짧다. 많다. 적다. 무겁다. 가볍다. 넓다. 좁다 등의 말로 나타낸다.	• 구체물의 길이를 '길다, 짧다'의 말을 사용하여 비교할 수 있다. • 구체물의 들이를 '많다, 적다'의 말을 사용하여 비교할 수 있다. • 구체물의 무게를 '무겁다, 가볍다'의 말을 사용하여 비교할 수 있다. • 구체물의 넓이를 '넓다, 좁다'의 말을 사용하여 비교할 수 있다.
	5. 50까지의 수	• 수와 연산: 50까지 수의 개념을 이해하고, 수를 세고 읽고 쓴다.	• 0개씩 묶음의 개수와 낱개의 개수를 이용하여 50까지의 수를 세고 읽을 수 있다.

2학기	1. 100까지의 수	• 수와 연산: 100까지 수의 개념을 이해하고, 수를 세고 읽고 쓴다.	• 10개씩 묶음의 개수와 낱개의 개수를 이용하여 100까지의 수를 세고 읽을 수 있다.
	2. 여러 가지 모양	• 도형: 교실 및 생활 주변에서 여러 가지 물건을 관찰하여 사각형, 삼각형, 원의 모양을 찾고 그것들을 이용하여 여러 가지 모양을 꾸민다. • 확률과 통계: 교실 및 생활 주변에서 사물을 정해진 기준 또는 자신이 정한 기준으로 분류하여 개수를 세어보고, 기준에 따른 결과를 표와 그래프로 나타낸다.	• 교실 및 생활 주변에서 여러 가지 물건을 관찰하여 사각형, 삼각형, 원의 모양을 찾을 수 있다. • 여러 가지 물건을 사각형, 삼각형, 원의 모양으로 분류할 수 있다. • 사각형, 삼각형, 원의 모양을 이용하여 여러 가지 모양을 꾸밀 수 있다.
	3. 덧셈과 뺄셈(1)	• 수와 연산: 두 자릿수의 범위에서 덧셈과 뺄셈의 계산 원리를 이해하고 그 계산을 한다.	• (두 자릿수)−(한 자릿수)를 계산할 수 있다. • 덧셈식을 뺄셈식으로, 뺄셈식을 덧셈식으로 만들 수 있다.
	4. 시계 보기	• 측정: 시계를 보고 시각을 '몇 시 몇 분'까지 읽는다. • 측정: 1시간은 60분임을 알고 시간을 시간과 분으로 표현한다.	• '몇 시 몇 분'을 읽고 시계 모형에 나타낼 수 있다. • 1분, 1시간, 1일, 1주일, 1개월, 1년 사이의 관계를 이해할 수 있다.
	5. 덧셈과 뺄셈(2)	• 수와 연산: 두 자릿수의 범위에서 세 수의 덧셈과 뺄셈을 한다.	• 두 자릿수의 범위에서 세 수의 덧셈과 뺄셈을 할 수 있다. • □가 사용된 덧셈식과 뺄셈식을 만들고, □의 값을 구할 수 있다. • 덧셈과 뺄셈에 관련된 실생활 문제를 만들고 해결할 수 있다.
	6. 규칙 찾기	• 규칙: 물체, 무늬, 수의 배열에서 규칙을 찾아 여러 가지 방법을 나타낸다. • 자신이 정한 규칙에 따라 물체, 무늬, 수 등을 배열한다.	• 배열표나 곱셈표에서 규칙을 찾을 수 있다. • 규칙을 활용하여 문제를 해결할 수 있다.

미리 보는 수학 준비물

재미있는 수학 시간을 만들기 위해 학교에서는 아이들이 직접 구체물을 가지고 활동한 후에 머릿속으로 추상화하도록 지도하고 있습니다. 쉽게 말해서 공깃돌 같은 것으로 직접 숫자를 세어본 후 몇 개를 빼보니까 몇 개가 남는다는 사실을 눈으로 확인해가면서 수업을 하는 것이지요.

수업시간에 아이들에게 그냥 자를 가져오라고 하니까 10센티미터 자에서 50센티미터 자까지 모두 다른 규격의 자를 가지고 오더군요. 1학년 과정에서는 20센티미터 정도의 눈금자가 좋습니다. 필통에 들어갈 정도의 크기인 20센티미터 자는 매일 가지고 다녀야 수업하기에 편합니다.

모양자는 '여러 가지 모양'이란 단원에서 네모, 세모, 동그라미를 배우는 데 주로 사용하고, 규칙성 있게 그림을 그리는 창의적인 활동에도 활용합니다. 저희 반의 경우에는 아이들이 모양자를 곧잘 부러뜨려 학급에 바구니를 마련해두고 필요할 때만 모양자를 사용하도록 했습니다. 모양자는 되도록 학교 사물함에 넣어두고 필요할 때만 사용하도록 하는 방법도 좋습니다.

수학교과서와 수학익힘책 부록에 숫자 카드와 여러 가지 모양, 주사위 전개도 등이 있습니다. 수학 시간에 아이들에게 뜯어서 사용하라고 하면 한 시간 내내 뜯느라 수업을 하지 못합니다. 따라서 선생님이 과제로 내주면 가정에서 낱개로 뜯어서 비닐팩에 넣어 보내주시면 됩니다.

어떤 학부모님은 우리 아이는 숫자를 다 아니까 필요 없다고 하시면서 보내지 않아도 되느냐고 물으십니다. 그러나 숫자를 안다고 해도 수 가르기와 모으기, 더하기와 빼기, 대소 비교하기 등을 게임으로 배울 때 카드가 많이 사용되므로 준비해주시는 편이 좋습니다. 혹시 학교에서 숫자 카드를 사용하지 않을 때는 집에서라도 숫자 카드를 이용해 사물의 개수를 세는 활동과 3개의 숫자를 사용하여 식을 완성하는 게임을 해볼 것을 권해드립니다.

우유를 마시고 난 후에 팩을 버리지 말고 씻어서 말려두었다가 블록놀이도구를 만들어도 좋습니다. 200ml, 500ml, 1000ml 우유팩은 각각 일정한 크기로 커지기 때문에 블록놀이를 하기에 참 좋거든요. 같은 크기의 우유팩 2개를 윗부분의 접힌 부분을 잘라낸 후 1개를 뒤집어 다른 1개 속에 넣어서 만들면 됩니다. 서로 맞물려서 겹쳐지면 튼튼한 블록 놀잇감이 완성되는데, 이것을 비닐 시트지로 싸고 여기에 동그라미만 적당히 그려넣으면 예쁜 주사위가 됩니다. 수학 시간에 이와 같은 도구를 활용하면 200ml 블록이 5개 있어야 1000ml 블록이 되고, 500ml 블록이 2개 있어야 1000ml 블록이 된다는 원리를 아이들이 더욱 쉽게 이해할 수 있지요.

아래는 이러한 수업을 위해 필요한 준비물들입니다. 대부분은 학교에서 선생님께서 준비해주십니다. 그러나 각자가 만들어와야 하는 것도 있으니 참고하시기 바랍니다.

학기	단원	준비물
1학기	1. 9까지의 수	자, 가위, 풀, 색종이, 클립, 공깃돌, 사인펜, 색연필, 바둑돌, 주사위, 숫자 카드
	2. 여러 가지 모양	육면체, 원기둥, 구 모양의 물건, 붙임딱지, 풀, 투명테이프, 양면테이프, 글루건
	3. 덧셈과 뺄셈	색연필, 바둑돌
	4. 비교하기	고무찰흙, 쌓기나무, 안대, 양팔저울, 컵, 음료수병
	5. 50까지의 수	연결큐브, 색연필, 사인펜
2학기	1. 100까지의 수	연결큐브, 산가지
	2. 여러 가지 모양	사각형, 삼각형, 원 모양의 물건, 붙임딱지, 풀, 사인펜, 색연필
	3. 덧셈과 뺄셈(1)	색연필, 바둑돌, 주사위
	4. 시계 보기	모형시계, 색연필, 사인펜
	5. 덧셈과 뺄셈(2)	색연필, 바둑돌, 주사위
	6. 규칙 찾기	색연필, 사인펜, 여러 가지 모양

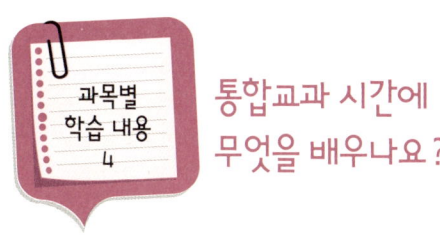 통합교과 시간에
무엇을 배우나요?

통합교과 시간에는 무엇을 배우나요?

예전에는 바른생활, 슬기로운생활, 즐거운생활 교과서로 통합교과를 배웠는데, 요즘은 '학교와 나', '봄', '가족', '여름', '이웃', '가을', '우리나라', '겨울'이라는 교과서로 공부합니다. 통합교과는 하나의 주제를 중심으로 긴 학습 여행을 하는 방식입니다. 각 단원의 학습 주제는 주제 만나기, 주제 학습하기, 주제 학습 마무리하기 과정으로 전개되고 바른생활, 슬기로운생활, 즐거운생활을 모두 통합하여 공부하는 것이지요.

```
┌─────────────┐     ┌───────────────────────────┐     ┌─────────────┐
│  주제 만나기  │     │       주제 학습하기        │     │  주제 학습   │
│             │     │                           │     │  마무리하기  │
│ • 그림 읽기  │  ⇒  │ 알기      │ 하기(기능학습) │  ⇒  │ • 최고조 활동│
│ • 이야기 읽기│     │ (이해학습) │ 활동을 통한 지 │     │ • 종합 활동  │
│ • 단원 읽기  │     │ 주제를 이해│ 식의 습득, 학습│     │ • 정리 활동  │
│             │     │ 하는 활동  │ 하는 방법의 습 │     │ • 평가 상황  │
│             │     │           │ 득을 도모      │     │             │
└─────────────┘     └───────────────────────────┘     └─────────────┘
```

주제 책별 단원의 내용은 다음과 같습니다.

권장시기	대주제	소주제	활동 주제
3월	1. 학교와 나	1. 학교생활	(바) 안전한 등하교 (슬) 학교 둘러보기 (즐) 학교놀이 하기
		2. 나와 친구	(바) 친구와 서로 도우며 공부하기 (슬) 친구에게 관심 갖기 (즐) 친구과 놀이하기
		3. 몸	(바) 몸 소중히 다루기 (슬) 몸 살펴보기 (즐) 몸 표현하기
		4. 나의 꿈	(바) 나의 꿈 가꾸기 (슬) 나의 꿈 찾아보기 (즐) 나의 꿈 표현하기
4월	2. 봄	5. 봄맞이	(바) 봄맞이 청소하기 (슬) 봄의 모습 찾아보기 (즐) 봄 교실 꾸미기
		6. 새싹	(바) 새싹 보호하기 (슬) 싹 틔우기 (즐) 새싹 표현하기
		7. 봄 날씨와 생활	(바) 봄철 건강 관리하기 (슬) 봄 날씨와 생활 알아보기 (즐) 봄 날씨를 주제로 놀이하기
		8. 봄나들이	(바) 자연환경 보호하기 (슬) 봄나들이 계획하기 (즐) 봄나들이 가기

5월	3. 가족	9. 집	(바) 집에서 스스로 공부하기 (슬) 우리 집 살펴보기 (즐) 우리 집 표현하기
		10. 가족	(바) 가족 간의 예절 지키기 (슬) 집안일 조사하기 (즐) 가족과 함께하기
		11. 친척	(바) 가족이나 친척의 소중함 알기 (슬) 가족과 친척 알아보기 (즐) 가족 소개하기
		12. 다양한 가족	(바) 다양한 가족 존중하기 (슬) 다양한 가족 이해하기 (즐) 다양한 가족 문화 표현하기
6, 7월	4. 여름	13. 여름 풍경	(바) 건강한 여름 나기 (슬) 여름 풍경 찾기 (즐) 여름 느끼기
		14. 곤충	(바) 안전한 여름 나기 (슬) 곤충이나 식물 조사하기 (즐) 곤충과 식물 표현하기
		15. 여름 날씨와 생활	(바) 에너지를 절약하는 생활하기 (슬) 여름 날씨와 생활 살펴보기 (즐) 여름 축제 열기
		16. 여름방학	(바) 여름방학 생활 스스로 준비하기 (슬) 여름방학 생활 계획하기 (즐) 물놀이하기
9월	5. 이웃	17. 이웃	(바) 이웃과 인사하기 (슬) 나의 이웃 살펴보기 (즐) 이웃 생활 표현하기
		18. 가게	(바) 물건 소중히 하기 (슬) 생활에 필요한 물건 알아보기 (즐) 가게놀이 하기
		19. 우리 마을	(바) 공공시설과 물건 아끼기 (슬) 우리 마을 둘러보기 (즐) 우리 마을 자랑하기
		20. 직업	(바) 일의 소중함 알기 (슬) 마을 사람들이 하는 일 조사하기 (즐) 직업놀이 하기

월	단원	주제	활동
10월	6. 가을	21. 추석	(바) 조상에게 감사하는 마음 갖기 (슬) 추석 알아보기 (즐) 민속놀이 하기
		22. 낙엽과 열매	(바) 자연에 감사하는 생활하기 (슬) 가을 낙엽과 열매 관찰하기 (즐) 낙엽과 열매로 표현하기
		23. 가을 날씨와 생활	(바) 서로 돕는 생활하기 (슬) 가을 날씨와 생활 살펴보기 (즐) 가을 풍경 표현하기
		24. 가을 행사	(바) 질서 지키기 (슬) 가을 행사 조사하기 (즐) 가을 행사에 참여하기
11월	7. 우리나라	25. 우리나라의 상징	(바) 우리나라의 상징 알기 (슬) 우리나라 소개하기 (즐) 우리나라 상징 표현하기
		26. 전통문화	(바) 전통문화 소중히 여기기 (슬) 전통문화 살펴보기 (즐) 전통문화 체험하기
		27. 이웃나라	(바) 외국인을 대하는 바른 태도 갖기 (슬) 이웃나라 조사·발표하기 (즐) 문화 알림이 놀이하기
		28. 남북통일	(바) 통일을 위한 노력 알아보기 (슬) 남북한에 대해 알아보기 (즐) 통일 전시회 열기
12, 2월	8. 겨울	29. 겨울맞이	(바) 나누는 생활 실천하기 (슬) 나누는 생활 찾아보기 (즐) 따뜻한 겨울 보내기
		30. 동물	(바) 동물 보호하기 (슬) 동물의 세계 탐구하기 (즐) 동물 표현하기
		31. 겨울 날씨와 생활	(바) 겨울철 건강하고 안전하게 생활하기 (슬) 겨울 날씨와 생활 살펴보기 (즐) 겨울 풍경 표현하기
		32. 겨울방학	(바) 겨울방학 생활 스스로 준비하기 (슬) 겨울방학 생활 계획하기 (즐) 겨울놀이 하기
		33. 한 해를 보내며	(바) 한 해 생활 반성하기 (슬) 내년 생활 준비하기 (즐) 나의 한 해 표현하기

통합교과, 여기까지는 꼭!

주제별로 통합된 교과서를 활용하지만 바른생활, 슬기로운생활, 즐거운생활 영역에 대해서는 각각 평가를 하게 됩니다. 이해학습과 기능학습을 잘하는지에 대한 평가인데, 예를 들어 '가족'이라는 주제라면 바른생활 영역에서는 바르게 식사하는 방법을 알고 실천하는가, 슬기로운생활 영역에서는 가족이 함께하는 행사를 찾을 수 있는가, 즐거운생활 영역에서는 가족행사표를 만들고 우리 가족을 생각하며 노래를 부를 수 있는가라는 문항으로 평가를 할 수 있습니다.

'봄 맞이' 주제 학습을 할 때는 바른생활 영역에서 봄맞이 청소를 합니다. 청소가 필요한 곳을 살펴보고 교실 청소를 하는데 개인용 미니 빗자루와 쓰레받기가 필요해서 준비시키는 경우가 있습니다. 청소를 제대로 하려면 청소에 필요한 도구와 창문 열기, 먼지 털기, 바닥 쓸기 등의 순서를 알아야 하겠지요. 진공청소기만 사용하다가 빗자루를 사용하라고 하면 빗자루를 청소기처럼 앞으로 밀면서 사용하는 아이들이 꽤 많습니다. 걸레 짜는 방법을 모르는 것은 당연한 일이고요. 가정에서 아이에게 자신의 방은 자신이 청소하게끔 시키는 것도 필요한 교육이라는 생각이 듭니다.

1학년은 타악기 다루는 방법을 주로 배우는 시기여서 박자에 대한 감각을 익히는 것이 무엇보다 중요합니다. 학교에서 게임을 하다 보면 박자를 맞추지 못해 알고 있는 것도 대답하지 못하는 아이들이 있습니다.

예를 들어 무릎~손뼉~오른손 엄지~왼손 엄지를 반복해서 치는 '아이엠그라운드' 게임을 할 때 박자를 놓치는 아이들이 종종 눈에 띕니다.

"아이엠 그라운드 순서 수 대기"
"짝짝(박수소리), 첫째"
"짝짝(박수소리), 둘째"
"짝짝(박수소리), 셋째"

결국 아이는 박자감이 없어서 게임하기를 싫어하는데, 박자감이 있으면 3박자 게임과 4박자 게임을 할 때 훨씬 재미있게 즐길 수 있습니다. 평소 집에서 음악을 많이 들려주고, 끝말잇기 게임 등을 하면서 아이가 박자감을 기를 수 있도록 해주시면 좋겠습니다.

체육 시간에는 여러 가지 방법으로 걷기, 달리기, 무용하기, 도구를 이용하여 몸으로 모양 만들기, 풍선 놀이 등을 합니다. 달리기를 할 때는 팔과 다리가 엇갈리면서 뛰어야 하는데 같은 쪽의 다리와 팔이 동시에 움직이는 아이들이 많습니다. 공원이나 학교 운동장에서 아이와 함께 달리기 시합을 하면서 뛰는 모습을 한번 지켜보시기 바랍니다.

또 공놀이를 함께 하면서 공에 대한 감각도 익혀주고, 주고받는 연습도 해보면 좋을 것 같습니다. 남자아이들은 특히 축구와 농구를 같이 하면서 친해지는 경우가 많답니다. 공부를 아무리 잘해도 운동을 잘하는 친구만큼 인기가 많지는 않지요. 운동신경은 어릴 때 길러주는 것이 좋으므로 자주 야외로 나가 공놀이, 인라인스케이트 등의 운동을 즐겨보세요.

통합교과별 특성에 따라 이해와 기능학습에 대한 성취 기준은 다음과 같습니다.

통합교과	교과성격	알기(이해학습)	하기(기능학습)
바른생활	실천활동 중심	• 기본 일상생활 습관: 규범, 더불어 사는 자세, 정체감 등 • 기본 학습 습관: 가정, 학교 습관 등	• 실천활동 – 스스로 하기 – 협동하기 – 계획 세우기 – 친해지기 – 갈등 해결하기 – 감정 조절하기
슬기로운생활	탐구활동 중심	• 주변의 모습: 장소, 사람, 생활 등 • 주변의 변화: 사건, 시간의 흐름 등 • 주변의 관계: 관련성 이해 등	• 탐구활동 – 살펴보기 – 무리 짓기 – 조사·발표하기 – 모형 만들기 – 흐름 만들기 – 관계망 그리기
즐거운생활	표현놀이 중심	• 감각 느끼기: 대비감각, 유사감각 등 • 아름다움 알기: 어울림, 균형 등 • 즐거움 누리기: 만족감, 성취감 등	• 표현놀이 – 놀이하기 – 나타내기 – 모방하기 – 공연하기 – 감상하기

미리 보는 통합교과 준비물

각 교과서마다 동화를 활용하여 수업의 주제를 제시하고 있습니다. '봄맞이' 주제의 '즐거운 봄맞이'를 공부할 때 나오는 '꽃장수'의 원문도서인 『꽃장수와 이태준 동화나라』를 읽어보면 학습에 도움이 됩니다.

'가족' 관련 주제에서 '식사는 이렇게' 단원을 보면 올바른 식사 방법에 대해 나옵니다. 저는 숟가락과 젓가락 사용 방법을 배우면서 죠리퐁을 서로 먹여주는 놀이를 했지요. 아이들이 한 개라도 더 먹으려고 젓가락 사용법을 열심히 연습하던 모습이 지금도 생생하게 떠오릅니다. 집에서도 가족들과 함께 게임을 하면서 젓가락 사용법을 익히면 좋겠습니다.

즐거운생활 영역 시간이 즐거우려면 준비물이 많이 필요한데 준비가 얼마나 잘되었느냐에 따라 같은 시간에 배울 수 있는 지식의 양이 그만큼 달라집니다. 학교에서 준비물을 갖춰주더라도 개인이 준비해야 할 것들을 다양하게 준비해 간다면 수업시간이 훨씬 흥미로울 것입니다.

1학년 때는 크레파스와 물감을 이용한 미술활동을 많이 하는 편이어서 어렸을 때 사용하던 여분의 물감을 더 보내주시면 유용하게 쓰입니다. 물감은 18색 정도로 알루미늄 용기에 든 것이 좋습니다. 플라스틱 튜브 용기에 든 물감은 쉽게 굳고 짜기 힘든 반면, 알루미늄 용기에 든 것은 끝을 말아 올리면서 물감을 끝까지 사용할 수 있어 경제적입니다.

붓은 털이 부드러운 것으로 5호, 10호, 15호 등 세 가지 정도만 준비하면 교과서에 나오는 모든 내용을 표현할 수 있습니다. 미술용품은 한 번 구입해서 잃어버리지만 않는다면 고등학교 때까지 사용할 수 있으니 끝이 잘 모아지고 붓털이 잘 빠지지 않는 붓으로 준비하는 것이 좋습니다.

팔레트는 플라스틱보다 알루미늄으로 된 것이 좋습니다. 물감을 짜서 굳힌 후 물에 녹여서 사용하면 저절로 투명 수채화의 효과가 나오는 것으로, 아이들이 손에 들고 사용하기에 적당한 크기의 팔레트를 준비해주세요.

리듬악기는 1학년 때 구입하여 초등학교 6년 동안 사용합니다. 리듬악기 주머니를 보면 탬버린, 트라이앵글, 캐스터네츠 등이 들어 있는데 그중 탬버린이 가장 크기 때문에 사물함에 넣거나 옆 선반에 놓을 때 부피를 많이 차지합니다. 따라서 다양한 모양의 리듬악기 주머니 가운데 탬버린 크기만한 둥근 주머니가 제일 적당합니다.

학교와 선생님마다 필요한 준비물이 조금씩 다를 것입니다. 요즘은 학교에서 준비물을 거의 제공하기 때문에 학기 초에 개인 준비물을 갖춰놓으면 학기 중에 따로 준비물을 많이 가져갈 필요가 없습니다. 다만, 수업을 위해 미리 생각해두면 좋은 것, 미리 관찰하면 좋은 것, 필요한 준비물을 말씀드리니 참고하시기 바랍니다.

대주제	준비물과 할 일
1. 학교와 나	• 학교 오고가는 길에 자주 보는 것들 관찰하기 • 학교 주변의 위험한 장소 조사 자료 • 크레파스, 색연필, 사인펜 • 친구 관련 동화책 • 소고(학교에 준비된 것을 제공하기도 함) • 어릴 적 친구 사진
2. 봄	• 봄 관련 동화책 • 청소도구 • 돋보기, 봄의 모습 카드 • 리듬 막대(학교에 준비된 것을 제공하기도 함) • 종이, 병, 신문지 등의 다양한 소리 내는 물건 • 수채용구(물감, 팔레트, 붓, 물통), 사인펜, 크레파스, 색연필, 풀, 가위, 색종이, 요구르트병 등의 재활용품, 인조 눈, 털실 • 육아수첩 및 성장사진 • 다양한 씨앗, 화분
3. 가족	• 가족 관련 동화책 • 모형전화기, 손가락인형 • 개인 숟가락과 젓가락 • 우리 집의 집안일 조사 자료 • 색연필, 사인펜, 풀, 가위, 찰흙, 찰흙칼, 신문지, 물티슈 • 리듬악기(트라이앵글, 윷가락, 캐스터네츠 등) • 다양한 집 사진, 다양한 애완동물 사진 • 공깃돌
4. 여름	• 여름철 사진 • 사인펜, 색연필, 크레파스, 가위, 풀, 색종이, 투명테이프, 나무젓가락, 일회용 숟가락 등 • 리듬악기 • 여름방학 생활계획표 • 물총놀이 도구

5. 이웃	• 이웃에게 피해를 주거나 받은 일 • 리듬악기 • 사인펜, 색연필, 크레파스, 가위, 풀, 색종이, 투명테이프 • 이웃을 표시하는 탈 • 공깃돌, 딱지 • 가게의 종류를 알기 위해 재래시장 가보기 • 우유갑 • 가게놀이를 위한 물물교환용 물건
6. 가을	• 가을철 주변 변화 사진 및 사람들이 하는 일 알아보기 • 리듬악기 • 잠자리를 만들 재활용품, 풀, 가위 • 명절에 하는 일, 추석에 하는 일 알아보기 • 지점토, 색점토, 찰흙판, 물티슈
7. 우리나라	• 사인펜, 색연필, 크레파스, 가위, 풀, 색종이, 투명테이프 • 태극기, 무궁화 관찰하기 • 한국의 집, 전통그릇, 전통음식, 전통의복에 대해 알아보기
8. 겨울	• 나의 비밀 친구에게 줄 선물 • 숲속 동물의 겨울 준비에 대해 알아보기 • 사인펜, 색연필, 크레파스, 가위, 풀, 색종이, 투명테이프

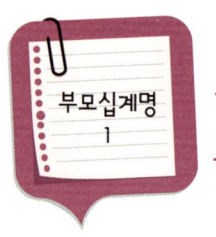

선생님을 믿고 도와주세요

얼마 전 암병동에 문병을 간 적이 있습니다. 카리스마가 느껴지는 40대가량의 의사 선생님이 젊은 의사들과 함께 회진을 하고 있었는데, 옆 병상의 환자가 그냥 지나치려는 의사에게 질문을 했습니다.

"수술 후에 소화가 잘 안 되는데 괜찮아질까요?"

의사 선생님은 환자의 말이 끝나기가 무섭게 이렇게 대답했어요.

"아니요. 나아질 수 없습니다."

순간 병실 분위기가 썰렁해졌지요. 냉랭한 분위기를 감지했는지 의사 선생님이 이런 말을 덧붙이더군요.

"낫는 병이 아니니까 음식을 조금만 드시고 암과 같이 생활할 생각을 하세요."

옆에서 그 상황을 지켜보면서 권위와 권위적인 것에 대해 생각하게 되었습니다. 의사에게 권위는 있어도 의사가 권위적이어서는 안 되겠다는 생각이었지요. 환자들이 목숨을 맡긴 의사 선생님이니 말 한마디라도 따뜻하게 해주면 좋겠다는 생각이 들더군요.

교사에 대한 학부모님들의 느낌도 마찬가지일 거라는 생각을 합니다. 교사들이 아이들을 가르치면서 '권위적'이기보다는 교육전문가라는 '권위'를 가질 수 있도록 교사가 먼저 노력하고 학부모님도 함께 도와주셔야 할 것입니다.

얼마 전에 한 어머니가 오셔서 상담을 하고 거의 끝나갈 즈음에 이런 말씀을 하시더군요. 전날 밤 꿈에 선생님이 나타나서 아이를 왜 그렇게 키웠느냐고 꾸중 아닌 꾸중을 해서 한참을 울었다는 이야기였습니다. 그 아이는 누가 봐도 성실하고 모범적인 아이였는데도 불구하고 어머니는 떨리는 마음으로 상담을 시작하셨다고 합니다.

담임의 입장에서는 선생님을 어려워하는 학부모님께 많은 도움을 드릴 수 있습니다. 나이로 보면 학부모보다 어린 교사이지만 교육에 대한 전문성을 인정해주고 일관성 있게 교육할 수 있도록 도와주시는 부모님들이 계실 때 아이들에게 아낌없는 열정을 쏟아부을 수 있는 것이지요.

학부모님이 먼저 선생님을 믿고 아이를 맡긴다면 부모님이 고치지 못한 아이들의 나쁜 버릇들을 선생님에 대한 믿음과 존경심으로 고쳐나갈 수 있을 거예요. 선생님은 아이들을 위해 도움을 줄 수 있는 전문가라는 믿음이 무엇보다 중요합니다.

4월쯤 되면 아이들이 때리는 아이와 맞는 아이로 나뉩니다. 그러다가 조금 지나면 맞던 아이도 때리는 일이 많아지더군요. 말로 해도 될 것을 자꾸 때린다는 아이들의 원망 섞인 소리를 듣고 있자니 참 괴로웠습니다. 그래서 아이들을 모아놓고 때렸던 아이들에게 공개적으로 사과하고 다시는 그러지 않겠다는 약속을 받아냈지요.

그랬더니 사과를 받은 아이가 다른 아이에게 다시 사과를 하더군요. 평소 친구가 때리면 같이 때리지 말고 선생님께 이야기하라고 가르쳤는데, 부모님은 맞지만 말고 같이 때리라고 하셨던 모양입니다. 집에 와서 맞았다는 이야기를 하면 더 혼날 거라면서 차라리 때리고 오라고 하셨다는 것입니다.

할 말이 없더군요. 그래서 부모님께는 선생님이 이야기할 테니까 선생님 말대로 하기로 아이들과 약속을 했지요. 맞은 사람은 혼나지 않아도 때린 사람은 크게 벌을 받기로 하니까 맞았다는 아이들이 많이 줄어들었습니다. 그런 다음 차라리 같이 때리라고 가르친 학부모님과 상담하면서 단체생활에 대해 말씀드렸지요. 그랬더니 학부모님은 아이가 맞고 오니 너무 속상해서 그랬다는 말씀과 함께 아이의 교육을 위해 저와 같은 방향의 교육을 시키겠다는 약속도 하셨습니다.

상담하는 어머니들이 하시는 말씀이 아이들이 엄마 말보다 선생님 말을 더 우선으로 생각하는 것이 샘난다고 하십니다. 1학년이니까 가능한 일이지요. 사실 부모님 품속에 있던 아이들을 교사의 품에 품으려면 시간이 좀 걸립니다. 그 시간이 얼마나 걸리는가는 교사의 능력에 달려 있을 겁니다.

똑같은 교육을 받아도 학교 선생님을 믿고 의지하는 아이들은 그렇지 않은 아이들보다 더 많은 교육적 효과를 기대할 수 있습니다. 집에서 아이들이 이런 질문을 할 때가 있을 거예요.

"엄마가 맞아, 선생님이 맞아?"

이런 질문에 "선생님이 맞아!"라고 대답해줄 수 있는 부모님은 아마 아이의 교육을 좀 더 수월하게 하실 수 있으리라 생각합니다. 선생님이 잘못했더라도 교사 입장에서 아이를 이해시킬 수 있는 부모님의 긍정적인 자세가 필요한 것이지요.

학교생활에 필요한 준비물을 가져오라고 하면 세 종류의 부류로 나뉩니다. 준비를 전혀 해오지 않는 아이, 자기 것만 준비해온 아이, 다른 친구들을 위해 여분의 것도 준비해오는 아이. 교사의 입장에서는 준비물이 없으면 수업 진행이 어렵기 때문에 준비물을 가져오지 않는 아이에게 따로 준비를 해주어야 하는 일이 참 번거롭습니다. 준비물이 없는 아이를 챙겨주다보면 다른 아이들에게도 피해가 가니까요.

그럴 때 준비물을 두 세트씩 보내주시는 어머니가 계시면 참 고맙습니다. 코팅 자료는 모서리까지 둥글게 잘라 두 세트를 보내주시는 학부모님, 소풍 때면 준비하지 못한 아이에게 주라고 도시락을 하나 더 싸서 보내주시는 학부모님이 계셔서 정말 아이들 가르칠 맛이 납니다. 교사에게 줄 선물을 준비하기보다 아이들 교육에 더 심혈을 기울일 수 있도록 도와주시는 부모님이 정말 존경스럽습니다.

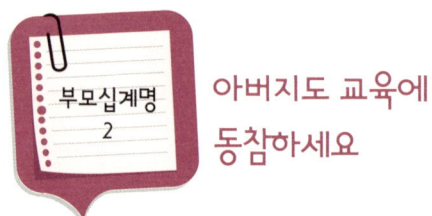

부모십계명 2
아버지도 교육에 동참하세요

한국의 산업이 눈부신 성장을 이룬 것은 아버지들이 사회에서 열심히 일한 결과일 것입니다. 새벽 별을 보며 출퇴근하시는 우리의 아버지들이 계셨기에 지금의 우리가 있을 수 있는 것이겠지요. 오래전 인터넷상에서 많이 알려진 '아버지는 누구인가?'라는 시가 잔잔한 감동을 주었는데, 저도 그 글을 접하고는 눈시울을 붉혔습니다.

> 아버지는 기분이 좋을 때 헛기침을 하고
> 겁이 날 때 너털웃음을 웃는 사람이다. (중략)
>
> 아버지가 아침 식탁에서 성급하게 일어나서 나가는
> 장소(그곳을 직장이라고 한다)는
> 즐거운 일만 기다리고 있는 것은 아니다.

아버지는 머리가 셋 달린 용과 싸우러 나간다.
그것은 피로와 끝없는 일과 직장 상사에게서 받는 스트레스다.
아버지란 자식을 결혼시킬 때 한없이 울면서도
얼굴에는 웃음을 나타내는 사람이다. (중략)

아들, 딸이 밤늦게 돌아올 때 어머니는 열 번
걱정하는 말을 하지만, 아버지는 열 번 현관을 쳐다본다. (중략)

아버지는 이중적인 태도를 곧잘 취한다.
그 이유는 '아들, 딸들이 나를 닮아주었으면' 하고 생각하면서도
'나를 닮지 않아주었으면' 하는 생각을 동시에 하기 때문이다.

아버지란 돌아가신 뒤에도
두고두고 그 말씀이 생각나는 사람이다.

아버지란 돌아가신 후에야 보고 싶은 사람이다. (중략)

아버지! 뒷동산의 바위 같은 이름이다.

 이 시를 읽으면 열심히 일하고도 가정에서 소외당하는 이 땅의 아버지에 대한 연민이 느껴집니다. 소설 『가시고기』가 드라마로 제작되면서 일반인들의 큰 공감을 얻은 바 있고, 한국의 교육 현실이 못마땅해 가족

을 모두 외국으로 보내고 한국에서 돈만 벌어서 보내는 '기러기 아빠'들이 이슈로 등장하기도 했습니다. 한국 사회에서 가정을 책임지고 이끌어야 하는, 그래서 마음 놓고 자신의 기분을 표현하지 못하는, 그러나 한없이 크고 깊은 사랑을 가진 아버지는 참으로 살기 힘든 시대를 살아가고 있다는 생각이 듭니다.

요새는 과거에 비해 아버지들도 아이 교육에 훨씬 적극적으로 참여하십니다. 상담을 하다보면 부모님이 함께 오셔서 아이에 대한 여러 가지 정보를 주고받는 경우가 있습니다. 바쁘실 텐데도 아이들 급식 시간에 맞춰 배식을 자청하시는 아버지도 계시고요. 이제는 아이들의 교육을 엄마에게만 맡기는 것이 아니라 가족이 함께 고민하면서 최선의 방법을 찾는 것이지요.

제 아버지도 이 땅의 여느 아버지들처럼 열심히 직장에 다니셨던 분입니다. 어렸을 때는 명절이나 휴일에 더 바쁘셨기 때문에 아버지 얼굴을 보는 것이 소원일 때도 있었어요. 바쁜 아버지 대신 어머니가 그 모든 것을 대신해주려고 많은 노력을 하셨습니다.

그러던 어느 날 아버지는 공무원 생활을 너무 오래 하셨다며 마음대로 글을 쓰고 강의만 하고 싶다고 명예퇴직을 하셨지요. 제가 아침 일찍 출근을 하기 위해 식사를 하고 있으면 아버지가 어느새 옆에 앉으셔서 이런저런 이야기를 하십니다. 식사도 하지 않으시면서 혼자 밥을 먹는 딸이 심심할까봐 앉아 계시는 것이지요. 더 주무시라고 하면 이렇게 말씀하십니다.

"시집가면 이것도 못하잖아."

아마도 아버지께서 '기러기 아빠', '외로운 아빠'의 오명을 씻으려고 그러시는가 봅니다. 늘 딸의 고민을 들어주고 격려를 아끼지 않는 아버지가 계셨기에 지금의 제가 있다는 생각을 합니다. 회사에서 능력을 인정받는 중역이 되어도 정작 가정에서 환영받지 못한다면 얼마나 불행한 일일까요. 아무리 바빠도 현재의 상황에서 최선을 다해 자녀와 많은 이야기를 나누는 자상한 아버지가 되시기 바랍니다.

그동안 아이와 함께 시간을 보내지 못했던 아버지가 학교에 들어간 아이에게 대화를 하자고 하면 잘 될까요?

만약 아직도 아이들과 대화를 나누지 못하는 아버지가 계시다면 아이가 입학하기 전부터 조금씩 대화를 시작해보세요. 권오진 선생님의 『아빠가 달라졌어요』(2009, 포북출판사)에 나온 좋은 아빠 진단표를 소개합니다. 진단표에서 자신의 점수를 적을 때는 다음의 기준에 따라주세요. '확실히 그렇다'면 5점, '매우 그렇다'면 4점, '조금 그렇다'면 3점, '그저 그렇다'면 2점, '전혀 아니다'면 1점으로 합니다. 각 주제별 점수를 매겨본 후에 아빠로서의 현재 위치를 생각해보시면 좋을 것 같습니다. 점수 평가 기준은 아래와 같습니다.

| 24~22점 : 완벽 | 21~19점 : 매우 훌륭 | 18~16점 : 훌륭 | 15~13점 : 약간 노력 |
| 12~10점 : 많은 노력 | 9~7점 : 매우 심각 | 6점 이하 : 절망적 | |

좋은 아빠 진단표

자녀의 속마음 엿보기	5점	4점	3점	2점	1점
자녀의 마음속 고민거리를 알고 있다.					
자녀가 성장하는 과정에서 감정의 변화를 읽을 수 있다.					
자녀와 최근 진지한 대화를 나눈 적이 있다.					
자녀의 마음을 움직이는 나만의 특별한 방법이 있다.					

자녀의 습관	5점	4점	3점	2점	1점
자녀가 좋아하는 음식, 싫어하는 음식을 알고 있다.					
자녀가 좋아하는 운동과 싫어하는 운동을 알고 있다.					
자녀의 좋은 습관과 나쁜 습관을 알고 있다.					
자녀의 나쁜 습관을 고쳐주려고 노력한다.					
자녀에게 말보다 직접적인 실천을 통해 변화를 유도하는 편이다.					

자녀의 친구관계	5점	4점	3점	2점	1점
자녀의 친구 이름을 알고 있다. (4명: 5점, 3명: 4점, 2명: 3점, 1명~없음: 1점)					
자녀의 친구와도 가끔 식사를 한다. (3개월 내: 5점, 6개월 내: 4점, 1년 내: 2점, 없음: 1점)					
자녀의 친구와 필요하면 가끔 전화를 하거나 만나는 편이다.					
자녀의 친구와 서로 집을 방문하며 왕래가 빈번한 편이다.					
학교에서 아이가 겪는 왕따의 원인과 대책에 대해 잘 안다.					

자녀의 꿈	5점	4점	3점	2점	1점
자녀의 재능과 소질이 무엇인지 구체적으로 알고 있다.					
자녀의 꿈이 변해온 과정을 알고 있다.					
자녀가 관심을 갖는 부분에 항상 주목하고 관찰하는 편이다.					
자녀의 꿈을 키워주기 위해서 동기부여를 잘하는 편이다.					
자녀의 소질과 재능을 실현시켜주기 위해 행동하는 편이다.					

자녀와의 교감	5점	4점	3점	2점	1점
자녀를 인격체로 대하려 노력한다.					
자녀가 속상해서 울면 곧바로 해결할 수 있다.					
자녀의 기를 살려주는 말이 무엇인지 안다.					
자녀와의 가치관 차이를 극복하는 법을 안다.					
자녀가 큰 잘못을 했을 경우에도 이성적으로 해결하는 편이다.					

구체적인 환경 점검	점수
TV가 집에 없다(5점), 안방에만 있다(4점), 거실에만 있다(3점), 아이방에도 있다(1점)	
PC가 없거나 안방에 있다(5점), 거실에 있다(3점), 아이방에도 있다(1점)	
TV용 게임기와 포터블 게임기가 없다(5점), 둘 중 하나만 있다(3점), 둘 다 있다(1점)	
아이가 PC방에 가지 않는다(5점), 가끔 간다(3점), 자주 간다(1점)	
일주일에 아이와 밥 먹는 횟수 7회 이상(5점), 5회(4점), 4회(3점), 3회(2점), 1회(1점)	

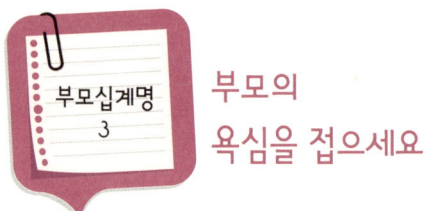

부모의 욕심을 접으세요

아이를 키우면서 내 아이가 천재는 아니어도 영재일지도 모른다는 생각을 누구나 한 번쯤 해보셨을 겁니다. 누가 가르쳐주지도 않았는데 글자를 읽고, 영어 단어를 구별하고, 덧셈을 한다고 신기해하지요. 그래서 부모님은 아이가 학교에 입학하면 그 영재성을 확인받고 싶어 하십니다.

그러나 학습 면에서 우수한 아이라도 생활습관이 엉망이고 사회성이 떨어지면 학교에 들어와서 지적을 받게 되지요. 그러면 부모님은 그동안의 생활 교육이 잘못되었다는 자책보다는 학교와 선생님을 원망하고, 급기야 아이까지 부모님 마음대로 되지 않는다면서 가슴을 칩니다. 그런 부모님의 기대감을 아이는 어떻게 받아들일까요?

아이가 학교에 들어갈 때가 되면 우선 아이에 대한 부모님의 지나친 욕심을 접는 것이 필요합니다. 부모님의 욕심 때문에 아이와 선생님, 학교가 받는 스트레스는 실로 엄청납니다. 아이가 입학할 때가 되면, 그저 학교에 가서 친구들과 사이좋게 지내고 학교생활에 잘 적응하기만을 바라는 정도면 좋겠습니다.

일단 학교에 입학해서 학교생활에 잘 적응하는 것 같으면 그때 학습면까지 조금 더 욕심을 내볼 수 있겠지요. 내 아이가 영재가 아니라는 것에 실망하기보다는 기대하지 않는 것이 모두에게 좋습니다. 평범하지 않은 아이를 가진 부모님들의 속상함과 안타까움을 생각하시면서 평범한 아이를 가진 학부모님의 행복을 누리시기 바랍니다.

아이가 학교생활에 잘 적응하도록 도와주세요

10여 년 전 한 신문에 "아이의 학교생활 적응을 위해 부모가 할 수 있는 10가지 방법"이 소개된 적이 있습니다. 참고할 만한 내용이 많아 스크랩해두었는데 여기 소개해봅니다.

① 아이가 학교에서 돌아오면 학교생활에 대해 대화하는 시간을 갖는다.
② 아이의 교사와 자주 대화를 나눈다.
③ 아이가 학교생활에 불안을 느끼지 않도록 가정의 분위기를 화목하게 이끈다.
④ 아이가 학교에서 집으로 가져오는 것에 관심을 갖는다.
⑤ 아이가 숙제를 스스로 할 수 있도록 도와준다.
⑥ 생활 속의 다른 활동들과 학습을 연관 지음으로써 학교 수업에 대

한 흥미를 유발시킨다.

⑦ 어머니가 학교의 다양한 활동에 참여하는 것도 아이가 학교생활에 관심을 갖게 하는 방법이다.

⑧ 학교 성적이 낮은 것에 대해 나무라기보다는 격려를 통해 자신감을 북돋워준다.

⑨ 다른 학부모와 아이의 담임선생님을 통해 교과목이나 학교 시스템에 대한 정보를 지속적으로 얻는다.

⑩ 아이가 학교에서 시행하는 방과 후 활동에 참여할 수 있도록 격려한다.

이 가운데 아이의 학교생활 면에서 가장 필요한 것은 ①번입니다. 대화가 없다면 아이의 생각과 느낌을 알 수 없기 때문이죠. 또 학습 면에서 가장 필요한 것은 ⑥번입니다. 2009 개정교육 과정은 아이 스스로의 능력으로 더 발전된 지식을 구성할 수 있다는 구성주의에 입각해 만들어졌습니다. 따라서 학교에서 배운 기본적인 지식을 생활에 적용하고, 그것을 학교 수업과 연결시킨다면 더 많은 발전을 기대할 수 있습니다.

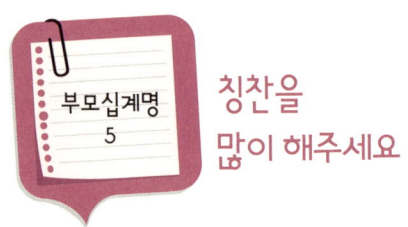

부모십계명 5 — 칭찬을 많이 해주세요

『칭찬은 고래도 춤추게 한다』라는 책을 보면서 교사인 저도 칭찬에 참 인색하다는 생각을 했습니다. 남 앞에만 서면 주눅이 드는 아이, 친구들이 하는 말에 말대꾸 한 번 못하는 아이, 친구가 잘못한 일로 누명을 썼는데 변명도 못하는 아이, 항상 의기소침해 있는 아이를 보면, 이 험한 세상을 어떻게 살아갈지 무척 걱정이 되실 거예요.

하지만 그런 아이일수록 칭찬을 많이 해주어야 합니다. 제가 어렸을 때 그림을 그리면 부모님은 어떻게 그런 생각을 했냐면서 잘된 부분에 대해서는 칭찬을 아끼지 않으셨습니다. 그래서 새로운 아이디어가 담긴 그림을 그리려고 노력하다 보니까 그림을 더욱 잘 그리게 되었고, 결국 미술교육을 공부하게 되었지요.

지금 생각해보면 부모님이 그림에 대한 남다른 식견이 있었던 것도 아니고, 그다지 잘 그린 그림이 아닌데도 좋은 점 한 가지를 골라 박수를 쳐주며 칭찬해주셨다는 생각이 듭니다.

　아이가 자신이 하는 일에 대해 자신감을 가지고 끝까지 밀고나갈 수 있도록 하기 위해서는 아낌없는 칭찬이 필요합니다. 아이가 올바른 행동을 했을 때, 잘못된 행동을 하지 않았을 때 칭찬을 해주면 아이의 행동에 좋은 변화가 생길 것입니다. 아이가 알고 있는 것에 대해 감탄과 함께 칭찬을 해준다면 아이는 점점 공부에 자신감을 갖고 잘하게 될 테니까요.

　아이에게 직접 칭찬의 말을 해줄 시간이 없다면 아이의 일기장에 칭찬의 말을 적어주세요. 자신의 일기장에 쓰여 있는 부모님의 사랑 표현과 애정 어린 칭찬은 부모가 아이에게 줄 수 있는 최고의 선물입니다.

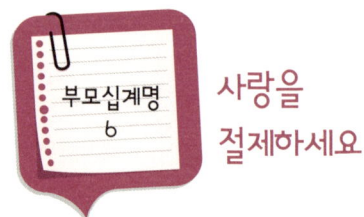

부모십계명 6 사랑을 절제하세요

외할머니의 무조건적인 사랑을 그린 〈집으로〉라는 영화가 한때 할리우드의 대작들을 물리치고 극장가를 강타한 일이 있었습니다. 할머니의 무조건적인 사랑에 감화되는 영화 속 손자의 모습을 보면서 눈시울을 적셔야 했지요.

아이가 버릇없이 굴어도 한없는 사랑으로 손자를 감화시키는 것이 은근과 끈기의 한국적인 정서라고 여겨집니다. 부모님도 물론 아이들에게 무조건적인 사랑을 베풀어주십니다. 가끔 이다음에 부모님이 나이가 들면 돌봐주겠지라는 보상 심리가 작용할 때도 있지만 자식에 대한 사랑은 어찌할 수 없는 본능이란 생각이 듭니다. 그러나 이런 사랑 때문에, 아이가 하는 일들이 모두 예뻐 보인다고 그대로 내버려두면 아이가 학교생활에 적응하는 데 어려움을 느낄 수 있습니다.

학교생활을 하다보면 친구들에게 양보도 해야 하고, 하고 싶은 일을 멈추고 다른 일을 해야 할 때도 있을 것입니다. 이때 무조건적인 사랑을 받은 아이는 자기 고집대로만 하려고 들기 때문에 친구들과 선생님에게 환영받지 못하겠지요. 아이가 다른 사람이야 어떻게 되든 상관없이 자기 마음대로 하게 놓아두는 것은 결국 아이를 그르치게 하는 일이나 다름없습니다.

아이가 훌륭하게 자라기를 바랄수록 사랑을 듬뿍 주는 대신 다른 사람들과 어울려 살아가는 데 어려움이 없도록 남을 배려하는 태도를 길러주세요. 아무리 말로 이해를 시키려고 해도 아이가 알아듣지 못하고 막무가내로 고집을 부린다면 엄마의 감정은 배제한 채 꾸준히 반복적으로 올바른 행동에 대해 말해주어야 합니다. 그래도 고집을 부린다면 가끔은 따끔한 회초리로 더 큰 사랑을 실천하셔야 할 것입니다.

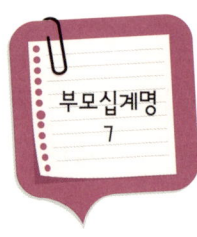

아이 싸움은 그냥 아이들 싸움으로 놔두세요

학교에서 퇴근을 하려는데 훈이 어머니께서 격앙된 목소리로 전화를 하셨습니다. 훈이와 민이가 서로 주먹다짐을 하며 싸웠는데 민이 어머니께서 훈이네 집까지 찾아와 훈이를 혼냈다는 것입니다. 그런데 훈이가 민이 어머니께 대들자 민이 어머니께서 훈이 뺨을 때렸다고 했습니다.

나중에 집에 돌아온 훈이 어머니께서는 울고 있는 훈이 얼굴을 보고 민이 어머니에게 달려가 항의했고, 결국 어머니들 싸움으로까지 번진 모양이었습니다. 그래도 분이 풀리지 않은 훈이 어머니는 울먹이는 목소리로 하소연을 하기 위해 담임인 저에게 전화를 한 것이었어요.

이럴 때 교사는 어느 편도 들어줄 수 없어서 정말 난감합니다. 그래서 이야기를 모두 들은 후에 진정시켜드렸지요. 아이를 사랑하는 두 어머니의 모정에서 비롯된 사건이라는 생각을 하고, 아이 입장에서 생각해보라는 말씀을 드렸습니다. 계속 울면서 말씀하시는 어머니를 보면서 훈이가 어떻게 생각하겠느냐고 했더니 점차 마음이 누그러지시는 듯했고, 결국 훈이 교육을 잘못시킨 것 같다고 하면서 미안해하셨습니다.

훈이 어머니께 어른들의 감정 때문에 아이들이 상처받지 않도록 해결하시기를 바란다는 말씀도 드렸습니다. 결국 아이들은 절친한 친구 사이가 되었지만, 어머니들은 동네 부끄러워서 한동안 얼굴을 못 들고 다니셨을 것입니다. 똑같이 아이를 기르는 부모 입장에서는 서로 조금만 이해하고 참는 인내가 필요해 보입니다.

요즘은 아이들 싸움에 부모님이 이성을 잃기 쉽습니다. 가끔 아이 싸움이 부모 싸움으로 번지면서 법정 공방으로까지 치닫는 경우가 생기기도 하지요. 아이가 싸웠다면 우선 조금 속상해도 아이끼리 해결하도록 도와주시는 것이 좋습니다. 그리고 재발 방지와 아이의 교육을 위해 담임선생님께도 말씀을 드리세요. 직접 그 아이 집에 전화를 하는 것은 어른 싸움의 시초가 될 수 있으니 섣불리 행동하기보다 담임선생님께 먼저 알려 사태를 수습하는 것이 현명합니다. 자칫 부모님들의 감정싸움으로 아이들만 상처를 입고, 아이들이 친구관계를 맺는 데 주눅이 들거나 친구를 믿지 못하는 일이 없어야 하겠습니다.

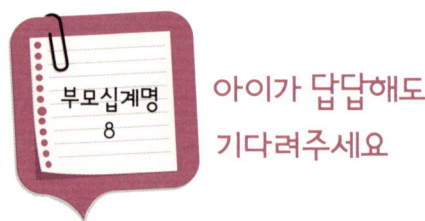

아이가 답답해도 기다려주세요

학교에 온 아이들에게 준비물을 꺼내놓으라고 하면 준비물이 없다면서 앞으로 나오는 아이들이 여럿 있습니다. 그중에는 정말 준비를 못한 아이와 준비는 해왔지만 자신의 가방에 무엇이 들어 있는지 모르는 아이로 나뉩니다. 그런 경우 다시 가방을 뒤져보아야 하지요. 아이가 준비물을 챙길 시간을 주지 않은 채 어머니가 알림장을 보고 알아서 챙겨주신 결과인데, 그렇게 하면 1년 내내 어머니만 힘들어집니다. 또 아이는 아이대로 필요한 준비물과 주변 물건을 챙기지 못하는 나쁜 습관을 몇 년이 지나도록 고치지 못하게 되지요.

아이가 혼자 자신의 준비물과 해야 할 것들을 챙길 수 있도록 하기 위해서는 부모님의 인내가 필요합니다. 아이가 잘 못하니까 답답함을 참지 못하고 '그냥 챙겨주고 말지' 하시면 계속 걱정만 하게 되고 좋은 습관을 들이기 어렵습니다.

우선 3, 4월에는 아이가 준비물을 혼자 챙기도록 옆에서 지켜봐주는 것이 필요합니다. 잠자리에 들기 전에 미리 내일 가져갈 책가방을 싸놓고 자는 습관을 들이는 것이 좋습니다. 처음에는 준비물 챙길 시간을 먼저 알려주고 알림장을 같이 읽어보세요. 그런 다음 공책과 색연필, 필통, 교과서 등을 어떻게 챙기는 것인지, 아이가 그 방법을 터득하게 하면 됩니다. 부모님이 먼저 시범을 보이고 다음에는 아이가 혼자서 준비물을 잘 챙기는지 지켜봐주세요.

학기 중에는 교과서를 오려 오라고 할 때도 있고, 빈 페트병이나 요쿠르트 병을 가져오라고 하는 경우도 있을 거예요. 그러면 아이와 함께 어떻게 준비하면 좋을지에 관해 먼저 의논한 후, 아이가 혼자서 준비하도록 도와주시면 됩니다. 물론 준비물을 챙기는 데 시간이 오래 걸리고 준비한 것이 마음에 들지 않을 수도 있습니다. 하지만 아이가 스스로 준비하도록 답답함을 참고 기다려준다면 아이는 부모님께 의지하지 않고 스스로 준비하는 습관을 들이게 될 것입니다. 그러면 자신의 가방에 무엇이 들어 있는지 정도는 잘 알 수 있겠지요?

아이가 집에 와서 짝이 싫다고 투정을 부리거나 친구가 놀아주지 않는다며 울먹일 때도 있을 것입니다. 선생님에게 직접 말하라고 하면 싫다고 하면서 떼를 쓸지도 모릅니다. 그럴 때는 아이가 문제를 스스로 해결해보도록 충분한 시간을 주셔야 합니다. 아이가 속상해한다고 부모님이 나서서 해결하려 들면 아이는 친구관계를 맺는 데 점점 더 자신감을 잃을 것이고, 어려운 일에 부딪칠 때마다 부모님에게 떠넘길 테니까요.

어렸을 때는 부모님이 모든 것을 해결해주지만, 초등학교 1학년이 되면 자기 스스로 어려운 문제를 해결해야 한다는 것을 아이가 인지하도록 지도해주세요. 정말로 자녀를 위하는 길은 아이가 어떤 어려운 일이라도 혼자 해결할 수 있도록 강하고 지혜롭게 키우는 것이라고 생각합니다. 아이들은 부모님이 생각하는 것보다 훨씬 더 잘해낼 테니 너무 조바심 내지 말고 아이를 믿고 기다려주시기를 당부 드립니다.

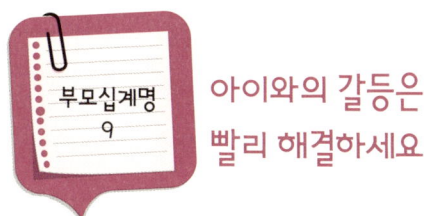

아이와의 갈등은 빨리 해결하세요

부모십계명 9

아이들이 사춘기가 되면 반항을 하는 것이 당연합니다. 충동적인 행동을 보이기도 하고 사소한 것에도 예민하게 반응을 하죠. 그런 사춘기를 예전에는 중학교 1, 2학년 정도에 겪는다고 했는데, 요즘은 초등학교 3, 4학년이면 사춘기에 접어든다고 하니 점점 아이 키우기가 어려워진다는 생각이 듭니다. 요즘은 영양 상태가 좋아서 키가 큰 여학생의 경우 3, 4학년이면 초경을 경험하게 됩니다.

1학년 아이들도 마찬가지입니다. 그냥 어린아이가 아니라 고집도 세고 반항도 부리는 어린아이들인 것이지요. 상담을 하시는 어머니들께서는 선생님은 도대체 아이들을 어떻게 다루느냐고 질문하십니다. 심부름을 시키면 "싫어!"라는 말이 먼저 튀어나오고, 컴퓨터 사용이나 TV 시청을 자제시키면 짜증을 내면서 반항하는가 하면, 말대답하는 것은 감당하기 어려울 정도라고 합니다.

그럴 때는 아이와 똑같이 말싸움을 하지 마시고 상황을 이해시킨 후, 일관된 규칙을 적용해서 꾸준히 생활습관을 개선하도록 하는 것이 좋습니다. 가장 좋은 부모님의 마음가짐은 아이를 짜인 틀에 맞추어 막무가내로 끌고가기보다는 '나도 저만할 때 저랬지' 하면서 어느 정도 너그럽게 받아들이는 것입니다. 아이들로 하여금 부모님은 항상 자신을 잘 이해해주되 시행착오에 대해 아낌없이 조언을 해주시는 분으로 생각할 수 있도록 믿음을 주는 것이 무엇보다 중요합니다.

이 글을 읽는 부모님들은 대부분 자녀교육에 관심이 있는 분들이어서 전문가의 도움이 필요할 정도로 자녀와의 갈등이 심각하지는 않을 거라 짐작합니다. 다음의 표는 삼성서울병원 소아청소년과에서 사용하는 자녀와의 갈등 진단법입니다. 특별한 문제가 없더라도 체크해보면서 세대 간의 갈등이 어느 정도인지 진단해보세요.

자녀와의 갈등 진단법

각 항목에서 답이 '거의 늘 그렇다'면 5점, '보통'이면 3점, '전혀 그렇지 않다'면 1점으로 계산합니다. 꼭 집어 어느 단계라고 답하기 곤란하면 각 단계의 중간 점수인 2점과 4점으로 합니다. 평가 항목을 잘 읽고 학부모님이 직접 체크해보세요.

	평가항목	점수
1	나는 외롭고 친구가 없다는 생각이 든다.	
2	나는 내 자녀에게 나쁜 부모라고 생각한다.	

3	자녀가 나를 화나게 하는 일을 잘한다.	
4	자녀는 나를 싫어하며 나로부터 떨어져 있고 싶어 한다.	
5	자녀는 내가 기대하는 것보다 나를 보고 잘 웃지 않는다.	
6	나는 자녀에 대해 좀 더 친밀하고 따뜻한 감정을 갖고 싶지만 실제로는 그렇지 못해 괴롭다.	
7	내가 자녀를 위해 어떤 일을 해주어도 자녀는 나의 수고에 대한 고마움을 아는 것 같지 않다.	
8	자녀에게 규칙적인 취침과 식습관을 가르치는 일이 힘들었다.	
9	자녀는 아침에 잘 일어나지 않으며 불쾌해 보인다.	

평가 도구의 점수 해석(오른쪽 점수를 모두 더했을 때)

- **21점 이하** : 세대 갈등이 별로 없다.
- **22~31점** : 세대 갈등이 비교적 있는 편이다.
- **32점 이상** : 세대 갈등이 매우 심해 전문가의 도움이 필요하다.

부모십계명 10 — I message로 표현하세요

고학년 담임을 맡으면서 아이들의 잘못을 엄하게 야단치곤 했습니다. 잘한 것에는 칭찬을, 잘못한 것에는 벌을 주어 다시는 그런 잘못을 하지 않도록 해야 한다는 고정관념 때문이었지요. 나의 실수는 남들도 슬쩍 넘어가주기를 바라면서 아이들의 실수나 잘못은 일일이 나무라며 상처를 주었던 셈입니다.

이제는 아이들이 잘못을 하면 앞으로 나오게 해서 가만히 쳐다봅니다. 분위기가 심상치 않음을 느낀 아이는 앞에 나와서 불안해하겠지요. 그리고는 자신의 잘못을 반성하는 시간을 갖게 됩니다. 예전 같으면 그 아이의 잘못을 큰 소리로 나무라다가 아이가 고개를 숙인 채로 잠자코 있으면 더 고래고래 소리를 질렀을 테지만, 지금은 슬쩍 아이에게 다가가 "왜 앞에 나왔지?" 하고 물은 뒤 대답할 때까지 기다립니다.

제가 기다리는 것을 아는 아이는 자신의 잘못에 대해 이야기를 합니다. 그러면 저는 또 이렇게 질문합니다.

"그러면 어떤 벌을 받아야 하지?"

그 아이는 여러 가지 벌의 종류를 이야기하지요. 그러면 모두 듣고 난 후에 저는 이렇게 이야기합니다.

"선생님은 너를 사랑하는데 네가 자꾸 이런 실수를 하니까 선생님이 많이 속상해. 다시는 이런 실수하지 말자."

아이는 잘못에 대한 뉘우침과 크게 혼나지 않았다는 안도감에 결국 눈물, 콧물 범벅이 됩니다.

가정에서도 아이에게 'I Message*'를 사용해보세요.

"네가 식당에서 뛰니까 엄마가 교육을 제대로 못 시킨 것 같아서 속상해."

"엄마가 지금 많이 화가 나. 너를 너무 사랑하는데 너의 이런 행동 때문에 엄마는 그동안 너를 잘못 키웠다는 생각이 들어서 부끄러워."

이렇게 말입니다. 부모님의 마음을 이해하면서 자신의 잘못된 마음과 행동을 고쳐나가는 아이의 모습을 시간이 걸리더라도 지켜보는 애정 어린 인내가 필요합니다.

'I message'는 '나 전달법'을 말합니다. 1966년 토마스 고든은 교육적 가치가 있는 이상적인 것을 실천하는 방법인 교사 효율성 훈련을 개발했습니다. '나 전달법'은 그중 한 가지 방법으로 상대방의 행동을 비난하는 '너 전달법'이 아니라 나의 기분과 상황을 이야기해 아이들의 자발성, 책임감, 창의성을 길러주는 기법입니다. 더러운 방을 보고 "너는 돼지우리에 사냐?"보다는 "이 방을 보니까 네가 어지른 방을 엄마가 또 치워야 할 것 같아서 답답하네"라고 '나 전달법'을 이용해 표현하는 것이 좋습니다. 그러면 아이가 부모님의 마음을 이해하고 자신의 행동을 스스로 결정할 수 있을 것입니다.

책을 마무리하며

2005년에 초판이 나왔을 때는 초등 1학년에 관련된 책이 거의 없던 실정이라 예비 초등생 자녀를 둔 학부모님들께 도움이 되었다는 말씀을 많이 들었습니다. 각종 블로그와 후기에 견해를 올려주시면서 많이 사랑해주신 예비 학부모님들께 감사하다는 말씀을 드립니다. 독서 후기에, 공부 1등 만드는 비법이 아니라 아이가 학교에서 어떻게 생활하고 무슨 준비를 하는지 꼼꼼하게 알려주는 책이라는 평을 올려주신 분도 있고, 학부모보다 교사들이 읽어야 할 필독서라고 말씀해주신 분도 있었습니다. 격려와 더불어 부족한 점들에 대해서도 솔직하게 조언해주신 학부모님들께 감사드리면서 자녀교육을 위해 제가 아는 더 많은 정보를 알려드려야겠다는 생각을 하게 되었습니다.

출간 후 10년의 시간이 흐르면서 여러 학부모님들께 개정판이 나오면 좋겠다는 말씀을 들으면서도 이제야 개정판을 내게 됨을 죄송하게 생각합니다. 그동안 바뀐 교육 정책과 교과 내용, 시류 등을 반영하여 재구성했으니 가정에서 자녀를 지도하시는 데 조금이라도 도움이 되기를 바랍니다.

저 역시 아이를 기르는 부모여서 아이에 대해서는 자신할 수 없다는 생각을 많이 하게 됩니다. 저는 제 아이가 그저 건강하게 다른 사람들과 잘 어울리며 행복하게 살아가면 좋겠습니다. 남을 배려하는 아이, 다른 사람에게 상처주지 않고 혹시라도 받은 상처는 훌훌 털어낼 수 있는 아이, 실패한 일에 끈기를 가지고 도전할 수 있는 아이, 스스로 잘하고 좋아하는 일을 찾아 재능과 실력을 다져서 그 일을 평생의 즐거운 업으로 삼고 살아가는 아이, 또 그 일을 통해 다른 사람들의 삶까지도 윤택하게 해주며 행복하게 살아가기를 바랄 뿐입니다. 하지만 아이는 제가 아닙니다. 아이의 성향, 능력에 따라 완급을 조절해야 합니다.

아이가 처음 학교에 입학하면 학교생활 적응에만 신경을 써주세요. 그리고 학교에 적응을 잘한다는 생각이 든다면 그때 한 가지, 두 가지씩 천천히 제안하며 아이의 이야기를 들어보는 것이 좋습니다. "이것도 해볼 테야?", "방과 후 활동 중에 해보고 싶은 것이 있어?"라고 접근하는 식이지요. 아이가 잘 받아들인다면 능력에 따라 도전하게 하는 것도 좋으니까요. 아이가 싫다고 하면 빨리 미련과 욕심을 버리세요. 아이의 의견이 가장 중요하니까요.

등에 맨 가방보다 더 작아 보이는 여리디 여린 내 아이지만 한번 믿어보세요. 부모님이 생각하시는 것보다 훨씬 재미있게 학교생활을 해나갈 것이고 친구들과도 잘 지낼 테니까요. 어느 순간 아이의 한마디 말이 부모님을 기쁘고 행복하게 해줄 때도 있을 것입니다. 아이와 함께 입학을 즐겁게 준비하시고 알차고 행복한 초등 1학년을 보내시면 좋겠습니다.

서울영화초등학교 교사
이현진 드림

부록

· 1학년 1학기 교과서에 수록된 원문도서
· 1학년 2학기 교과서에 수록된 원문도서
· 2학년 1학기 교과서에 수록된 원문도서

1학년 1학기 교과서에 수록된 원문 도서

과목 / 단원	도서명	지은이	출판사
국어 2단원	요렇게 해봐요	김시영	마루벌, 2011
국어 2단원	생각하는 ㄱㄴㄷ	이보나 흐미엘레프스카	논장, 2005
국어 2단원	기차 ㄱㄴㄷ	박은영	비룡소, 2007
국어활동 2단원	찾았다!	문승연	길벗어린이, 2008
국어활동 2단원	개구쟁이 ㄱㄴㄷ	이억배	사계절, 2011
국어 3단원	옛 아이들의 노래와 놀이 읽기	편해문	박이정출판사, 2002
국어활동 3단원	냠냠 한글 가나다	정낙묵	고인돌, 2009
국어활동 4단원	기분을 말해 봐!	앤서니 브라운	웅진주니어, 2011
국어 4단원	재미있는 내 얼굴	니콜라 스미	보물창고, 2014
국어활동 4단원	머리가 좋아지는 그림책 (창의력 편)	우리누리	파란하늘, 2007
국어 5단원	내 마음의 동시 1학년	신현득 외	계림북스, 2011
국어 5단원	저학년을 위한 동요 동시집	한국아동문학학회	상서각, 2008
국어 5단원	괜찮아	최숙희	웅진주니어, 2005
국어 5단원	아! 따끔!	국지승	시공사, 2009
국어활동 5단원	아가 입은 앵두	서정숙	보물창고, 2013
국어 6단원	글자 없는 그림책 1	이은홍	사계절, 2008
국어 7단원	358가지 어린이를 위한 이솝우화전집 1	신현철, 최인자 공편	문학세계사, 2009
국어 7단원	바람이 좋아요	최내경	마루벌, 2008

국어활동 7단원	꼭 잡아!	이혜경	여우고개, 2007
통합 학교	얘들아, 학교 가자	강승숙	사계절, 2012
통합 학교	달라도 친구	허은미	웅진주니어, 2010
통합 봄	꽃장수와 이태준 동화나라	이태준	웅진주니어, 2006
통합 봄	나의 봄 여름 가을 겨울	린리쥔	베틀북, 2006
통합 가족	가족은 꼬옥 안아주는 거야	박윤경	웅진주니어, 2011
통합 가족	만희네 집	권윤덕	길벗어린이, 1995
통합 여름	빨간 부채 파란 부채	이상교	시공주니어, 2006
통합 여름	할머니 어디 가요? 앵두 따러 간다!	조혜란	보리, 2009

1학년 2학기 교과서에 수록된 원문 도서

과목 / 단원	도서명	지은이	출판사
국어 1단원	바람의 보물찾기	강현호	청개구리, 2011
국어 1단원	우산 속	문삼석	아동문예사, 2002
국어 1단원	책이 꼼지락 꼼지락	김성범	미래아이, 2011
국어활동 1단원	거꾸로 도깨비	보리기획	보리, 2001
국어활동 1단원	둘이서 둘이서	김복태	보림, 2003
국어활동 1단원	휘리리후 휘리리후	한태희	웅진주니어, 2006
국어 2단원	두껍아 두껍아	임석재	다섯수레, 2009
국어 2단원	또박또박 반갑게 인사해요	안미연	상상스쿨, 2009
국어활동 2단원	오리야? 토끼야?	에이미 크루즈 로젠탈	아이맘, 2010
국어활동 2단원	글자가 사라진다면	윤아해 외	뜨인돌, 2008
국어활동 2단원	고양이는 나만 따라 해	권윤덕	창비, 2005
국어 3단원	생각을 키우는 글쓰기 1학년	열린교육 해오름	대교출판, 1999
국어 4단원	몰라쟁이 엄마	이태준	우리교육, 2011
국어활동 4단원	겨자씨의 꿈	조성자	현암사, 1996
국어활동 4단원	종이 한 장	박정선	비룡소, 2008
국어 5단원	영이의 그림일기	황영	위즈덤북, 2003
국어활동 5단원	감기 걸린 날	김동수	보림, 2002
국어 6단원	나처럼 해봐요, 요렇게!	밝남희	보림, 1999
국어 6단원	향기 나는 바람개비	최은섭	두산동아, 2000

국어활동 6단원	꽃 속에 묻힌 집	이오덕, 이종욱 공편	창비, 2001
국어활동 6단원	야, 우리 기차에서 내려	존 버닝햄	비룡소, 2000
국어 7단원	세상에서 가장 힘이 센 말	이현정	맹앤앵, 2012
국어 7단원	무지개 물고기	마르쿠스 피스터	시공주니어, 1994
국어활동 7단원	내 마음을 보여 줄까?	윤진현	웅진주니어, 2010
국어활동 7단원	짧은 동화 긴 생각 3	이규경	효리원, 2011
국어 8단원	뜨고 지고! : 자연	박남일	길벗어린이, 2008
국어 9단원	재주꾼 오 형제	이미애	시공주니어, 2006
국어 9단원	황소 아저씨	권정생	길벗어린이, 2001
통합 가을	가을을 파는 마법사	노루궁뎅이 창작교실	노루궁뎅이, 2011
통합 가을	솔이의 추석 이야기	이억배	길벗어린이, 1995
통합 우리나라	안녕, 태극기!	박윤규	푸른숲주니어, 2012
통합 우리나라	햇빛과 바람이 정겨운 집, 우리 한옥	김경화	문학동네어린이, 2011
통합 겨울	쿠키 한 입의 인생수업	에이미 크루즈 로젠탈	책읽는곰, 2008
통합 겨울	아기 너구리네 봄맞이	권정생	길벗어린이, 2001
통합 이웃	이웃사촌	클로드 부종	물구나무, 2002
통합 이웃	요셉의 작고 낡은 오버코트가…?	심스 태백	베틀북, 2000

2학년 1학기 교과서에 수록된 원문 도서

과목 / 단원	도서명	지은이	출판사
국어 1단원	어린이 노래모음집	놀이연구회	우리교육, 2013
국어 1단원	귀뚜라미와 나와	겨레아동문학연구회	보리, 1999
국어 1단원	애기똥풀꽃이 자꾸자꾸 피네	정두리	파랑새어린이, 2002
국어 1단원	약은 토끼와 어리석은 호랑이	이원수 편저	창비, 2001
국어 1단원	으악, 도깨비다!	손정원	느림보, 2002
국어활동 1단원	고양이	현덕	길벗어린이, 2000
국어활동 1단원	고무신 기차	이춘희	사파리, 2011
국어 2단원	인사 잘하고 웃기 잘하는 집	윤수천	시공주니어, 2001
국어활동 2단원	비 오는 날은 정말 좋아!	최은규	삼성출판사, 2012
국어 3단원	반대말	최정선	보림, 2010
국어 3단원	네가 개미니?	쥬디 앨런	다섯수레, 2003
국어활동 3단원	까치와 소담이의 수수께끼 놀이	김성은	사계절, 2000
국어활동 4단원	싫어, 몰라 하지 말고 왜 그런지 말해봐!	이찬규	애플비, 2011
국어 5단원	보리 어린이 동물도감	남상호 등저	보리, 1998
국어 5단원	동물 이름 수수께끼	김양진	루덴스, 2009
국어활동 5단원	밥 한 그릇 뚝딱!	이소을	상상박스, 2012
국어 6단원	말더듬이 원식이	김일광	우리교육, 1995
국어 6단원	까만 아기 양	엘리자베스 쇼	푸른그림책, 2006

국어 6단원	할아버지의 약속	손정원	느림보, 2005
국어활동 6단원	넌 멋쟁이야	이성자	청개구리, 2014
국어 9단원	꽃밭 : 좋은 우리 동시로 백창우가 만든 노래	권정생 등저	보리, 2003
국어 9단원	딱지 따먹기 : 아이들 시로 백창우가 만든 노래	초등학교 아이들 시	보리, 2002
국어활동 9단원	준치가시	백석	창비, 2006
국어활동 9단원	넉 점 반	윤석중	창비, 2004
국어 10단원	오소리네 집 꽃밭	권정생	길벗어린이, 2000
국어활동 10단원	아기개미와 꽃씨	조장희	푸른책들, 2006
국어활동 10단원	나무도 날개를 달 수 있다	심후섭	가문비, 2005
국어 11단원	콧구멍만 바쁘다	이정록	창비, 2009
국어 11단원	노래 노래 부르며	이원수	길벗어린이, 1997
국어활동 11단원	책 청소부 소소	노인경	문학동네어린이, 2010
통합 봄	봄이 오면	한자영	사계절, 2009
통합 봄	우리 순이 어디 가니	윤구병	보리, 1999
통합 나	우리 몸의 구멍	허은미	길벗어린이, 2000
통합 나	나는 나의 주인	채인선	토토북, 2010
통합 가족	가족의 가족을 뭐라고 부르지?	채인선	미세기, 2010
통합 가족	찬다 삼촌	윤재인	느림보, 2012
통합 여름	사계절 생태놀이 : 여름	붉나무	길벗어린이, 2008
통합 여름	여름이 왔어요	윤구병	휴먼어린이, 2011